本书受 2018 年浙江大学研究生素养与能力培养型课程

TAX LAW CASE STUDY

税法案例教程

朱柏铭 ◎编

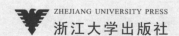

ZHEJIANG UNIVERSITY PRESS
浙江大学出版社

图书在版编目（CIP）数据

税法案例教程 / 朱柏铭编. — 杭州：浙江大学出
版社，2020.1
ISBN 978-7-308-19862-2

Ⅰ．①税… Ⅱ．①朱 … Ⅲ．①税法—案例—中国—
教材 Ⅳ．①D922.220.5

中国版本图书馆CIP数据核字（2019）第288155号

税法案例教程

朱柏铭　编

策划编辑	朱　玲
责任编辑	董凌芳
责任校对	高士吟　汪　潇
装帧设计	春天书装
出版发行	浙江大学出版社
	（杭州市天目山路148号　　邮政编码　310007）
	（网址：http://www.zjupress.com）
排　　版	杭州林智广告有限公司
印　　刷	杭州良诸印刷有限公司
开　　本	787mm×1092mm　1/16
印　　张	19.75
字　　数	407千
版 印 次	2020年1月第1版　2020年1月第1次印刷
书　　号	ISBN 978-7-308-19862-2
定　　价	59.00元

前　言
Foreword

　　自2012年起，浙江大学开始招收"税务硕士专业学位"（MT）研究生。为此，本人开设一门"税收案例分析"课程。该课程采取完全互动式的教学方法，即教学双方在彼此倾听、接纳的基础上，通过不同观点的碰撞、说服甚至辩论，激发学生参与的主动性，拓展其创造性思维。所谓"完全"，有两层意思：一是整个学期都在互动，而不是每节课留出一点时间进行互动；二是这种互动不仅局限于师生之间，学生与学生之间也有互动，甚至更为激烈。无论教师还是学生，都是有意识的、能动的交换者或传递者，都以积极、主动的姿态参与活动，因而互动不是单向反馈的过程，而是一种双向或多向的对话和沟通。师生双方都介入、沉浸其中，教学是一个平等、开放、自由的过程，而非僵死、沉闷、强制的过程。

　　完全互动式的案例教学，其效果如何，在很大程度上取决于案例的选择。作为教学内容的案例必须符合以下几个条件：

　　（1）明确的目的性。对照税务专业硕士的学科特点和教学目的、要求，使学生通过案例的分析、讨论，既加深其对相关税法内容的理解，又使其从中吸取教训，树立起正确的价值观和人生观。

　　（2）鲜明的现实性。所提供的案例应是系统和全面的，有事件背景、来龙去脉、人物情节，有因有果且来自现实，虽可由于保密或其他原因进行某些技术处理，但绝不任意杜撰。

　　（3）极强的典型性。案例具有普遍性意义，也有分析价值，以便学生通过分析深入发掘问题。税法体系的动态性决定了税收政策及教学内容的不稳定性，需要紧紧抓住反映最新动态和热点问题的案例。

（4）结论的不定性。教学案例必须是一个开放的系统，能给学生提供充分讨论、自由发挥的空间，从而使学生在案例教学中提高分析水平，具有"润物细无声"的功效。

本书分为17个部分，共收录了75个案例。其中第1—16部分按税种编排，覆盖了除烟叶税和船舶吨税之外的16个税种，即增值税、消费税、关税、企业所得税、个人所得税、资源税、城市维护建设税、城镇土地使用税、耕地占用税、土地增值税、环境保护税、房产税、车辆购置税、车船税、契税和印花税，对应的案例有63个；第17部分的12个案例涉及税收征管、税务稽查和税务行政诉讼，具有综合性，一并归入"税收征管与税务稽查"中。

为便于开展教学研讨，每一个案例都由"案例描述""案例讨论"和"案例导读"三个部分组成，其中"案例描述"尽可能完整地呈现案件的全貌；"案例讨论"分为"甲方"和"乙方"两种对立的观点，但编者不给倾向性的意见，即具有开放性；"案例导读"除了介绍一些背景知识之外，还有选择地附加了部分法律法规的内容，为案例讨论提供参考。

本书在编纂过程中引用了税务领域很多行家里手（含刘天求等律师）的资料和观点，在此表示衷心的感谢！对于任何一位专家，本人都不存褒贬的倾向，即便提出疑问甚至持否定性意见，也都是出于教学和研究的需要。若在引用过程中出现了偏差或纰漏，甚至曲解了原文的意思，我对此表示深深的歉意。

本书可作为税务专业本科生及税务专业硕士研究生税法课程教学的配套教材，也可作为广大税务工作者及企事业单位财会工作者税收违法违纪警示教育的配套教材。

本书的出版受浙江大学"研究生素养与能力培养型课程建设项目"的资助，感谢研究生院的有关领导和评委专家。感谢浙江大学出版社编辑朱玲、董凌芳和责任校对高士吟、汪潇为本书付出的辛勤努力。

朱柏铭

2019 年 8 月 17 日

目　录
Contents

增值税 -- ■

空壳公司多行为并存的虚开增值税专用发票案 / 1

塔山煤站虚开增值税专用发票犯罪案 / 9

贸易公司善意取得虚开增值税专用发票案 / 16

物流公司自开增值税专用发票偷税案 / 21

多家空壳公司虚开增值税发票套税案 / 25

崔某某虚开发票抵税改判无罪案 / 30

兴弘嘉公司设下出口连环套巨额骗税案 / 34

消费税 -- ■

泸州老窖涉嫌偷逃消费税案 / 39

五粮液集团涉嫌少缴消费税案 / 43

关税 -- ■

进境居民旅客一台iPad缴千元行邮税案 / 49

某纺织公司瞒骗商业价格偷逃关税案 / 55

企业所得税 -- ■

无票利息费用在企业所得税税前扣除案 / 61

某商业银行违规计提贷款损失准备金案 / 65

房产置业公司计税成本远高于同业涉税案 / 69

房地产开发公司将居间服务费计入开发产品计税成本案 / 73

纸业有限公司向境外关联企业支付大额费用避税案 / 76

鑫城房地产公司销售人防车位少缴企业所得税案 / 79

某跨国公司股权转让价格明显偏低案 / 82

富诚公司因反担保责任被免除而取得收入案 / 85

1

非居民企业间接转让股权被征巨额税款案 / 90

非居民个人间接转让境内企业股权所得避税案 / 92

三家企业采用查账征收还是核定征收的纷争案 / 96

怡馨公司企业所得税由核定征收变更为查账征收案 / 102

红光公司在建工程未及时结转固定资产少缴税案 / 105

投资公司未获受控企业利润少缴企业所得税案 / 108

税务稽查部门查处关联交易的纷争案 / 111

关联企业无偿占用资金少缴企业所得税案 / 115

境内关联交易"特别"纳税调整案 / 118

娄葑水电分公司少缴企业所得税案 / 121

个人所得税

地产公司非法吸收公众资金未代扣代缴个税案 / 125

北京晓庆文化艺术有限责任公司偷税案 / 128

范冰冰采用"阴阳合同"等方式逃税案 / 133

劳动关系误按劳务关系处理涉税案 / 139

自然人股东转让股权涉税案 / 143

分期付款和签订对赌协议形式的股权转让涉税案 / 147

资本公积转增股本所涉税案 / 151

实收资本未到位前提下股权转让涉税案 / 155

某合资企业外国派遣员工补缴税款及滞纳金案 / 158

某国公司在中国境内构成常设机构涉税案 / 160

外籍高管不服被扣缴个人所得税案 / 163

自然人股东因投资公司减持股权涉税纠纷案 / 166

Contents

个人股东借款未归还被判缴纳个税案 / 170

资源税 --■
煤矿外包后资源税的纳税责任主体纠纷案 / 173

城市维护建设税 -------------------------------------■
增值税预缴条件下城市维护建设税的处理案 / 177

城镇土地使用税 -------------------------------------■
旅游酒店集团租用土地缴纳城镇土地使用税纠纷案 / 181
签订了合同却未取得土地所涉城镇土地使用税案 / 186
已取得国有土地使用证暂不能开发的土地涉税纠纷案 / 189
建筑装饰工程公司诉地税局稽查局案 / 192

耕地占用税 ---■
恒远房地产公司竞拍土地引出的耕地占用税案 / 195
农机公司付了含税的土地出让金仍需缴纳耕地占用税案 / 198

土地增值税 ---■
普通住宅与非普通住宅合并清算纠纷案 / 201
房地产企业是否长期拖欠巨额土地增值税纷争案 / 205

环境保护税 ---■
司机违法排污受罚后再缴纳环境保护税案 / 211

房产税 --■

云翔房地产公司涉嫌少缴房产税案 / 215

车辆购置税 --■

张先生遇上的车辆购置税退税案 / 219

王先生的东风雪铁龙引发出车辆购置税案 / 222

袁女士购买的新车涉嫌多缴车辆购置税案 / 224

车船税 --■

特大制售巨额假车船税完税凭证案 / 227

契税 --■

房子"变大"后多缴契税的纠纷案 / 233

解除土地出让合同后不退还已纳契税和城镇土地使用税案 / 237

印花税 --■

电子公司未申报产权转移书据印花税案 / 241

股东张某变更股权未缴纳印花税案 / 245

煤炭运销企业印花税申报异常案 / 247

税收征管与税务稽查 --■

企业经销的红绿胶粒堆放在哪里 / 251

巨额"往来款"背后的偷税案 / 256

高新技术企业资格被取消补缴税款诉讼案 / 265

化工有限公司以多种手段少缴税款案 / 269

刘雷在司法拍卖网络平台中竞得的房屋涉税案 / 272

Contents

市国税局穿透"导管公司"追缴巨额税款案　/　276

重新确认香港公司受益所有人身份案　/　279

大型企业集团内部资金融通反避税案　/　283

金冠公司因被加收的滞纳金超税金而状告税务局案　/　288

晨阳公司诉县地税局稽查局越权处罚案　/　292

德发房产公司诉市地税局稽查局处罚不当案　/　296

能源科技有限公司诉市地税局稽查局对关键事实未复核案　/　302

空壳公司多行为并存的虚开增值税专用发票案

案例描述[①]

1 淮安市中级人民法院召开新闻发布会

2017年10月12日，江苏省淮安市中级人民法院召开新闻发布会，向社会通报近年来全市两级法院依法严厉打击虚开发票犯罪的情况。会上，公布了李利仙、徐建明、项岳德3人合谋利用他人身份信息注册10余家空壳公司等典型案例。

李利仙等3人以空壳公司的名义，在短短两个多月的时间内，向全国各地企业虚开增值税专用发票1765份，所涉单位及人员遍布全国的6个省份。

6月27日，淮安市中级人民法院对此案作出终审判决，涉案的10余人中有9人被判有期徒刑或拘役，并处罚金，1人免于刑事处罚，其中3名主犯被判处十年或以上有期徒刑。

此案中不仅有正常经营的公司找上述10余家空壳公司虚开增值税专用发票，还有1家空壳公司也找上述空壳公司虚开增值税专用发票，而且一开就是200多份，虚开税额达400余万元。

2 两个多月虚开增值税专用发票1765份

2016年3月23日，淮安市国税局发现，淮安延达贸易有限公司和淮安皇利生贸易有限公司等8家公司涉嫌虚开增值税专用发票，便向公安机关报案。报案称：上述8家公司从2015年12月至2016年1月集中开出了600份增值税专用发票，开票金额共6000余万元，税款达1000余万元。

公安机关接到报案后，于当日将主要嫌疑人李利仙、徐建明、项岳德抓获归案。经

---

① 根据张贵志《多行为并存的虚开增值税大案》改写，原载《法治周末》2017 年 10 月 31 日。

搜查，从嫌疑人居住的淮安市神旺大酒店房间及万达公寓内搜出嫌疑人使用的虚假身份证明、空壳公司营业执照、增值税专用发票和涉案空壳公司的工商登记资料等物品。

经公安机关进一步侦查，发现李利仙、徐建明、项岳德在淮安市共注册成立了10余家空壳公司，所有公司均是利用他人的居民身份证进行登记注册，公司登记注册的事项亦全部委托给了淮安佳和会计事务所有限公司办理。上述空壳公司申领并虚开增值税专用发票的时间几乎都集中在2016年1月，截至案发仅两个多月的时间，李利仙、徐建明、项岳德利用上述空壳公司向全国企业虚开增值税专用发票共计1765份。

案发后，苏州为希电子科技有限公司（以下简称苏州为希电子公司）负责人刘武，河北省高碑店市昊峻机械配件制造有限公司（以下简称高碑店昊峻机械公司）张仁宁，山东省枣庄市天铸金属制品有限公司（以下简称枣庄天铸金属公司）邱伟，河北北方风机制造有限公司（以下简称北方风机公司）张洪运、毛素池以及中间人张财明、刘志等人相继投案自首。

3 合谋异地注册空壳公司

李利仙、徐建明、项岳德同为浙江省临海市人。2015年10月，李利仙通过电话主动和徐建明商量到淮安以开公司对外虚开增值税专用发票的方式赚钱，他们在电话里约定由李利仙负责找人代办开设公司，开票、卖票的事情由徐建明负责。

之后，李利仙、徐建明、项岳德3人在南京见面商议，约定由李利仙负责联系代办注册公司，然后联系会计去税务局领取增值税专用发票；徐建明负责联系购买注册公司所需的身份证，联系客户及开票；项岳德负责联系印制小广告，并把发票寄给客户。

2015年12月，3人一起来到淮安市。徐建明以两张身份证2500元的价格从王贻前（另案处理）处购买了20张居民身份证。李利仙、徐建明、项岳德拿着购买来的居民身份证以每家公司12000元代办费的价格，分3次委托淮安佳和会计事务所有限公司代办注册了淮安正弘波金属材料销售有限公司、淮安振凯荣贸易有限公司、淮安海峰金属材料销售有限公司、淮安博辉金属材料销售有限公司、淮安丰东金属材料销售有限公司、淮安皇利生贸易有限公司、淮安斯坦克贸易有限公司、淮安益康金属材料销售有限公司、淮安华润优金属材料销售有限公司、淮安延达贸易有限公司等10余家公司。

这10余家公司注册成立后并没有正常经营，而是专门用来虚开增值税专用发票。根据事先约定的分工安排，由项岳德去打印代开发票的小广告，并在网上找小工散发，小广告上留的是徐建明的电话号码。徐建明联系好买家后，李利仙就到淮安市国税局领取空白增值税专用发票，由徐建明负责操作税控机，按照客户的要求打印好后，项岳德通过邮寄方式将发票寄给客户。一般以开票金额的3.5%～3.6%收取开票费，约定3人平均分配利润。

4 空壳公司找空壳公司开票

李利仙、徐建明、项岳德利用上述空壳公司在两个多月里虚开了1765份增值税专用发票。其中，高碑店昊峻机械公司、北方风机公司、枣庄天铸金属公司、苏州为希电子公司和淮安市盱眙县旭升工贸有限公司（另案处理，以下简称旭升公司）等5家单位共接受虚开的增值税专用发票260余份，虚开税款数额达4394306.59元。

其中旭升公司在2016年1月就从淮安正弘波金属材料销售有限公司、淮安振凯荣贸易有限公司、淮安海峰金属材料销售有限公司、淮安丰东金属材料销售有限公司虚开增值税专用发票共计241份，虚开税款数额达4078131.25元。

经公安机关调查，这家大量接受虚开增值税专用发票的旭升公司与上述10余家空壳公司一样，公司里没有设备、货物，也没有业务员，公司登记注册时是以10000元好处费借用他人的身份证进行注册的，是一家专门对外倒卖增值税专用发票的空壳公司。

旭升公司的实际控制人张某在淮安市成立了6家公司，其中在涟水县成立了2家公司，在盱眙县成立了4家公司。曾给张某的旭升公司和津旭东公司做过代账会计的潘某向公安机关证实，这2家公司没有生产经营，增值税专用发票进项和销项都是虚开的。张某每个月都会让其开一两亿元进项增值税专用发票和销项增值税专用发票。其主要是根据公司每月的增值税进项票和销项票、银行回单做账，做好账之后，到盱眙县税务局申报纳税并抵扣。

5 检方抗诉 二审增判罚金

李利仙、徐建明、项岳德利用空壳公司虚开增值税专用发票的时间以2016年1月尤为集中，以下4家公司虚开增值税专用发票均在该时间段。

北方风机公司负责人张洪运、财务负责人毛素池在与淮安海峰金属材料销售有限公司无真实货物交易的情况下，以票面金额7.2%的价格，通过中间人张财明、刘志从淮安海峰金属材料销售有限公司虚开增值税专用发票10份，价税合计1167450元，虚开税额为169629.5元。

枣庄天铸金属公司因缺少进项税票，在与淮安皇利生贸易有限公司无真实货物交易的情况下，该公司负责人邱伟以票面金额5%的价格，从淮安皇利生贸易有限公司虚开增值税专用发票6份，票面金额为599589.72元，虚开税款数额为101930.28元。

高碑店昊峻机械公司负责人张仁宁在与淮安博辉金属材料销售有限公司无真实货物交易的情况下，以13000元的价格，从淮安博辉金属材料销售有限公司虚开增值税专用发票2份，虚开税款数额为33718.12元。

苏州为希电子公司负责人刘武在与淮安皇利生贸易有限公司无真实货物交易的情况

下，以票面金额10%的价格，通过曹某甲从淮安皇利生贸易有限公司虚开增值税专用发票1份，票面金额为64102.56元，虚开税款数额为10897.44元。

淮安市清江浦区人民法院审理认为，李利仙、徐建明、项岳德虚开增值税专用发票，数额巨大，北方风机公司、枣庄天铸金属公司、高碑店昊峻机械公司、苏州为希电子公司及张洪运、毛素池、张财明、刘志、邱伟、张仁宁、刘武虚开增值税专用发票，其行为均构成虚开增值税专用发票罪。李利仙、徐建明、项岳德共同故意实施犯罪，系共同犯罪。张洪运、毛素池、张财明、刘志共同故意实施犯罪，系共同犯罪；张洪运、毛素池在共同犯罪中起主要作用，是主犯；张财明、刘志在共同犯罪中起次要作用，是从犯，依法予以从轻处罚。

2017年4月14日，清江浦区人民法院以虚开增值税专用发票罪分别判处李利仙有期徒刑十年三个月，并处罚金20万元；徐建明有期徒刑十年三个月，并处罚金20万元；项岳德有期徒刑十年，并处罚金19万元；北方风机公司罚金5万元（罚金已缴纳）；张洪运有期徒刑八个月，缓刑一年；毛素池有期徒刑八个月，缓刑一年；张财明拘役五个月，缓刑六个月；刘志拘役五个月，缓刑六个月；枣庄天铸金属公司罚金4万元（罚金已缴纳）；邱伟拘役五个月，缓刑六个月；高碑店昊峻机械公司罚金2万元（罚金已缴纳）；苏州为希电子公司免予刑事处罚；刘武免予刑事处罚。被告人所退犯罪所得，予以没收，上缴国库。

一审宣判后，清江浦区人民检察院及原审被告人李利仙、徐建明、项岳德均不服，分别提起抗诉和上诉，淮安市人民检察院支持抗诉。

2017年6月22日，淮安市中级人民法院经开庭审理后认为：一审法院认定事实清楚，证据确实、充分，定性准确，程序合法，对于上诉人李利仙、徐建明、项岳德及其辩护人分别所提三人应构成从犯的上诉理由及辩护意见等均不能成立。对于检察机关所提应对原审被告人张财明、刘志并处罚金的抗诉意见，理由正确，应予支持。6月27日，淮安市中级人民法院除作出维持原判外，分别对张财明、刘志判处罚金2万元。

🎤 案例讨论①

论题：随着"营改增"在全国范围内全面推开，虚开增值税专用发票的案件呈高发态势，这是否与法律对犯罪行为的惩罚不力有关？

———————————

① 参见徐燕青《建议修改虚开增值税专用发票案的移送标准》，原载《中国税务报》2017年7月7日。

甲方 法律对虚开增值税专用发票行为的惩罚太轻。

根据1995年10月30日全国人民代表大会常务委员会颁布并实施的《关于惩治虚开、伪造和非法出售增值税专用发票犯罪的决定》及最高人民法院于1996年10月17日出台的《最高人民法院关于适用〈全国人民代表大会常务委员会关于惩治虚开、伪造和非法出售增值税专用发票犯罪的决定〉的若干问题的解释》，若虚开增值税专用发票相关情节被认定且虚开税款数额达到1万元以上，发票的开具方与受票方都应当被依法定罪处罚，涉及面甚广。20多年前确定的犯罪数额标准，如今显得有些不合时宜。

一是移送数额标准低，导致罪责刑不相适应。以H市某区为例，2016年该区国税局立案检查的本地企业中涉及接受虚开增值税专用发票的案件是2015年的2.7倍，平均每份发票的虚开税额为14997.08元，超过了1万元的移送数额标准。根据上述解释的规定，虚开税款数额10万元以上属于"虚开的税款数额较大"；虚开税款数额50万元以上属于"虚开的税款数额巨大"。在市场经济快速发展的背景下，1万元的虚开税款数额极易达到，虚开税额达50万元、100万元的情况也与日俱增。对于不法分子来说，一旦虚开发票税额达到某个程度，远超"虚开的税款数额巨大"或"虚开的税款数额特别巨大"的适用情节，继续虚开所受到的刑罚可能差异不大，就会出现持续大肆虚开的情况，致使税款遭受更大损失。

二是移送标准过低，职能部门各环节面临压力。多年来，公安、税务等部门一直对虚开增值税专用发票保持着较大的打击力度，在一定程度上对虚开增值税专用发票的不法分子形成了有效的震慑作用。但虚开增值税专用发票关系到开具和收受双方，案件涉及范围较广，在对虚开发票企业进行查处的同时，会涉及更多收受虚开发票企业的处置。

以H市某区国税局查处的增值税专用发票虚开案件为例，该区国税局税源管理部门通过风险排查发现了部分企业开票异常，在提送稽查部门立案检查后，经稽查局与公安机关经济犯罪侦查部门联合侦查，一举破获了一起系列虚开增值税专用发票案。该案中虚开发票企业涉及近20家，而受票企业涉及10省、2市，共计1700余家，符合虚开税额1万元以上的占绝大多数。办案过程中，大量的银行数据、发票数据给公安部门、税务机关调查取证、数据归集等工作带来了巨大压力。

客观地说，虚开增值税专用发票移送标准的确定有一定的历史原因和社会原因，20多年前的法规如何适用于当前的案件值得进一步探究。2014年，最高人民法院研究室在法研〔2014〕179号文件中也指出：为了贯彻罪刑相当原则，对虚开增值税专用发票案件的量刑数额标准，可以不再参照适用1996年的"解释"。在新的司法解释制定前，对于虚开增值税专用发票案件的定罪量刑标准，可以参照《最高人民法院关于审理骗取出口退税刑事案件具体应用法律若干问题的解释》的有关规定执行。相关职能部门应对虚开增值税专用发票案件的移送标准作进一步研究，适当提高移送标准。

乙方 虚开增值税专用发票罪的量刑已经重于偷税罪的量刑。

虚开增值税专用发票行为与偷税、骗税的行为性质一样，都侵害了国家的税收管理制度。从偷税或骗取出口退税这样完整的一个过程来说，虚开增值税专用发票只是偷税或骗取出口退税的一种预备行为。虚开增值税专用发票罪的量刑应当轻于偷税罪的量刑，但是对比偷税罪最高刑三到七年有期徒刑与虚开增值税专用发票罪最高刑无期徒刑，可以发现虚开增值税专用发票罪的量刑要远远重于偷税罪的量刑。

1995年全国人大常委会《关于惩治虚开、伪造和非法出售增值税专用发票犯罪的决定》，对该类型罪设置了严厉的刑罚，规定了五个条文，共十二个罪名，最高刑为死刑。该决定第一条规定，虚开增值税专用发票的，处三年以下有期徒刑或者拘役，并处2万元以上20万元以下罚金；虚开的税款数额较大或者有其他严重情节的，处三年以上十年以下有期徒刑，并处5万元以上50万元以下罚金；虚开的税款数额巨大或者有其他特别严重情节的，处十年以上有期徒刑或者无期徒刑，并处没收财产。有前款行为骗取国家税款，数额特别巨大、情节特别严重、给国家利益造成特别重大损失的，处无期徒刑或者死刑，并处没收财产。"

该决定第一条对虚开增值税专用发票罪作出的规定，是1997年《中华人民共和国刑法》的原型。1997年《中华人民共和国刑法》第二百零一条规定，逃避缴纳税款数额较大且占应纳税额百分之三十以上的，处三年以下有期徒刑，并处罚金；数额巨大且占应纳税额百分之三十以上的，处三年以上十年以下有期徒刑，并处罚金。

从理论上来说，在设置法定刑时，应该考虑行为的社会危害性的大小。应该说，虚开增值税专用发票的行为是偷税行为的预备行为，实行行为的社会危害性大于预备行为，也就是说，偷税罪的实行行为的社会危害性应大于虚开增值税专用发票这种偷税罪的预备行为，与之相适应，偷税罪的法定刑应重于虚开增值税专用发票罪。

虚开增值税专用发票罪主观上必须是故意的，但是《中华人民共和国刑法》第二百零五条并未规定该罪的主观目的，即是否要求行为人主观上具备利用虚开的增值税专用发票抵扣税款的目的。《中华人民共和国刑法》中许多罪名没有明确规定犯罪目的，如盗窃罪、诈骗罪等，这种情形应根据罪名的犯罪本质和保护客体进行合乎立法目的的解释。

设立本罪名是为了保护国家对增值税专用发票的监督管理制度，保护国家税款不受损失，但是现实中行为人虚开增值税专用发票的目的不仅有抵扣税款，还有夸大企业业绩，以及"假卖货、真融资"的期望。因而，如果有确切证据证明行为人虚开增值税专用发票不是为了抵扣税款，虚开增值税专用发票的行为在客观上不会造成国家税款损失，便不应认定为犯罪。当然，如果行为人将虚开的增值税专用发票用于抵扣税款，便可以推定其主观上具有抵扣税款的目的。

《中华人民共和国刑法》第二百零五条及司法解释按照虚开税款数额及致使国家税款被骗取数额划定了三个量刑档次，因此，虚开税款数额及致使国家税款被骗取数额决定了对行为人的定罪和量刑，必须准确认定。一般情况下，虚开税款数额及致使国家税款被骗取数额都比较直观，但是如果是在没有真实交易的情况下，行为人既为他人虚开增值税专用发票，又为了弥补进项税额不足，让他人为自己虚开增值税专用发票，认定虚开税款数额要按开出的销项发票或收到的进项发票中税款数额较大的一个计算。致使国家税款被骗取数额，是虚开的进项增值税专用发票或销项增值税专用发票中受票人用于抵扣正常经营的税款数额。

一般来说，行为人开具的增值税专用发票销项税额大于他人为其开具的进项税额，而在司法实践中，往往由于证据的原因，查实的销项税额可能小于查实的进项税额，此时就要将较大的进项税额认定为虚开税款数额。

案例导读

本案所涉虚开增值税专用发票行为，既有为他人虚开、让他人为自己虚开，亦有介绍他人虚开，是一个多行为并存的典型案例。这三种行为有何区别？

为他人虚开增值税专用发票，指合法拥有增值税专用发票的单位或者个人，明知他人没有货物购销或者没有提供或接受应税劳务而为其开具增值税专用发票，或者即使有货物购销或提供了应税劳务但为其开具数量或金额不实的增值税专用发票或者用于骗取出口退税、抵扣税款的其他发票的行为。

让他人为自己虚开，指没有货物购销或者没有提供或接受应税劳务的单位或者个人要求合法拥有增值税专用发票的单位或者个人为其开具增值税专用发票，或者即使有货物购销或者提供或接受了应税劳务但要求他人开具数量或金额不实的增值税专用发票，或者进行了实际经营活动，但让他人为自己代开增值税专用发票的行为。

介绍他人虚开，指在合法拥有增值税专用发票的单位或者个人与要求虚开增值税专用发票的单位或者个人之间沟通联系、牵线搭桥，行为人以中间人的角色充当开票人与受票人的连接中介，并从中获取利益。

根据《国家税务总局关于纳税人虚开增值税专用发票征补税款问题的公告》（国家税务总局公告2012年第33号），纳税人虚开增值税专用发票，未就其虚开金额申报并缴纳增值税的，应按照其虚开金额补缴增值税；已就其虚开金额申报并缴纳增值税的，不再按照其虚开金额补缴增值税。税务机关对纳税人虚开增值税专用发票的行为，应按《中华人民共和国税收征收管理法》及《中华人民共和国发票管理办法》的有关规定给予处罚。纳税人取得虚开的增值税专用发票，不得作为增值税合法有效的扣税凭证抵扣其进项税额。

《中华人民共和国发票管理办法》第三十七条规定，违反规定虚开增值税专用发票的，由税务机关没收违法所得；虚开金额在1万元以下的，可以并处5万元以下的罚款；虚开金额超过1万元的，并处5万元以上50万元以下的罚款；构成犯罪的，依法追究刑事责任。

《中华人民共和国刑法》第二百零五条规定，虚开增值税专用发票或者虚开用于骗取出口退税、抵扣税款的其他发票的，处三年以下有期徒刑或者拘役，并处2万元以上20万元以下罚金；虚开的税款数额较大或者有其他严重情节的，处三年以上十年以下有期徒刑，并处5万元以上50万元以下罚金；虚开的税款数额巨大或者有其他特别严重情节的，处十年以上有期徒刑或者无期徒刑，并处5万元以上50万元以下罚金或者没收财产。

单位犯本条规定之罪的，对单位判处罚金，并对其直接负责的主管人员和其他直接责任人员，处三年以下有期徒刑或者拘役；虚开的税款数额较大或者有其他严重情节的，处三年以上十年以下有期徒刑；虚开的税款数额巨大或者有其他特别严重情节的，处十年以上有期徒刑或者无期徒刑。

本案中，被告人李利仙、徐建明、项岳德3人为获取开票费用，合谋利用他人身份信息注册10余家空壳公司，以便以此为幌子顺利申领增值税专用发票，并将领取到的增值税专用发票虚开给其他企业以牟取不法利益，至案发共计虚开1700多份，业经本案查证的260余份，虚开税款数额就达430余万元，数额巨大，构成虚开增值税专用发票罪，且应在十年以上量刑。

涉案4家被告单位及其直接负责的主管人员和其他直接责任人员为了骗取国家税款，在与涉案空壳公司没有真实货物交易的情况下，向其购买增值税专用发票，用于抵扣税款，均构成虚开增值税专用发票罪，虚开税款数额均未超过50万元，应在三年以下量刑。

作为中间人的张财明、刘志，介绍他人为被告单位之一的北方风机公司虚开增值税专用发票，其行为亦构成虚开增值税专用发票罪，且从二人的地位、作用分析，二人系接受他人委托，应当认定为共同犯罪中的从犯。

塔山煤站虚开增值税专用发票犯罪案

案例描述①

1　基本案情

2012年2月2日，山西省大同市南郊区塔山煤炭集运站（以下简称塔山煤站）报案称，塔山煤站3万吨煤炭"不翼而飞"了。大同市公安局南郊区分局派出六名侦查人员现场勘验后发现，这是一起利用高科技手段实施的诈骗犯罪，犯罪分子在塔山煤站收煤用的地磅（一种大宗货物的称重设备）上做手脚，偷偷在地磅传感器上安装了干扰器，然后用遥控器控制地磅的称重数量，"不翼而飞"的3万吨煤炭就是被犯罪分子利用干扰器给诈骗走了。

警方调取的报案前一天的录像显示，当天凌晨一时许，有两个戴面具、穿羽绒衣的男子悄悄来到塔山煤站，用钥匙打开磅房的门，将安装在磅房内的干扰器取走，然后将干扰器导线接口安装在室外地磅上，造成干扰器安装在室外的假象，干扰警方视线。

警方首先怀疑的对象是给塔山煤站送煤的人，因为犯罪分子通过干扰器虚增3万吨煤炭，送煤的人是唯一受益者。其次怀疑的对象是塔山煤站的有关负责人，因为3万吨煤炭数量巨大，犯罪分子需要遥控数千辆送煤汽车的称重数量才能虚增3万吨，长时间作案，没有内外勾结很难完成。

警方调查发现，给塔山煤站送煤的只有两个人——袁德和郝文学，袁德以河北省尚义县胜利商贸有限公司（以下简称尚义公司）的名义与塔山煤站签订供煤合同，郝文学以内蒙古苏尼特左旗亿源矿业有限责任公司（以下简称亿源公司）的名义与塔山煤站签订供煤合同。诈骗案发生后，郝文学不知去向，袁德却表现得十分正常，还积极地帮助塔山煤站分析原因。然而，随着案件调查的深入，情况有了戏剧性的变化，即无论是尚义公司还是亿源公司，实际的操控者都是袁德，郝文学只是袁德临时雇用的无业闲散人员。据帮袁德送煤的司机反映，袁德从来不在白天上煤，全选择晚上送煤，而且袁德给运煤司机结算运费的方式很特别，一般情况应该是按照司机送煤的数量支付运费，袁德却是不论运煤多少，全部按趟付款，即使空车跑一趟也给结算运费。警方认为，袁德引入亿源公司和郝文学的目的是一旦案发，就混淆警方视线，把责任推给亿源公司，让郝文学承担责任。警方

---

① 根据吕伟《大同袁德虚开增值税专用发票犯罪案件剖析》和姚龙兵《如何解读虚开增值税专用发票罪的"虚开"》编写，原载 http://www.jcrb.com/prosecutor/Hotspot/201503/t20150328_1491458.html，2015 年 3 月 28 日，以及 http://www.shui5.cn/article/c7/108710.html，2016 年 11 月 20 日。

立案后，袁德曾给郝文学几十万元钱，让他出去躲一躲。事情败露后，袁德也潜逃，警方上网通缉。

塔山煤站是国有企业，被骗3万吨煤，价值1200多万元，其站长王强也被警方立案侦查。在南郊区法院一审判决书中，王强供述：2011年4月，袁德的尚义公司开始给煤站上煤。2011年9月的一天，我和袁德一起吃饭，我对袁德说："你上的煤越多，赔得越多。"袁德说："你不用管，我再找一两家混着上，越多越乱，在电脑主机上装东西，用遥控器就可以遥控地磅，我已经联系好两个人，专业就是干这个的，你们煤站的总闸、配电盘在哪儿？"我说："总闸和配电盘在车库旁边那间房。"袁德说："把总闸拉了以后全煤站就没电了，监控不起作用了，他们15分钟左右就把东西装到主机上了。"9月底的一天，袁德和我说："东西装好了，准备签合同上煤，以前的合同是到港口化验、过磅、结账，现在必须改成到煤站化验、过磅，否则干扰器就白装了。"过了几天，郝文学签了一份合同，我一看是内蒙古的亿源公司的，就知道这是袁德安排的另一家公司。10月25日，亿源公司开始上煤，之后尚义公司上煤越来越少，亿源公司的量越来越大，到了11月底，亿源公司的煤装完火车后发现亏煤四五千吨，我的第一反应就是袁德装的干扰器起了作用，我一算比例，一万吨将近差一千吨，吓我一跳，我就问袁德："一车到底亏多少煤？"袁德说："你别管，有的多有的少。"

2012年1月，煤站清空了所有的煤，发现共短缺29690多吨煤。经过统计，尚义公司短缺11000多吨，亿源公司短缺17000多吨。

王强还供述说，袁德花25万元请了两个电脑高手安装了干扰器，送煤车辆过磅的时候，有人在外面操作遥控器。

南郊区法院在判决书中说，王强事先从尚义公司及亿源公司相关人员口中得知该公司要在煤站磅房电脑上安装干扰系统，发生亏损现象后，其未采取积极措施有效制止亏煤现象，致使两家公司继续上煤至2012年1月底，煤站亏煤数量加大，其行为构成国有公司人员失职罪，判处有期徒刑三年。

2013年8月袁德到案后，警方发现他还涉嫌虚开增值税专用发票罪。由于暂时没有抓到那两个安装干扰器的人，袁德对涉嫌诈骗矢口否认，加上侦查羁押期限届满，警方遂以袁德涉嫌虚开增值税专用发票、用于抵扣税款发票罪移送审查起诉，诈骗案继续侦查，2015年1月15日，南郊区法院一审判处袁德有期徒刑十年，判处郝文学有期徒刑两年六个月。

2　审理结果

法庭上，公诉人指控：2011年10—12月，袁德为了和塔山煤站结账，指使郝文学用与塔山煤站没有实际业务的内蒙古自治区烽火煤炭有限公司（以下简称烽火公司）、山西省怀仁市同煜华煤业有限公司（以下简称同煜华公司）的企业资质补签煤炭购销合同，并由两公司为亿源公司分别开具了1017余万元、1883余万元的增值税专用发票，合计税额是421余万元；用与塔山煤站没有实际业务的内蒙古自治区兴和县安达运输有限公司（以下简称安达公司）、山西省偏关县恒顺达运输队（以下简称恒顺达运输队）的企业资质补签运输合同，为亿源公司分别开具480万元、567余万元公路、内河货物运输统一发票，税额合计61余万元，与塔山煤站进行了煤炭费结算。另外，为了签订虚假购销合同，郝文学还私刻了烽火公司、亿源公司的公章和合同专用章。

面对公诉人的指控，袁德及其辩护律师认为，袁德虽然虚开发票，但煤炭交易是真实发生的，且均已缴纳了相应的税款，国家税收没有损失，其行为没有违法性和社会危害性，不构成犯罪。

南郊区法院公开审理后认为，袁德及其雇用的郝文学违反国家税收管理法规和增值税专用发票管理规定，为了和塔山煤站进行结账，在明知烽火公司、同煜华公司、安达公司、恒顺达运输队和塔山煤站无实际货物交易的情况下，采用虚假的合同，伪造有真实货物交易的假象，袁德让他人为自己虚开增值税专用发票、用于抵扣税款且数额巨大（4825085.83元），郝文学让他人虚开税款数额较大（275120.93元），同时还构成伪造公司印章罪，判处袁德有期徒刑十年，并处罚金30万元，郝文学有期徒刑两年六个月，并处罚金4万元。

🎤 案例讨论

> 论题：如何解读虚开增值税专用发票罪的"虚开"？假如没有骗取税款的主观目的，能否以犯罪论处？

当前，无论是法学理论界还是司法实务界，对该罪"虚开"行为是否要求有特定目的，存在肯定说与否定说之争。这里需要先搞清两个问题：其一，何谓虚开增值税专用发票？其二，虚开增值税专用发票罪当如何认定？

甲方 虚开增值税专用发票罪，包括《中华人民共和国刑法》第二百零五条第一款规定的虚开用于骗取出口退税、抵扣税款发票罪在内，均要求有骗取税款的主观目的，如不具备该目的，则不能认定为《中华人民共和国刑法》第二百零五条之"虚开"行为，不能以该罪论处。

南郊区法院一审判决后，在互联网论坛、一些新闻网站、数个视频网站上出现了大量替袁德鸣冤叫屈的文章，看看标题就一目了然：《关于袁德罪名的一些疑惑》《袁德被诬告案将何去何从？》《袁德案中的一些疑惑》《山西大同南郊区袁德案存疑遭媒体质问》。这些到处发布、转发、转载的文章、视频资料，核心内容是认为南郊区法院的一审判决是错误的，袁德无罪。理由如下。

1　要结合本罪设立的历史渊源解读

1995年10月30日全国人大常委会《关于惩治虚开、伪造和非法出售增值税专用发票犯罪的决定》首次将这种行为规定为犯罪，并设置了最高可判处死刑的定刑。在当时特定的时代背景下，虚开增值税专用发票行为均以骗取国家税款为目的，而以虚增业绩但不以骗取国家税款为目的的对开、环开增值税专用发票行为尚未出现。因此，该决定没有规定"虚开"行为要以骗取国家税款为目的。

2　要结合社会实践的新情况解读

随着增值税发票制度的推行，实践中出现了不以骗取税款为目的，客观上也不可能造成国家税款实际损失，但又不具有与增值税专用发票所记载的内容相符的真实交易的"虚开"行为，如为了虚增单位业绩而虚开增值税专用发票。这种行为虽然客观上也破坏了增值税专用发票的管理制度，但与以骗取国家税款为目的虚开增值税专用发票行为相比，已具有质的区别。2001年最高人民法院答复福建省高级人民法院请示的泉州市松苑锦涤实业有限公司等虚开增值税专用发票一案中，该案被告单位不以抵扣税款为目的，而是为了显示公司实力以达到与外商谈判中处于有利地位的目的而虚开增值税专用发票。据此，最高人民法院答复认为，该公司的行为不构成犯罪。

2014年9月3日，受北京鑫诺律师事务所委托，北京五位刑法专家就袁德非法经营罪、虚开增值税专用发票罪一案进行了专家论证。专家明确指出：如果虚开行为仅仅侵害了增值税专用发票的管理秩序，但并未危及国家正常税收活动，则只能属于一般行政违法行为，不应作为犯罪认定。

乙方　刑法关于"虚开增值税专用发票罪"的规定，并不以逃税为构成要件，虚开发票危害的是税票管理秩序，该行为严重到一定程度按照刑法的规定就应当承担刑事责任。

根据《最高人民法院关于适用〈全国人民代表大会常务委员会关于惩治虚开、伪造和非法出售增值税专用发票犯罪的决定〉的若干问题的解释》第一条的规定，具有下列行为之一的，属于虚开增值税专用发票：①没有货物购销或者没有提供或接受应税劳务而为他人、为自己、让他人为自己、介绍他人开具增值税专用发票；②有货物购销或者提供或接受了应税劳务但为他人、为自己、让他人为自己、介绍他人开具数量或金额不实的增值税专用发票；③进行了实际经营活动，但让他人为自己代开增值税专用发票。虚开税款数额50万元以上的，属于"虚开的税款数额巨大"，袁德虚开税额达到了482万余元，按照《中华人民共和国刑法》第二百零五条规定，应当判处十年以上有期徒刑或者无期徒刑。

警方调查显示，袁德给塔山煤站实际上煤14万吨，但却结算了17万吨的煤款，显然，3万吨煤炭的税票是虚开的。

案例导读

虚开增值税专用发票是否一定构成刑事犯罪？

2016年5月1日全面"营改增"后，税务机关认定虚开增值税专用发票采用实物流、发票流、现金流必须一致的刻板标准。但是，实践中交易形式多样，货、票、款相分离的现象十分常见，难以保证"三流"的一致。

1 有实际经营活动，但让他人为自己代开增值税专用发票也犯罪

1996年10月17日最高人民法院下发的《最高人民法院关于适用〈全国人民代表大会常务委员会关于惩治虚开、伪造和非法出售增值税专用发票犯罪的决定〉的若干问题的解释》规定，虚开增值税专用发票，用于骗取出口退税、抵扣税款发票的行为范围包括：

（1）没有货物购销或者没有提供或接受应税劳务而为他人、为自己、让他人为自己、介绍他人开具增值税专用发票。

（2）有购销货物或者提供或接受应税劳务但为他人、为自己、让他人为自己、介绍他人开具数量或金额不实的增值税专用发票。

（3）进行了实际经营活动，但让他人为自己代开增值税专用发票。

2 虚开税款数额达到1万元以上即可定罪处罚

根据最高人民法院印发的《最高人民法院关于适用〈全国人民代表大会常务委员会关于惩治虚开、伪造和非法出售增值税专用发票犯罪的决定〉的若干问题的解释》（法发〔1996〕30号）的规定：

（1）虚开税款数额达到1万元以上即可定罪处罚；

（2）虚开税款数额50万元以上的即可判处十年以上有期徒刑或者无期徒刑。

3 在未取得的进项税税票金额内，虚开增值税专用发票不构成犯罪

某公司就因为没有取得卖家的进项增值税专用发票，而让他人为自己虚开增值税专用发票，并抵扣了自己的增值税销项税款，但法院仍然判决其无罪。

举例来说，1998年，宿州电子（安徽省宿州市机械电子有限公司）从云阳钢铁（河南省云阳钢铁总厂）采购了一批材料，但云阳钢铁一直拖欠增值税专用发票没有开具。1999年，宿州电子总经理崔孝仁为了平衡公司账目，就找到山西某工厂厂长李积成，应崔孝仁要求，李积成伙同他人，以"山西省临汾物资局津临公司"的名义，与宿州电子签订一份购5000吨生铁的假工矿产品购销合同。

1999年4月，李积成先后两次将该虚开的增值税专用发票共10张（每张均载明购生铁500吨，含税价款644000元，税款93572.65元）交给崔孝仁。崔孝仁取得上述10张发票后，均向宿州市国税局申报抵扣。

2002年3月，崔孝仁因涉嫌"虚开增值税专用发票罪"被刑事拘留，后本案由当地检察机关提起公诉。宿州市埇桥区人民法院（简称"一审法院"）经审理，于2002年6月23日作出一审判决：①宿州电子及其法定代表人崔孝仁违反增值税专用发票管理规定，让他人为其虚开增值税专用发票，用以申报抵扣税款，数额巨大；②被告人崔孝仁，作为单位直接负责的主管人员，为单位利益以单位名义实施上述行为，已构成虚开增值税专用发票罪，判决崔孝仁犯"虚开增值税专用发票罪"，判处有期徒刑十年。

一审判决后，崔孝仁不服，提起上诉。宿州市中级人民法院（简称"二审法院"）于2003年9月审理此案。二审法院经审理认为：①崔孝仁为达到平衡账目的目的，在实际无生铁业务的情况下，让李积成为其开具增值税专用发票的行为，应属于让他人为自己虚开增值税专用发票的行为；②虚开增值税专用发票罪的构成要件规定，其主观方面表现为直接故意，即行为人不但明知自己在虚开增值税专用发票，而且还明知这种虚开行为可能导致国家税款的减少、流失，行为人一般都具有获取非法经济利益、骗取抵扣税款的目的。

崔孝仁主观上不具有通过虚开增值税专用发票骗取国家税款的直接故意。因为：第一，云阳钢铁等多家单位确实存在拖欠宿州电子增值税专用发票的情况；第二，云阳钢铁等多家单位所欠宿州电子的税额，远远超过宿州电子已开具并抵扣的税款；第三，从案发后三年时间来看，崔孝仁所在公司宿州电子也没有让云阳钢铁等单位为其再开具增值税专用发票。

可见，崔孝仁不具备骗取国家税款的故意，不构成虚开增值税专用发票罪。最后，二审法院判决撤销一审判决，崔孝仁及其所在单位无罪。

4 善意取得虚开增值税专用发票不构成犯罪

从取得发票方的主观态度来看，存在恶意取得和善意取得两种情况。纳税人在实际经营过程中，出于少纳税款的目的，往往故意做大进项税额，而取得虚开的增值税专用发票，称为恶意取得。这是比较常用的方式。企业在经营活动中，由于非主观原因，有时会取得虚开的增值税专用发票，属于善意取得。

我国现行法律法规以规范性法律文件的方式确认了善意取得虚开的增值税专用发票制度。国家税务总局曾颁布四个有关纳税人取得虚开的增值税专用发票的规范性文件，规定了善意取得虚开的增值税专用发票以及非善意取得虚开的增值税专用发票的认定、法律后果等。这四个规范性文件为：《国家税务总局关于纳税人善意取得虚开增值税专用发票已抵扣税款加收滞纳金问题的批复》（国税函〔2007〕1240号）、《国家税务总局关于〈国家税务总局关于纳税人取得虚开的增值税专用发票处理问题的通知〉的补充通知》（国税发〔2000〕182号）、《国家税务总局关于纳税人善意取得虚开的增值税专用发票处理问题的通知》（国税发〔2000〕187号）及《国家税务总局关于纳税人取得虚开的增值税专用发票处理问题的通知》（国税发〔1997〕134号）。

根据上述规范性文件，纳税人善意取得虚开的增值税专用发票是指购货方与销售方存在真实交易，且购货方不知取得的增值税专用发票是以非法手段获得的。构成善意取得虚开的增值税专用发票，应当满足如下条件：①购货方与销售方存在真实的交易；②销售方使用的是其所在省（自治区、直辖市和计划单列市）的增值税专用发票；③增值税专用发票上注明的销售方名称、印章、货物数量、金额及税额等全部内容与实际相符；④没有证据表明购货方知道销售方提供的增值税专用发票是以非法手段获得的。

实践中，税务机关常以"货、票、款一致"为基础，综合考虑交易和发票开具的时间、资金结算方式、货物交付方式等多种因素，判断取得专用发票的一方是否为善意取得虚开的增值税专用发票。

贸易公司善意取得虚开增值税专用发票案

案例描述[①]

　　D公司是注册在江西省宜春市的贸易公司，注册资本为500万元，为增值税一般纳税人。2011年10月，D公司经采购人员联系到温州人赵某，赵某自称为浙江省温州市S公司的销售经理。D公司从S公司购进一批电子器件，合同价款为5300万元，取得S公司开具的与购进货物对应的增值税专用发票，并于2012年1月向宜春市国税局认证抵扣。2013年4月，温州市税务机关对涉嫌虚开增值税专用发票的S公司进行调查，D公司亦接到宜春市税务机关向其出具的《税务检查通知书》，协查其在2012年1月取得的S公司发票抵扣事项，D公司向税务机关提供了原采购合同、验收入库单据、增值税专用发票抵扣联等相关的购货凭证。经调查发现，赵某与S公司没有任何雇佣关系，其在2011年10月发给D公司的货物也并非S公司的产品，故认定S公司开具的增值税专用发票为虚开。由于涉案金额已经达到刑事立案标准，拟将D公司一并移交刑事处理。

　　D公司认为，虽然其取得的S公司的增值税专用发票为虚开，但其具有真实的货物交易，在整个交易过程中没有任何恶意，应属"善意取得"发票方，况且也没有给国家税款带来实际损失；其行为也符合国家税务总局善意取得虚开的增值税专用发票的构成条件，不应被认定为虚开增值税专用发票行为，更不构成虚开增值税专用发票罪。D公司于2013年5月中旬补缴已经抵扣的进项税款770余万元。

　　税务机关最终认定D公司的行为构成善意取得虚开的增值税专用发票，D公司无须承担罚款的行政责任或其他刑事责任。

🎤 案例讨论

> 论题：怎样看待善意取得虚开的增值税专用发票的行为？

[①] 根据刘天永《善意取得虚开增值税专用发票案实务解析》和殷秀华、王华《慎用"善意取得虚开增值税专用发票"的定性》编写，原载 http://tax.hexun.com/2013-10-08/158524938.html，2013年10月8日，以及《中国税务报》2014年7月16日。

甲方 对善意取得虚开的增值税专用发票的行为，要宽容。

1 善意取得方主观上无虚开或逃避缴纳税款的故意或过失

在善意取得虚开的增值税专用发票的行为中，善意取得方未与虚开方就虚开发票进行沟通，善意取得方取得的发票与交易的实际情况可以对应，因此，善意取得方在主观上善意无过失，并且不具备应当或可能知道其取得的专用发票系虚开的客观条件。

2 善意取得虚开的增值税专用发票未给国家造成税款损失

根据《国家税务总局关于纳税人虚开增值税专用发票征补税款问题的公告》（国家税务总局公告2012年第33号）的规定，纳税人虚开增值税专用发票，未就其虚开金额申报并缴纳增值税的，应按照其虚开金额补缴增值税；已就其虚开金额申报并缴纳增值税的，不再按照其虚开金额补缴增值税。从上述规定可以看出，由于虚开增值税专用发票的纳税人主观上存在虚开增值税专用发票，危害国家税收征管秩序的故意，应当承担其虚开行为给国家造成的增值税税款损失。虚开增值税专用发票的纳税人应当就其虚开金额申报并缴纳增值税。

由于虚开方有责任就虚开金额申报并缴纳增值税，国家的损失由虚开方予以补偿，所以善意取得方善意取得虚开的增值税专用发票并抵扣进项税额本身并不会给国家造成经济损失。

3 应当允许善意取得方抵扣进项税额

善意取得虚开的增值税专用发票的一方在主观上无过错，并且客观上未造成国家的税款损失，其不应因虚开方的虚开行为承担任何不利的后果。另外，从该制度的来源来看，民法上的善意取得一方亦无须承担任何财产损失的赔偿责任。在实践中，善意取得方往往无法重新取得合法、有效的专用发票。因此，法律法规应当允许取得虚开的增值税专用发票的一方在其行为构成善意取得的条件下，依据其取得的发票上记载的增值税税款金额抵扣进项税额。

乙方 慎用"善意取得虚开增值税专用发票"的定性。

一些地方对虚开增值税专用发票案件的处理，存在一种倾向，即只要从购货方取得证据支持有货交易，且未发现购货方明知取得的增值税专用发票系销售方以非法手段获得的，仍然向税务机关申报抵扣税款的，就一律定性为善意取得增值税专用发票，并按《国家税务总局关于纳税人善意取得虚开的增值税专用发票处理问题的通知》（国税发〔2000〕

187号）以及《国家税务总局关于纳税人善意取得虚开增值税专用发票已抵扣税款加收滞纳金问题的批复》（国税函〔2007〕1240号）的规定，对不能重新从销售方取得合法、有效的专用发票的，只作出追缴其已抵扣的进项税额的处理决定，不予罚款和加收滞纳金。

国税发〔2000〕187号文件将善意取得虚开的增值税专用发票的内容范围界定为：购货方与销售方存在真实的交易，销售方使用的是其所在省（自治区、直辖市和计划单列市）的增值税专用发票，增值税专用发票上注明的销售方名称、印章、货物数量、金额及税额等全部内容与实际相符，且没有证据表明购货方知道销售方提供的增值税专用发票是以非法手段获得的。也就是说，善意取得虚开的增值税专用发票，需同时符合四个条件：一是购销双方存在真实的货物交易；二是发票必须是销售方开给购货方的，且发票内容与实际交易相符；三是销售方使用的专用发票是其从所在省（自治区、直辖市和计划单列市）以非法手段获得的；四是没有证据表明购货方对取得的虚开发票事先是知情、默许的。

该文件是2000年11月16日下发的，当时防伪税控系统还未在全国全面推行，10万元版以下专用发票大部分还是手工票，所以存在销售方从所在省（自治区、直辖市和计划单列市）以非法手段获得的增值税专用发票并以销售方的名义开具的条件。

随着《国家税务总局关于推行增值税防伪税控系统若干问题的通知》的下发实施，2002年年底完成了增值税防伪税控系统在全国范围的全面推行，自2003年1月1日起，所有增值税一般纳税人必须通过增值税防伪税控系统开具专用发票，同时手写版专用发票在全国范围内统一废止。自2003年4月1日起，手写版专用发票一律不得作为增值税的扣税凭证。自此，在发票发售环节，税务机关要将售票信息录入纳税人税控IC卡，并在开票环节实行自动比对，第三方即使以非法手段获得其他纳税人购买的增值税专用发票，也无法以第三方的名义开具。更何况，防伪税控系统报税子系统和国家税务总局、省局两级稽核子系统还会对发票联和抵扣联的各项信息进行比对。所以，自2003年1月1日起，销售方再想利用从所在省（自治区、直辖市和计划单列市）以非法手段获得的增值税专用发票并以销售方的名义开具这种手段进行规模化的虚开增值税专用发票，已不可能。

对近年来购货方取得虚开增值税专用发票的行为进行归纳，主要集中于两种类型：①开票方和受票方之间没有货物交易，纯粹的虚开虚抵行为。②有货交易，但开票方和受票方之间没有直接的货物交易。这种类型又分为两种形式：一种形式为销售方能够开具增值税专用发票，但由于真正的购货方可能不需要增值税专用发票，由中间人以票货分流的方式将发票以收取"手续费"的形式倒卖给了第三方；另一种形式为销售方可能是没有办理税务登记的个人或小规模纳税人，不能应购货方的要求为其开具适用税率的增值税专用发票，以支付"手续费"的非法手段要求第三方为其代开专用发票，但专用发票列明的销售方为第三方。对于这两种类型，显然均不符合根据国税发〔2000〕187号文件归纳的"四个条件"，所以，税务机关在税务处理时，不能轻易地将其定性为善意取得增值税专用发票。

上述第一种类型以及第二种类型的第一种形式，属于没有货物购销或者没有提供或接受应税劳务而为他人、为自己、让他人为自己、介绍他人开具增值税专用发票，符合最高人民法院下发的《最高人民法院关于适用〈全国人民代表大会常务委员会关于惩治虚开、伪造和非法出售增值税专用发票犯罪的决定〉的若干问题的解释》对虚开增值税专用发票的界定，均应按虚开增值税专用发票对开票方和受票方双方作出补税、加滞、加罚处理，达到移送标准的，应依法移交公安机关追究其刑事责任。对于第二种类型的第二种形式，应按照《国家税务总局关于〈国家税务总局关于纳税人取得虚开的增值税专用发票处理问题的通知〉的补充通知》（国税发〔2000〕182号）的文件规定，按偷税或者骗取出口退税处理。

可见，国税发〔2000〕187号文件对善意取得虚开增值税专用发票的界定有其特定适用环境。税务机关在对购货方取得的已定性为虚开的增值税专用发票进行检查时，一定要慎用善意取得虚开增值税专用发票的定性，以切实维护税法的尊严。

———————————————— 案例导读 ————————————————

怎样认定善意取得虚开的增值税专用发票？是否要承担相关的法律责任？

从来源上看，善意取得虚开的增值税专用发票借鉴了民法上的善意取得制度。根据《中华人民共和国物权法》第一百零六条的规定，无处分权人将不动产或者动产转让给受让人的，所有权人有权追回；除法律另有规定外，符合下列情形的，受让人取得该不动产或者动产的所有权：①受让人受让该不动产或者动产时是善意的；②以合理的价格转让；③转让的不动产或者动产依照法律规定应当登记的已经登记，不需要登记的已经交付给受让人。受让人依照前款规定取得不动产或者动产的所有权的，原所有权人有权向无处分权人请求赔偿损失。当事人善意取得其他物权的，参照前两款规定。善意取得制度设立的基础在于保护交易安全，保障善意第三人的利益。在满足上述条件的情况下，善意取得财产的受让人善意无过失，取得财产的所有权，不因无权处分人无权处分行为承担不利的后果。

我国现行法律法规以规范性法律文件的方式确认了善意取得虚开的增值税专用发票制度。国家税务总局曾颁布四个有关纳税人取得虚开的增值税专用发票的规范性文件，规定了善意取得虚开的增值税专用发票以及非善意取得虚开的增值税专用发票的认定、法律后果等。

本案中，D公司与S公司之间存在真实的交易，D公司取得的增值税专用发票与交易的实际情况完全相符，并且，D公司对其取得的发票系虚开完全不知情。D公司取得专用发票的过程符合善意取得虚开的增值税专用发票的条件，其行为构成善意取得虚开的增值税专用发票。

根据国税发〔2000〕187号的规定，善意取得虚开的增值税专用发票的，不以偷税或者骗取出口退税论处，但应按有关规定不予抵扣进项税款或者不予出口退税；已经抵扣的进项税款或者取得的出口退税，应依法追缴。购货方能够重新从销售方取得防伪税控系统开出的合法、有效专用发票的，或者取得手工开出的合法、有效专用发票且取得了销售方所在地税务机关已经或者正在依法对销售方虚开专用发票行为进行查处证据的，购货方所在地税务机关应依法准予抵扣进项税款或者出口退税。

根据上述法律法规，善意取得虚开的增值税专用发票不构成偷税或者骗取出口退税。同样，善意取得虚开的增值税专用发票不构成虚开增值税专用发票。构成虚开增值税专用发票，应当在主观上表现为故意，包括直接故意和间接故意。然而，在善意取得虚开的增值税专用发票的行为中，由于没有证据表明购货方知道销售方提供的专用发票是以非法手段获得的，购货方不知销售方开具的增值税专用发票为虚开，主观上不构成故意，所以其行为不构成虚开增值税专用发票。

但是，根据前述法律法规，若善意取得方无法重新从销售方取得合法有效的专用发票及提供税务机关已对虚开方进行处理的证据，不得抵扣进项税额。但在实践中，虚开方往往已经被控制或因其他原因无法开具合法有效的增值税专用发票，导致善意取得方难以重新取得合法有效的专用发票。因此，善意取得方往往不能抵扣进项税额。

本案中，D公司的行为不构成偷税或虚开增值税专用发票罪，无须承担相应的刑事或行政责任。但由于S公司已被有关部门控制，D公司无法重新取得合法、有效的增值税专用发票，就其取得的虚开的增值税专用发票无法用来抵扣进项税额。因此，D公司需补缴相应税款。

物流公司自开增值税专用发票偷税案

案例描述 ①

山西省长治市襄垣县某物流有限公司成立于2010年3月29日，2012年6月14日在国税机关办理税务登记，注册资金为50万元，拥有运输车辆66辆，主营道路普通货物运输和煤炭批发。2012年10月1日企业被认定为增值税一般纳税人。2013年8月"营改增"试点后，企业开始开具货物运输增值税专用发票。2013年8月—11月企业实现销售收入721.8万元，销项税额为79.4万元，进项税额为39.8万元，缴纳增值税10.6万元。

2013年12月，长治市国税局稽查局对该企业2013年1—11月的纳税情况进行检查时发现，其1—7月为自己开具"公路、内河货物运输业统一发票"9份，合计金额60.1万多元，在向地税机关申报缴纳营业税1.8万元后，向国税机关申报抵扣增值税进项税4.2万元。

2014年3月28日，长治市国税局稽查局案件审理部门把企业的此项行为定性为偷税行为，偷税额为4.2万元。遂作出如下决定：根据《中华人民共和国增值税暂行条例》第九条、《中华人民共和国发票管理办法》第十九条的规定，决定向企业追缴增值税4.2万元。根据《中华人民共和国税收征收管理法》第六十三条第一款的规定，企业申报缴纳营业税1.8万元后，多抵扣进项税2.4万元，少缴的增值税2.4万元被定性为偷税，因此对其处以1倍罚款即2.4万元。同时，根据《中华人民共和国税收征收管理法》第三十二条的规定，对其滞纳税款4.2万元，自滞纳之日起至实际缴纳之日止，按日加收万分之五的滞纳金。

该案已执行完毕，企业未提出异议。

🎤 案例讨论

论题：可否把物流企业的此项行为定性为发票违法行为？

甲方 企业的此项行为属于偷税行为。

---

① 根据张红庆、肖文奇、王跃峰《明确责任 把住承包挂靠运输企业避税关》改写，原载《中国税务报》2014年10月8日。

1 该企业违规为自己开具可以抵扣增值税税款的发票，少缴增值税

《最高人民法院关于审理偷税抗税刑事案件具体应用法律若干问题的解释》（法释〔2002〕33号）指出，虚假的纳税申报是指纳税人或者扣缴义务人向税务机关报送虚假的纳税申报表、财务报表、代扣代缴与代收代缴税款报告表或者其他纳税申报资料，如提供虚假申请，编造减税、免税、抵税、先征收后退还税款等虚假资料等。根据这一解释，虚假的纳税申报并不局限于纳税申报环节的弄虚作假，应包括税收征管各个环节的弄虚作假，进而造成少缴税款的行为。该企业在运输车辆所耗油料增值税进项税已申报抵扣的情况下，又违反发票管理规定，为自己开具运输发票并申报抵扣增值税进项税，属虚假纳税申报，根据《中华人民共和国税收征收管理法》第六十三条第一款的规定，应将其定性为偷税。

该企业的违法行为，既违反发票管理办法，又违反税收征管法。按照行政处罚法"一事不二罚"原则，不应给予双重处罚。根据相关规定，税务行政处罚原则为：法律法规有规定的，从其规定。无规定的，按法律位阶确定适用，并根据具体违法情况采取吸收原则。同一位阶法律规范，按重吸收轻原则处理。如以上原则均难以处理，应按目的行为吸收手段行为、结果行为吸收方法行为，同时兼顾法律效用的方式适用法律规范。此案按偷税处理，而不按发票违法行为处理，其法理依据就在于此。

2 关于偷税数额的认定

根据《最高人民法院关于审理偷税抗税刑事案件具体应用法律若干问题的解释》（法释〔2002〕33号）第三条"偷税数额，是指在确定的纳税期间，不缴或者少缴各税种税款的总额"的规定，在认定偷税数额时，应当根据纳税人的实际缴税情况客观计算因偷税造成的国家税款损失。作为整体的国家税收，国税机关因企业违法行为而少征税款，地税机关又因企业违法行为增加税款，一进一出都应计入国家税收总账中。

根据《中华人民共和国增值税暂行条例》第九条的规定，该企业给自己开具的运输发票不得申报抵扣增值税进项税额。因此，该企业的4.2万元增值税应予以补缴，并接受相关处罚。

乙方 企业的此项行为属正常税务处理行为。

企业自有运输车辆为自己提供了运输服务，应当可以开具运输业统一发票。

根据《中华人民共和国营业税暂行条例》第一条的规定，该企业的行为似乎应缴纳营业税，但根据《中华人民共和国营业税暂行条例实施细则》第三条第二款的规定，提供运输劳务只有在有偿情况下才应缴营业税，而该企业运输车辆为自己进行运输不属缴纳营业税范围。同时，根据《中华人民共和国发票管理办法》第十九条的规定，收款方应当向付款方开具发票，而该企业不存在收款和付款情形，不应涉及发票开具问题。

案例导读

承包、承租、挂靠过程中各经营主体的税收责任是怎样规定的？

运输行业"营改增"后，企业承包、承租、挂靠等经营方式大量出现。其运作模式主要是个体运输户挂靠到具有一般纳税人资格的企业名下。当个体运输户需要开具发票结算时，以该企业的名义对外开具运输业增值税专用发票。在日常经营中，个体运输户则将购进燃油的增值税专用发票交给挂靠的一般纳税人企业，由该企业用于抵扣。

这种经营模式下，很容易发生个体运输户收入不报账，以及其挂靠的一般纳税人企业虚抵进项税的情况。原《营业税改征增值税试点实施办法》规定，以发包方名义对外经营并由发包方承担相关法律责任的，以该发包人为纳税人。否则，以承包人为纳税人。

有人认为，这个规定太笼统，建议明确同时符合以下三个条件的，以该发包人为纳税人。否则，以承包人为纳税人：①承包方以发包方名义对外经营，由发包方承担相关法律责任；②承包方的经营收支全部纳入发包方财务会计核算；③发包方与承包方的利益分配以发包方的利润为基础。

《财政部 国家税务总局关于全面推开营业税改征增值税试点的通知》（财税〔2016〕36号）对这个问题有明确具体的规定。对发包、承包的税收责任界定，继续沿袭原来的规定，即单位以承包、承租、挂靠方式经营的，承包人、承租人、挂靠人（统称承包人）以发包人、出租人、被挂靠人（统称发包人）名义对外经营并由发包人承担相关法律责任的，以该发包人为纳税人。否则，以承包人为纳税人。

国家税务总局货物和劳务税司对财税〔2016〕36号文发包、承包规定的政策解读称，本条是关于采用承包、承租、挂靠经营方式下，如何界定纳税人的规定。

企业承包经营，是发包方在不改变企业所有权的前提下，将企业发包给经营者承包，经营者以企业名义从事经营活动，并按合同分享经营成果的经营形式。

企业租赁经营，是在所有权不变的前提下，出租方将企业租赁给承租方经营，承租方向出租方交付租金并对企业实行自主经营，在租赁关系终止时，返还所租财产。企业承包经营与企业租赁经营的差异如表1所示。

表1 企业承包经营与企业租赁经营的差异

不同点	企业承包经营	企业租赁经营
基本内容	企业承包合同的基本内容是承包上缴利润指标以及由此产生的当事人之间的其他权利义务关系	企业租赁合同的基本内容是承租方对企业财产进行租赁经营，并向出租方交付租金
适用范围	承包经营多适用于大中型企业	租赁经营多适用于小型企业
财产抵押要求	在承包经营合同中，承包方提供抵押财产不是合同的有效条件	在租赁经营合同中，一般明确承租人所提供的抵押财产
亏损补偿来源	发生亏损时，承包企业只需要用企业的自有资金补偿	发生亏损时，租赁合同的承租方则须以抵押财产进行补偿
新增资产归属	承包期间新增资产的所有权性质与承包前的企业所有权性质是一致的	租赁期间承租方用其收入追加投资所添置的资产，则属于承租方

  挂靠经营是指企业、合伙组织等与另一个经营主体达成依附协议，挂靠方通常以被挂靠方的名义对外从事经营活动，被挂靠方提供资质、技术、管理等方面的服务并定期向挂靠方收取一定管理费用的经营方式。挂靠经营的主要特征如下：①它是一种借用行为。挂靠经营是挂靠方以被挂靠人的名义进行经营，所以，挂靠经营的关系实质上是一种借用关系，这种借用关系的内容主要表现为资质、技术、管理经验等无形财产方面的借用，而不是有形财产方面的借用。②它是一种独立核算行为。挂靠经营是一种自主经营的行为，而自主经营的最大的特点在于独立核算。③它是一种临时性行为。挂靠经营是一种借用行为，而这种借用的性质决定了挂靠经营的临时性。

  在采用承包、承租、挂靠经营的方式下，应区分以下两种情况界定纳税人：同时满足以发包人名义对外经营和由发包人承担相关法律责任这两个条件的，以发包人为纳税人；不同时满足上述两个条件的，以承包人为纳税人。

多家空壳公司虚开增值税发票套税案

案例描述①

1 匿名举报 牵出160家空壳公司

2015年9月11日，北京市国税局接到一个匿名举报的线索，称北京清梅商贸有限责任公司组成犯罪团伙，每月买卖增值税专用发票多达2亿元。税务机关立即着手对此展开初步调查，并于10月8日向海淀区公安分局经侦大队报案。

海淀区警方经过进一步调查发现，案件涉及多个公司，这些公司都没有任何实际经营行为，采用相互串联作假、关联交易等形式逃避税务机关年检，并在没有办理出口退税资格认定的情况下，提供假出口退税证明，进而从国税部门骗取巨额增值税专用发票并大肆兜售，造成国家巨额税收损失。

鉴于案情重大，海淀区警方立即抽调经侦、刑侦等单位的骨干警力成立专案组。通过对50余家有涉案嫌疑的公司进行梳理，专案组发现有15家公司的代理购票人均为一名叫石某的女子。石某原供职于北京一家单位的供应部会计室，现已退休。自2015年5月以来，石某在朝阳、海淀、丰台、东城、西城、通州和昌平七个国税分局代理了160余家公司的增值税专用发票领取业务。在领取发票时，石某多使用假农产品退免税证明、假外贸退免税证明申领发票。而且这些公司均无任何实际经营活动，属于专门为套取发票设立的空壳公司。

2 空壳公司 控制400余个"下线"

专案组查明石某代理的这160余家空壳公司为"下线"400余家公司提供增值税专用发票进项税抵扣服务，这400余家公司涉及北京、河北、山东、天津等多个省市。税务机关经过核算，这160余家公司涉及的增值税总价税额高达12.7亿余元。

专案组通过蹲守调查，发现石某在10月15日和10月19日为其代理的10家公司购买增值税专用发票，在购买增值税发票期间，有两辆黑色现代轿车负责接送。根据这一线索，侦查员很快锁定了两名可能涉案的嫌疑人。

随着侦查工作的进一步深入，又有几名涉案嫌疑人进入警方的视线中。其中，一名姓

---

① 根据汪震龙、池海波《特大虚开增值税发票案：160多家空壳公司套税5亿》改编，原载《北京青年报》2016年2月17日。

肖的女子专门负责代办公司注册登记的违法行为。侦查员又发现这名女子和一名周姓男子有共同作案的嫌疑，周某曾在2014年11月因为虚开增值税专用发票罪被江苏公安机关列为网上逃犯。至此，这个犯罪团伙的骨干成员——浮出水面。

这个犯罪团伙通过联系网上非法代理公司批量注册空壳公司营业执照，再使用虚假的退税证明骗取增值税专用发票，最后向自设在外省市的空壳公司或者有买票动机的公司兜售增值税专用发票，并按照总价款抽取一定比例的提成牟取暴利。

3 购买发票 全国多达1500余家公司

2015年11月20日，专案组在由市公安局经侦总队、税务机关和海淀公安分局共同组成的指挥部的领导下，分赴本地多个地区对涉案的嫌疑人实施抓捕行动，一举捣毁这个犯罪团伙的多个窝点。在行动中，专案组捣毁虚开增值税发票窝点12处，控制涉案人员20名，收缴大量税控机和多个空壳公司的营业执照、公章、账本等作案工具。

该团伙控制"下线公司"共计400余家，而购买发票的受票公司多达1500余家，涉及全国29个省市，涉案增值税发票3万余份，涉案金额高达30多亿元，税额达5亿余元。

犯罪团伙办公地点的铁皮柜里，塞满了各类用于从税务机关领取发票的证件。这些证件以每个公司为单位，装在塑料文件袋中。每个袋子里装着营业执照、公章和法人公章等材料。在犯罪团伙成员的暂住地，侦查员还查获了大量用于开设虚假公司的身份证和用于联系业务的手机。

4 团伙成员 获取暴利享受奢侈生活

在调查中侦查员发现，这些犯罪分子在短短的半年多时间里积累了大量的赃款，除案件侦破后已被冻结的赃款外，一部分赃款已被团伙成员挥霍。不少涉案人员名下购置了卡宴、奔驰、宝马等豪华名车，而且频繁出入高档消费场所，有的犯罪分子甚至连手提包都是在著名国际品牌厂家专门定制的，且手提包上绣了自己名字的缩写。

在此案的调查过程中，侦查员还发现，这个团伙极具反侦查意识。为了躲避税务机关和警方的视线，他们雇用一些人到税务大厅办理业务，而自己从来不在大厅露面，每次办理业务，都是按照一家公司500元到700元的标准向被雇者发放报酬。而且每次办理结束后他们便开车带着被雇的人员在城里"兜圈子"，直到确定没有异常情况后，才将被雇者放在地铁站附近，然后再离开。

案例讨论

论题：随着简政放权的不断推进，从设立公司到一般纳税人资格登记，再到领用增值税专用发票，门槛均已很低。审核门槛的降低，被不法分子所利用，导致涉税案件高发。是否存在这种可能？

甲方 审核门槛的降低，导致涉税案件高发。

以前注册公司需要实际出资，而现在注册公司实行认缴制，只需要承诺出资就行，施行先注册后出资的机制。审核门槛的降低，使得一些不法分子抛弃传统的虚开发票模式，不再伪造资金流、货物流和合同，不再制作账册、凭证留存备查，而是通过设立空壳公司，大量虚开发票，从而无须缴纳增值税。更有甚者，直接开票后不申报便逃之夭夭。如此简单粗暴的行为，税务人员称之为"暴力虚开"。

暴力虚开专用发票，具体有三种情形：

（1）集中虚设公司暴力虚开

集中虚设公司暴力虚开专用发票的主要特征是短期内利用不同的身份证在不同的地址注册多家公司，并登记为一般纳税人，领取增值税专用发票实施虚开。对已经查实的涉嫌虚开的案件分析，这类情形已从注册为敏感的商贸公司，转变成注册为生产贸易型企业、服务贸易型公司等，注册地址以商贸圈和商务中心为主，且由"一址多照"改为不同地址，从企业名称和地址上很难发现问题，隐蔽性很强。

（2）购买空壳公司对外虚开

购买空壳公司对外虚开专用发票的主要特征是收购一些未注销的停歇业公司，伪装成持续经营，实质从事对外虚开。其主要原因是，这些停歇业公司因存在涉税问题，或者注销清税可能需补缴较多税款，于是出售"公司壳"，变更法定代表人后"走人"，公司就落入不法分子之手。

（3）盗取他人信息对外虚开

盗取他人信息对外虚开专用发票的主要特征是利用一些小规模纳税人不重视网上税务局的纳税人信息管理。不法分子盗用纳税人信息，通过伪造这些纳税人的经营文件，冒领认证证书，非法登记一般纳税人资格，骗领增值税专用发票，对外实施虚开。

乙方 问题仍出在税收管控的滞后上。

对于利用虚假抵扣证明抵税、利用税收监控时间差犯罪，要加强风险防控，增加相关限制，对抵扣发票等进行比对、监控、排查。购票人必须用真实的身份证购票，为防止其利用他人身份证办理，购票系统与警方的身份证系统进行比对排查。税务机关与公安部门建立合作机制，发现情况后及时跟警方沟通协作，从"以票管税"到"大数据管税"。

2015年，上海市在全国率先试点应用增值税发票管理新系统，市税务局利用新系统的数据信息进行比对分析、风险识别。同年6月，通过指标模型分析，税务机关发现上海春祥贸易有限公司、上海尤云商贸有限公司、上海云刘商贸有限公司等三家企业涉嫌虚开增值税专用发票，涉及销售金额7.8亿元，税额1.3亿元。国家税务总局在增值税发票系统升级版中增加了商品和服务税收分类与编码功能，并自2016年2月19日起在北京、上海、江苏和广东进行试点。

无票虚开问题将被增值税发票系统及时监控到。上海长铝经贸发展有限公司、上海创大贸易有限公司分别于2015年9月、11月变更法定代表人后，在没有进项税额抵扣的情况下集中对外开具废铜、废钢、铝锭、聚丙烯、石灰石等品名的增值税专用发票，涉及北京、河北、河南、山东、江苏、广东等地的众多商贸企业。

在新增值税发票系统下，由于货物和劳务的名称通过编码标准化了，增值税纳税人所有的进和销全部在增值税发票系统的监控下，不管是否申请进项认证，纳税人只有进了货，才有对应货物的销售。没有货物进来，不可能存在大量销售。这样，那种新办企业大量虚开增值税专用发票后逃逸的问题也将会被新增值税发票系统及时发现。

案例导读

虚开增值税专用发票罪的三项数额

虚开的税款的数额，是指虚开增值税专用发票上所载明的税额。具体来说，是指在增值税专用发票上所载明的应税货物或应税劳务的金额和其所适用的税率的积。

骗取国家税款的数额，是指行为人以虚开的增值税专用发票，通过向税务机关申报抵扣或者其他途径直接非法占有的数额，既包括行为人实际获得的数额，也包括行为人应缴而未缴的数额。这一数额的表现方式，有可能在案发后能够追缴，但更多的情况是无法追缴，从而给国家造成损失。

给国家造成损失的数额，在刑法中找不出明确的规定，只有"给国家利益造成特别重大损失"的规定，根据其司法解释，这一数额是造成国家税款损失并且在侦查终结前无法追回的数额，且必须在50万元以上。

虚开的税款的数额、骗取国家税款的数额和给国家造成损失的数额的确定，是关系定罪量刑的法定数额。从法律的规定和司法解释来看，"虚开的税款的数额"和"骗取国家税款的数额"决定了行为人的行为是否构成犯罪，同时还决定了对行为人所适用的刑罚种类。这两个数额都是由法律加以规定的定罪量刑的数额标准。"给国家造成损失的数额"也在一定程度上决定了对行为人刑罚的适用问题，因为造成损失有其数额上限的标准规定。

以上三个数额的确定对于正确处理虚开增值税专用发票犯罪案件是至关重要的，也是对犯罪分子正确定罪量刑的基础。就目前情况而言，对虚开数额的认定较为混乱，根源在于虚开行为有多种形式：为他人虚开、故意让他人为自己虚开、自己为自己虚开、介绍他人虚开等。在司法实践中，对如何认定虚开增值税专用发票的数额有不同的理解，导致侦查机关和公诉机关、公诉机关和审判机关、控辩双方及一审和二审法院之间存在分歧。

通常，不同虚开行为下的税款计算应采用不同的方法：有货物交易下的虚开数额，应当以进销项数额之差计算；无货物交易下的虚开数额，进项数额和销项数额同时虚开时，以其中较多的一项计算；对于行为人所使用的属伪造的增值税专用发票以及以一切不正常手段如盗窃、购买等开具的增值税专用发票，均以增值税专用发票上注明的税款为虚开的数额。

崔某某虚开发票抵税改判无罪案

案例描述①

2018年6月6日，山东省高级人民法院发布崔某某虚开用于抵扣税款发票再审改判无罪案。

崔某某经营的运输车队，在山东某新型面料公司内部设立。2010年起，崔某某每年与面料公司签订货物运输承揽合同，负责面料公司的货物运送。因与面料公司结算运费需运输发票，崔某某遂在当地地税局开具运输发票提供给面料公司，开票税率为5.8%。

后崔某某得知沂源县某物流公司可以低于地税局的税率开具运输发票，遂于2010年6月—2011年3月陆续在该公司开具票面金额共计1608270元的运输发票，崔某某向该公司按4.6%的税率缴纳开票费。

崔某某将这些运输发票交与面料公司用于结算运费，面料公司用上述发票抵扣了112578.9元税款（按运费金额的7%扣除率计算进项税额抵扣）。

2014年12月11日，检察院以面料公司与沂源县某物流公司之间没有实际业务往来，崔某某涉嫌犯虚开用于抵扣税款发票罪向人民法院提起公诉。

🎤 案例讨论

> 论题：崔某某是否犯虚开用于抵扣税款发票罪？

甲方 崔某某的行为已构成虚开用于抵扣税款发票罪。

一审法院认为，崔某某在与沂源县某物流公司无实际运输业务的情况下，多次让该公司为自己开具用于抵扣税款的运输发票，致使国家税款11万余元被非法抵扣，造成税款流失。崔某某虽有实际经营活动，但让他人为自己或为他人虚开用于抵扣税款发票，其行为已构成虚开用于抵扣税款发票罪，应当追究刑事责任。

一审法院以崔某某犯虚开用于抵扣税款发票罪，判处其有期徒刑3年，缓刑3年，并处罚金5万元；对非法抵扣的税款，依法予以追缴。

---

① 根据王伟《虚开发票抵税改判无罪，这个典型案例亮了》改编，原载《经济导报》2018年6月7日。

崔某某不服一审判决，提起上诉。

二审法院认为，上诉人崔某某在无真实货物交易的情况下，虚开用于抵扣税款的运输发票，虚开税款数额较大，其行为已构成虚开用于抵扣税款发票罪。崔某某虽与他人进行了实际运输经营活动，但其与沂源县某物流公司无实际运输业务。在此情况下，崔某某多次让沂源县某物流公司为其开具用于抵扣税款的运输发票，致使国家税款被非法抵扣，其行为已构成虚开用于抵扣税款发票罪。裁定驳回崔某某上诉，维持原判。

乙方 崔某某犯虚开用于抵扣税款发票罪的事实不清、证据不足。

经山东省高级人民法院指令再审，青岛市中级人民法院再审认为，虚开用于抵扣税款发票是指以骗取抵扣税款为目的，实施为他人虚开、为自己虚开、让他人为自己虚开、介绍他人虚开的行为。对虚开用于抵扣税款发票的理解和认定，应当适用《中华人民共和国刑法》的有关规定。

根据《中华人民共和国刑法》的具体规定，具有骗取抵扣税款的故意应当是此类犯罪的构罪要件之一。《最高人民法院研究室〈关于如何认定以"挂靠"有关公司名义实施经营活动并让有关公司为自己虚开增值税专用发票行为的性质〉征求意见的复函》进一步明确，行为人利用他人的名义从事经营活动，并以他人的名义开具增值税专用发票的，即便行为人与该他人之间不存在挂靠关系，但如行为人进行了实际的经营活动，主观上并无骗取抵扣税款的故意，客观上也未造成国家增值税税款损失的，不宜认定为《中华人民共和国刑法》第二百零五条规定的"虚开增值税专用发票"。

本案涉及虚开用于抵扣税款发票罪的认定问题。实践中应严格区分"代开"与"虚开"两类行为，并严格认定被告人是否以骗取税款为目的。

被告人崔某某有实际经营活动，仅系找他人代开发票，并用于企业的正常抵扣税款，无证据证明其有骗取税款的目的，也无证据证明达到犯罪数额标准，不应认定构成犯罪。

本案中，没有证据证明崔某某有骗取抵扣税款或帮助他人骗取抵扣税款的故意，仅以崔某某找其他公司代开发票的行为不能认定其构成此类犯罪。至于检察机关认为崔某某到税率低的公司开具发票的行为可能造成税款流失的问题，该可能流失的税款并非指本案应涉及的抵扣税款，且该数额不大。

青岛市中级人民法院据此认定，崔某某犯虚开用于抵扣税款发票罪的事实不清、证据不足，改判被告人崔某某无罪。

"如实代开"增值税专用发票是不是虚开？

所谓"如实代开"增值税专用发票，是指增值税专用发票的持有人在他人有货物销售或提供应税劳务的情况下，应他人的请求，为他人填开增值税专用发票的行为。

这种行为是否构成虚开增值税专用发票罪，理论界和实践界都存在着分歧。

一种观点认为，"如实代开"不是虚开。

虚开增值税专用发票的行为虽包括代开，但代开未必就是虚开；"虚开"是指内容虚假，而"代开"系指形式虚假。如果代开的发票内容本身也虚假，对代开者和要求他人代开者无疑应当认定为犯罪；但是，如果代开的发票有实际经营活动相对应，并不是虚假的，存在着真实的经营活动，开票人必须向税务机关缴纳票面上填开的税额，对于国家税收来说，没有也不可能造成税收损失。因为从总体上考察，发票的"如实代开"是"实开"而非"虚开"。因此，对代开者和要求代开者都不应认定为犯罪。

"代开"有三种情况，一是虚构货物销售额和税额等内容开具发票；二是存在实际经营活动，但开具与实际经营活动金额和数量不符的发票；三是存在实际经营活动，但开具与实际经营活动金额和数量都相符的发票。对于前两种情况，对代开者和要求他人代开者无疑应当认定为犯罪。但"如实代开"是否应认定为犯罪？"如实代开"是"代开"的一种，不过还是同"代开"有区别的。

"如实代开"是指行为人有实际经营活动，但让他人代开增值税专用发票，所开具的增值税专用发票同其实际经营的内容是一致的行为。"如实代开"行为包括三个行为相对人，一是出票人，二是受票人，三是第三人，他们构成了一个三角关系。第三人没有使用增值税专用发票的权利，通常是小规模纳税人，而出票人和受票人往往是增值税一般纳税人。"如实代开"现象便在第三人和出票人之间发生。"如实代开"是不是属于"虚开"，应作具体的分析。在"如实代开"行为中，由于出票方与受票方之间没有发生真实的货物交易或应税劳务，违反了增值税专用发票自用的原则，显然具有"行政违法性"。但"如实代开"的外延不能被"虚开"的外延所包容。

另一种观点认为，为他人"如实代开"发票，虽然是有实际经营活动，但实质上也是虚开，代开不过是虚开的一种形式而已。

实践中，请求代开者都是不具有开具增值税专用发票资格的小规模纳税人，如其到税务机关代开，受票方只能享受4%或6%的进项税抵扣，不享受17%或13%的进项税抵扣。因此，两个独立的经济主体之间，为别人代开增值税专用发票，即使被代开者有真实的货物交易，代开者也不可能自己去承担应缴的税款，他必须向请求代开者索取利益以弥补其损失和索取好处费。实际上，请求代开增值税专用发票者，也不会按17%或13%的税率向开票者支付好处费。而代开者则必须想办法来弥补其因此所受到的损失。

在实践中，代开者弥补其损失通常采取以下几种手段：一是以虚开农副产品收购发票的方法抵补；二是以取得虚开的废旧物资销售发票来抵补；三是从关联企业虚开专用发票以抵税，然后，关联企业以农副产品收购发票或废旧物资收购发票再抵补；四是利用虚假运费发票来抵补。这些手段均造成国家税款的损失。因此，如实代开行为存在着严重的社会危害性，对该行为应当进行定罪处罚。

兴弘嘉公司设下出口连环套巨额骗税案

案例描述 [①]

河北兴弘嘉纺织服装有限公司（以下简称兴弘嘉公司）于2010年9月在河北省衡水市故城县成立，注册资金为5000万元，是故城县南资北移重点项目。公司主营纺织服装制造、加工、销售及出口业务。兴弘嘉公司于2010年12月取得出口退税资格后，2011年的出口额就达到约8亿元，2012年的出口额约14亿元，2013年的出口额约16亿元。

但经河北省公安厅经侦总队调查发现，兴弘嘉公司虽然具备一定的生产规模，但实际年生产能力也仅为1亿元左右，与其十几亿元的出口额极不匹配。同时，兴弘嘉公司的报关单据显示，该公司生产的服装多数是到距离河北十分遥远的深圳、厦门、宁波等地报关。众所周知，河北周边可报关的口岸众多，如青岛、天津、大连等，按照成本效益原则，这家公司应该选择就近口岸出口报关，这才符合常规，否则单算运输成本就要高于服装本身的成本。

最先引起办案人员注意的是，在2013年5月警方对增值税发票和报关单据的犯罪行为进行的打击行动中，厦门警方查获了有关兴弘嘉公司的两张可疑报关单。

虽然只有两单，河北省税务稽查和公安部门还是紧急派人前往厦门协助调查。顺着可疑的报关单深入调查，办案人员最终发现该公司骗取出口退税367813.15元。经顺藤摸瓜，进一步实地核查，又发现该公司三单虚假出口业务，骗取出口退税527780.62元。于是他们对这五单业务的共同特征作了详细分析，发现这些业务走的都是一样的流程：首先由兴弘嘉公司向中间人提供盖章后的空白报关单、委托报关协议书等资料，中间人将其他企业或个人不需退税的出口业务移植到兴弘嘉公司名下虚假报关，等到货物出口后，兴弘嘉公司利用本公司出口经营资质和中间人提供的报关单核销联、外汇核销联及装箱单等票据，自行组织境外来汇，在这一系列环节完成后，再向税务机关申请出口退税，实现骗税。

该案件涉及的企业多达374家，遍布全国各地，主要由3大团伙合作完成，分别是骗税具体操作和虚开增值税专用发票团伙、非法购买报关单及外汇团伙、非法买卖虚开增值税专用发票团伙。

无论是接受虚开环节，还是虚假出口、虚假收汇环节，兴弘嘉公司的操作手法都极其隐蔽。自2010年12月开始，兴弘嘉公司实际负责人郭建勇分别通过蔡某群、张伟文和施

---

① 根据张希颖、韩爱玲《从4.5亿骗税大案探究出口退税监管缺陷》编写，原载《对外经贸实务》2015年第3期。

文展购买报关单证，将他人不退税的出口货物"匹配"到兴弘嘉公司，为骗取出口退税创造条件。

截至2014年5月，兴弘嘉公司从深圳、厦门、宁波、郑州机场等地出口货物并已申报退税报关单证2992单，出口额为4.5亿美元，涉嫌骗取出口退税4.5亿元。

实际上，兴弘嘉公司从中只得到7000万～8000万元。既然如此，兴弘嘉公司为什么还要冒如此大的风险组织骗税呢？兴弘嘉的实际负责人郭建勇交代了其中原委："我需要的是现金流，有了庞大的现金流，才能够获得银行的支持。"2010—2014年兴弘嘉通过出口单据先后从银行骗出的贷款高达5亿多元。

案例讨论

论题：多家企业集体骗税得逞，是否因为出口退税的监管机制有缺陷？

甲方 主要原因是退税管理的程序性法规不够完善。

在法律法规不健全、审批程序不规范的情况下，仅仅依据《出口货物退（免）税管理办法》进行审批，极易造成岗位职责不明晰、责任归属不明确的情况，出口退税的审批缺乏强有力的内部约束机制，给骗税者提供了可乘之机。

兴弘嘉公司能够借单出口，货运代理等中介机构能够虚开增值税专用发票，地下钱庄能够顺利转入外汇，每一个环节的相关嫌疑人都钻了法律的空子。

税务部门应该逐步建立起专门针对外贸出口企业的退税补充资料的抽查制度，要对相关退税企业提交的出口退税补充资料进行定期或不定期的抽查，以减少此类骗税案件的发生。

在抽查审核中，如果发现退税企业提交的资料中不包括"外销合同"，或者"外销合同"中显示的外商所在地与"出口报关单"上显示的出口地不一致，要引起高度重视，必须深入调查其中的缘由。此外，在对退税补充资料的抽查中，要注意仔细核对"外销合同""外汇结汇水单""外销发票"三项单据的内容及其对应性，如果发现存在不相同之处，务必深究其原因。

乙方 主要原因是对货运代理等中介机构的监管不力。

兴弘嘉公司之所以在近四年时间里可以多次骗税，金额如此巨大却没有被相关部门发现，其中一个重要的原因就是有相应的货运代理机构为其提供真实的货物信息。

如果打掉配货环节，骗税分子即使有票，若找不到对应的货物，就没有落脚点，也就不敢去冒这个风险了。真实货物信息流出的原因是这个行业缺乏监管，缺乏有效的制约，使得不法分子有机可乘。

从某种程度上来说，货运代理等中介机构是整个骗税行为得以发生的基础，只有加强对货运代理等中介机构的严格监督，才能从根本上杜绝骗税行为的发生。因此，市场监督管理部门均应加强对货运代理等中介机构资质的严格审查，规范其经营行为。

------------------------------ 案例导读 ------------------------------

1 服装行业成为出口骗税的重灾区

我国每年的出口退税总量高达1万多亿元，约占全国税务部门税收收入的10%。要取得一笔出口退税，除了需要报关单外，至少还需要其他几种凭证。从这个骗税案可以看出，犯罪分子围绕着出口退税的各个环节，用非法利益建立起了一个连环套。

增值税出口退税，退的是货物出口之前在生产流通环节缴纳的增值税。如果一个企业出口，比如说出口服装，在服装厂的前端，生产棉纱和布料的企业已经按17%缴纳了增值税，所以国家要向最后的出口企业退还这笔税款，这是许多国家的通行做法。我国目前出口服装的退税率达到16%，服装行业成为出口骗税的重灾区。

退税对于企业来说都是真金白银，一笔1000万元的服装出口，获得的退税款就可以高达160万元。当然，要得到这笔退税款，肯定也会面对严格的审查程序。退税是在出口完成之后进行的，企业纳税和出口的凭证自然就成了退税的主要依据。这些凭证主要是三类：出口企业的进项增值税发票，货物出口的报关单、货运单等单证，出口收汇的单证。理论上，只要凑齐了这些单证，就可以拿到退税款。

这次查获的兴弘嘉公司，将他人的出口货物虚构成自己生产的产品，非法获取报关单证，又通过伪造其他凭证，虚构了巨额的出口货值，在近四年时间里陆续拿到了4.5亿元的退税款。

2 借单出口 拼凑大量报关单

两张可疑的报关单是查案的起始点，是整个案件的核心环节，也是办案人员最早取得突破的地方。

为兴弘嘉公司提供这两张报关单的犯罪嫌疑人张伟文不过是个中间人，其他犯罪嫌疑人会将这些空白报关单转给报关行或货运代理公司，把别人的货物用兴弘嘉公司的名义报关出口。然后，完成报关程序的报关单以及相应的货运单据又会通过张伟文交回兴弘嘉公司。这样，兴弘嘉公司就得到了骗取税款的第一套单据。当然，兴弘嘉公司也会为此支付一笔佣金。张伟文总共向兴弘嘉公司非法提供了1000多张报关单，占最后查证落实的兴弘嘉公司虚假报关单的约1/3，他自己挣到的佣金总共有80多万元。

货物真实出口又不需要持报关单到税务局去申报退税的有两类主体：一类被称为直客，他们一般到批发市场上批量购买服装发往国外，不能在中国退税；另一类是国内一些小型企业，一般也不能办理退税。他们把自己的货运单据卖给中间人，报关后把这些单据转给兴弘嘉公司骗取了退税款。

3 拼凑报关单 真实的出口在哪里？

犯罪嫌疑人交代，报关单是张冠李戴的。办案人员必须找到真正的货主，拿到一手的证据。一般情况下，办案人员只能根据货运单上的运输数据，查找运输公司和运输车辆，最后通过运输公司留存的GPS记录，确定当天所去仓库的位置，最终找到原始提货单，确认货主的真实身份。

4 300多家公司虚开33亿元增值税专用发票

兴弘嘉公司要拿到出口退税款，必须证明公司买进的原料是缴过增值税的，也就是要拿到买进棉纱和布料的进项增值税专用发票。300多家涉案公司，大多数都为兴弘嘉公司开出过这些增值税专用发票，开出的虚假增值税专用发票总金额多达33亿元。

办案人员发现，这些增值税专用发票确实都是从税务部门获得的真实发票，其中一些增值税专用发票也确实对应着真实的棉纱和布料。只是这些棉纱和布料并没有卖到兴弘嘉公司，而是卖给了一些小企业。犯罪嫌疑人苏志义说，自己的公司把发票开给了兴弘嘉公司，总共有60多张，涉及的发票金额达7000万～8000万元，但是并没有直接靠这些发票挣钱。

兴弘嘉公司拿到虚开的增值税专用发票，必须有一笔钱打给对方公司，伪装成购买棉纱、布料的钱，这样才像一笔真实的交易。尽管如此，还是会留下犯罪的痕迹，如办案人员发现的某中间人和兴弘嘉公司的会计人员进行对账的单子。

5 收取的外汇从哪里来？

任何一笔出口，都应该对应一次外汇的流入。对于兴弘嘉公司来说，必须有地下钱庄从国外把相应一笔外汇打到它的账户上，才能向税务部门证明出口完成了，这样才有机会凭着这些单据获得退税款。

为兴弘嘉公司提供虚假外汇的犯罪嫌疑人陈垂送交代，他与兴弘嘉公司的人并不认识，他们有一个中间人——厦门人施文展。办案人员调查发现，共有三个地下钱庄通过施文展向兴弘嘉公司提供了外汇。2012—2014年，施文展通过三个地下钱庄为兴弘嘉公司提供了近5亿元的外汇。

6 银行账户记录为破案提供关键支持

从最初发现线索到案件侦破，经过了一年半以上的时间，核对中国人民银行反洗钱中心提供的300多万条银行账户记录成为最终破案的关键。2010年11月至2014年3月，兴弘嘉公司总共报关出口3800多单，每一单都涉及大量的单据。办案人员最终确认的虚假出口是2992单。

泸州老窖涉嫌偷逃消费税案

案例描述 [1]

2012年11月20日，微博用户晨光财务投资——张小明发表博文称，泸州老窖股份有限公司（以下简称泸州老窖）、宜宾五粮液股份有限公司2011年度分别缴纳消费税51958.26元及115909.10元，占白酒销售收入比分别为6.31%及6.27%，低于10%（"10%的标准"），并据此推测，这两家公司存在偷逃消费税的嫌疑。次日，财经网等网络媒体纷纷对这一推测进行了报道。

泸州老窖于2012年11月27日在深圳证券交易所发布《泸州老窖股份有限公司关于2011年消费税情况的澄清公告》，称上述报道不实。泸州老窖在该公告中称，"公司将部分产品定点授权给专业化的第三方灌装生产企业，在泸州酒业集中发展区包装生产成品"，希望借此说明被指责少缴的部分消费税实际已由该第三方灌装生产企业代收代缴。

相关资料显示，泸州老窖拥有全球最大的窖池群落，公司产能高达30万吨，2011年公司销售了14.29万吨白酒，其公司高管表示公司产能仍有富余。但是公司选择采用第三方生产的方式，其实是为了降低成本、合理避税。企业委托第三方代为加工应税消费品，然后将加工好的应税消费品收回、直接出售或自己使用，委托加工应税消费品是由受托方代收代缴消费税的，委托加工收回直接销售与企业自己生产两种方式缴纳消费税的方式不同，因此会产生不同的税负。

根据《中华人民共和国消费税暂行条例》，在我国境内生产、委托加工和进口消费品的单位和个人，应当缴纳消费税。针对白酒这一特定消费品，由于其仅在生产、委托加工

---

[1] 根据刘天永《税案解析：泸州老窖涉嫌偷逃消费税案》编写，原载 http://tax.hexun.com/2013-03-22/152376524.html，2013 年 3 月 22 日。

和进口环节一次性征收消费税，不少企业将自产白酒以低价销售给有关联关系的销售公司，销售公司再以高价出售，希望借此规避部分消费税税款的缴纳。

根据《中华人民共和国税收征收管理法》第三十五条和《中华人民共和国消费税暂行条例》第十条的规定，税务机关有权在消费税计税价格明显偏低且无正当理由的情况下，核定其计税价格。2009年7月17日发布的《国家税务总局关于加强白酒消费税征收管理的通知》（国税函〔2009〕380号）便是为规范企业利用关联交易规避消费税税款缴纳而出台的。国税函〔2009〕380号文明确规定，白酒生产企业销售给销售单位的白酒，生产企业消费税计税价格低于销售单位对外销售价格（不含增值税，下同）70%以下的，税务机关有权在一定范围内核定其消费税最低计税价格。

国税函〔2009〕380号文发布之后，国家税务总局及四川省国税局相继下发了一系列文件，即《国家税务总局关于部分白酒消费税计税价格核定及相关管理事项的通知》（国税函〔2010〕416号）、《四川省国家税务局关于转发国家税务总局核定白酒消费税计税价格的通知》（川国税函〔2009〕220号）、《四川省国家税务局关于部分白酒消费税最低计税价格核定及相关管理事项的通知》（川国税函〔2009〕222号），明确了最低计税价格的具体核定方法。消费税按照销售单位销售额的50%~70%征收，因此，消费税占销售收入的比重最低标准是10%，但是如果由第三方代为生产并缴纳消费税，消费税的公式由"售价×20%×50%"变为"（材料成本＋加工费）/（1-20%）×20%"，企业可操作的空间明显增大，泸州老窖通过委托加工灌装的方式很容易达到避税目的。

根据泸州老窖发布的公告，第三方灌装生产企业生产出的成品全部销售给泸州老窖下属控股子公司。该销售行为是否有可能被税务机关认定为计税价格明显偏低且无正当理由，是否需经税务机关核定消费税最低计税价格，是本案应当关注的焦点。若税务机关经审查，认定泸州老窖的酒类消费品计税价格明显偏低，符合由税务机关核定消费税计税价格的条件，依职权核定其消费税计税价格，泸州老窖可能面临补缴相应税款并缴纳滞纳金的法律风险。

案例讨论

论题："10%的标准"能否作为判断白酒企业偷逃消费税的依据？

甲方 "10%的标准"不能作为判断泸州老窖偷逃税款的法律依据。

税收法定原则是税法基本原则之一。虽然学术界对税收法定原则有不同的定义，但对其基本精神的理解趋于一致，即法律明文规定为应税行为和应税标的物的，必须依照法律规定征纳税款，法律没有明文规定为应税行为或应税标的物的，不得征税。税收法定原则要求税务机关只能根据法律法规判断纳税人是否偷逃税款，所谓的"10%的标准"不得作为认定纳税人是否偷逃税款的依据。

正如泸州老窖在公告中所说的，"10%的标准"并未考虑企业采取委托加工方式生产时的税务处理。根据《中华人民共和国消费税暂行条例》第四条的规定，委托加工的应税消费品，除受托方为个人外，由受托方在向委托方交货时代收代缴税款。因此，泸州老窖委托第三方灌装生产企业加工生产的白酒，其委托加工环节的消费税由该第三方灌装生产企业代收代缴。另外，我国消费税法对不同酒类产品，如白酒、黄酒、啤酒等规定不同的适用计税依据及税率，且企业采用不同的生产和销售方式将对其应纳税额产生不同影响。"10%的标准"同样未将这些具体情况考虑在内。

本案中，不论税务机关是否依职权核定泸州老窖酒类消费品的消费税计税价格，从现有资料看，泸州老窖也不存在伪造、变造、隐匿、擅自销毁账簿、记账凭证，或者在账簿上多列支出或者不列、少列收入，或者经税务机关通知申报而拒不申报，或者进行虚假的纳税申报，不缴或者少缴应纳税款的情形，其行为不应被认定为偷税，不应被施以行政处罚；并且泸州老窖也未采取欺骗、隐瞒手段进行虚假纳税申报或者不申报，因此不构成逃税罪，也不应承担刑事处罚。

乙方 白酒企业应纳消费税税额占其主营业务收入之比应不小于10%，虽然是经验数据，但是，属于税负预警指标。

举报人张小明指出："10%的消费税是红线，低于此线则表示企业有可能存在偷税的行为。"白酒企业应纳消费税税额占酒类营业收入之比应不小于10%，系根据2009年7月17日国家税务总局发布的380号文计算得出的。

《国家税务总局关于加强白酒消费税征收管理的通知》（国税函〔2009〕380号）规定，白酒生产企业销售给销售单位的白酒，生产企业消费税计税价格低于销售单位对外销售价格（不含增值税，下同）70%以下的，消费税最低计税价格由税务机关根据生产规模、白酒品牌、利润水平等情况在销售单位对外销售价格50%~70%的范围内自行核定。其中生产规模较大、利润水平较高的企业生产的需要核定消费税最低计税价格的白酒，税务机关核价幅度原则上应选择在销售单位对外销售价格60%~70%的范围内。

---------------------------- **案例导读** ----------------------------

白酒企业可能存在的消费税避税方法。

1 通过设立独立核算的销售公司避税

白酒生产企业设立独立核算的销售公司,生产企业以低价出售其生产的产品给销售公司,再由销售公司以高价售出。《国家税务总局关于加强白酒消费税征收管理的通知》(国税函〔2009〕380号)限制了酒类生产企业的避税行为,但是仍有空间。380号规定,白酒生产企业销售给销售单位的白酒,生产企业消费税计税价格低于销售单位对外销售价格(不含增值税)70%以下的,才由税务机关在一定范围内核定消费税最低计税价格。白酒企业一般规模较大、实力雄厚,企业可以通过设立二级、三级、四级等多个独立的销售公司,增加多个流通环节,一级一级加价来达到避税的目的。

2 通过转嫁税负避税

当白酒税负上涨时,白酒企业通过提价的方式,将一部分税负转嫁给下游消费者。对于需求价格弹性较大的服装和家具等产品,价格提升,消费者选择其他替代品的现象就会大量出现,从而影响产品销量。而对于白酒,尤其是高端白酒,需求价格弹性较小,提价对销售的负面影响不大。如2009年名酒集体提价,白酒企业的财务指标均有所改善,2010年茅台公司甚至宣布在未来3~5年中将每年以10%的幅度提价。

3 通过将不同税率的酒类产品分开包装避税

企业为在酒类产品销售旺季对产品进行促销,往往会打包销售不同酒类产品,如通过销售内含白酒、枸杞酒以及果木酒的礼品盒等方式进行销售。复合征税是白酒消费税较为适用的征税方式,有着20%的从价税率,同时,也需要缴纳每公斤1元的从量税。然而,相比之下,枸杞酒和果木酒不属于白酒,其应该缴纳的比例税率为10%,因此,白酒要承担较重的税负。税法规定,企业在组合包装三种产品之后,应当从高征收消费税,即白酒、枸杞酒以及果木酒的组合产品都应征收20%的从价税率,且以这三种产品的总重量同时征每公斤1元的从量税。因此,白酒生产企业在销售时,会先分开核算销售不同税率的酒类产品,然后再进行组合包装。

五粮液集团涉嫌少缴消费税案

案例描述 [1]

1 股民委托律师起诉

2009年4月封某、周某等四人在炒股出现损失后，委托上海市李国机律师事务所律师周爱文就四川省宜宾五粮液集团有限公司（以下简称五粮液集团）披露的年报存在问题，依法以特快专递方式向成都市中级人民法院立案庭送交起诉书及相关证据材料，起诉五粮液集团及出具报告的会计师事务所。结果，该诉讼请求不被成都市中级人民法院受理。

周爱文认为，对于上市公司虚假陈述的起诉，依照于2007年6月15日生效的《最高人民法院关于审理涉及会计师事务所在审计业务活动中民事侵权赔偿案件的若干规定》，利害关系人以会计师事务所在从事审计业务中出具不实报告，并致其遭受损失为由，向人民法院提起民事侵权赔偿诉讼的，会计师事务所与所涉上市公司作为共同被告，人民法院应当依法受理。

2 律师初查结果（少缴消费税约19.51亿元嫌疑）

周爱文分析了五粮液集团的年报，发现五粮液集团2007年年报在合并报表中，对于披露的四川省宜宾五粮液供销有限公司主营业务收入虚报约9.22亿元。宜宾五粮液供销有限公司为五粮液集团的最终销售企业，根据合并报表的规定，正常情况下，最终合并报表的营业收入应该略高于宜宾五粮液供销有限公司的主营业务收入。2007年年报披露：宜宾五粮液供销有限公司的主营业务收入为825066.15万元，而合并报表的营业收入却为732855.58万元，一个供销公司的收入竟然比合并报表的收入多出约9.22亿元。

周爱文说，五粮液集团存在少缴消费税的嫌疑。通过对五粮液集团2006—2008年年报的分析发现，三年内其存在少缴消费税约19.51亿元嫌疑。由于该消费税只在生产环节征收，流通环节不征收消费税，合并报表披露的消费税应为生产环节五粮液酒厂缴纳的消费税。从2008年年报披露的宜宾五粮液供销有限公司等相关信息，分析计算出五粮液集团2008年少缴消费税约5.42亿元；依据同样的计算办法，计算出五粮液集团2007年少缴消费税约8.84亿元；2006年少缴消费税约5.25亿元。

---

[1] 根据陈良照《五粮液公司消费税案的过程回顾及启示借鉴》编写，原载 www.zjtax.net，2010年11月15日。

3 律师详查结果（少缴消费税约10.11亿元嫌疑）

"从消费税的计税收入与酒产品的成本、利润之间的关系发现，五粮液集团三年至少存在偷税约10.11亿元嫌疑。"

以2006年为例，五粮液集团的年报披露：消费税适用税率为生产环节销售额的20%，另加销售量每公斤1元的从量税。2006年全年共销售五粮液系列酒18.97万吨，实现酒类主营业务收入733337.37万元。主营业务税金及附加中披露：本期消费税为54327.52万元。

根据上述信息，五粮液集团2006年消费税计税收入＝（本期消费税54327.52万元－从量计算消费税18970万元）/消费税税率20%，即176787.6万元。

按照税法规定，消费税计税收入＝（酒类主营业务成本＋合理利润）/（1－消费税税率20%），从公式可以看出，计税收入至少应大于酒类主营业务成本。也就是说，计税收入至少应大于酒类主营业务成本345978.68万元。

但五粮液酒类计税收入比酒类主营业务成本还少169191.08万元，而且此现象在其他白酒企业中很少见。以此类推，2007年年报披露的消费税至少存在偷税31187.47万元，2008年年报披露的消费税至少存在偷税36133.44万元，三年合计约10.11亿元。

4 五粮液集团的回应

就律师提出的问题，一位自称是董秘办工作人员的肖先生接受采访时称："周律师多次致电公司，公司在电话中已与其进行了沟通，第一次就作了书面回复。他们多次要求私下协商，要求公司赔偿几万元钱，这是不可能的事。他们按照自己的分析，推理计算出公司少缴消费税等结论，是不准确的；国家税务总局、审计署派出机构、地方税务机关不时到公司进行检查。"

至于被起诉一事，他称"这是法治社会，投资者有自己的权利，公司也有自己的权利。我们所有的回函和对方的资料都有存档"。

自2001年5月1日起，消费税按从价和从量复合征收，即按生产环节销售收入的25%和销售量每公斤1元计算缴纳，同时取消以外购酒勾兑生产酒能够扣除其购进酒已纳消费税的政策。2006年4月1日后按生产环节销售收入的20%和销售量每公斤1元计算缴纳消费税。

就酒类生产企业而言，通过设立销售公司避税已经成为行业内的一种潜规则。运作过程并不复杂，只要将自产的酒低价售给自身的销售公司，再由销售公司高价对外出售，便能够减轻消费税负担。

如果按期末总资产计算，五粮液集团2008年度供销公司资产净利率高达24.81%，而五粮液酒厂该项比率仅为0.37%。这种反差很可能是避税运作后的产物，即将利润转移给供销公司。不过，这种反差并非五粮液集团所独有。

案例讨论

论题：五粮液集团是否可能存在偷税行为？

甲方 五粮液集团很有可能存在偷税行为。

税务专家景小勇认为，五粮液集团很有可能存在偷税行为。2011年五粮液集团缴纳消费税115909.10元，占白酒销售收入之比6.27%，低于最少上缴10%的消费税红线。如若加上差额部分的消费税，应至少补缴6.88亿元。

2011年度泸州老窖股份有限公司缴纳消费税51958.26元，占白酒销售收入之比6.31%。当然，这里的消费税未包括"从量税"。另有资料披露，同为酒企的酒鬼酒消费税占收入的12.49%，古井贡酒消费税占收入的13.30%，衡水老白干酒消费税占收入的11.23%，均位于10%的红线之上。沱牌舍得酒的消费税占收入的8.95%，位于10%的红线以下。如表2所示。

表2 2011年度六大白酒企业白酒业务收入、消费税及消费税占比

指标	酒鬼酒	泸州老窖	五粮液	古井贡酒	衡水老白干	沱牌舍得
业务收入/万元	96183.00	823244.23	1847440.25	317868.73	134897.36	109692.03
消费税/万元	12011.92	51958.26	115909.10	42273.50	15146.96	9814.20
消费税占比/%	12.49	6.31	6.27	13.30	11.23	8.95

乙方 五粮液集团是否偷税，不能简单地下结论。

拿白酒生产企业面对的销售单位来说，不能把所有的销售收入都认定为该白酒生产企业的销售收入，从而简单地乘以核定比例和消费税税率，得出该白酒生产企业的消费税总额。

2009年发布的《国家税务总局关于加强白酒消费税征收管理的通知》（国税函〔2009〕380号）将销售单位分成两种情况，一种是销售公司和购销公司，专门购进并销售白酒生产企业生产的白酒，并和该白酒生产企业存在关联关系；另一种是包销公司，即销售单位依据协定价格，从白酒生产企业购进白酒，同时承担大部分包装材料等成本费用，并负责销售白酒，即通常说的买断品牌。

第一种销售单位就很复杂，往往因为关联交易环节众多，所以不能把卖酒的销售收入都认定为该白酒厂家的销售收入，比如企业给员工发的酒，有没有确定为销售收入？企业公开的报表和真实的账目，往往要动用税务稽查部门才能彻查清楚。

顺便提醒一句，白酒企业可能还多缴纳消费税。为什么？从2001年5月1日起，凡在中国境内生产、委托加工、进口卷烟、粮食白酒、薯类白酒的单位和个人，实行复合计税办法。如果纳税人自产自用的应税消费品，没有同类消费品销售价格的，就按照组成计税价格纳税。

组成计税价格=成本+利润+消费税

$\qquad$ =成本×（1+成本利润率）+组成计税价格×消费税税率+销售数量×定额税率

$\qquad$ =[成本×（1+成本利润率）+销售数量×定额税率]÷（1-消费税税率）

组成计税价格加了从量消费税，整体计税的时候，又算上从量消费税，存在对从量税额重复计税的嫌疑。

假如按照以下公式计算消费税，就可以避免重复征税。

组成计税价格=（成本+利润）÷（1-消费税税率）

消费税=组成计税价格×消费税税率+销售数量×定额税率

举个例子，某白酒生产企业为一般纳税人，2002年7月将自产粮食白酒1000公斤用于招待客人，账面显示单位成本为每公斤10元。该粮食白酒无同类售价，成本利润率为10%，消费税税率为25%，定额税率为每公斤1元。试计算该笔业务应纳消费税。

按现行制度政策：组成计税价格=[1000×10×（1+10%）+1000×1]÷（1-25%）=16000（元）

应纳消费税=16000×25%+1000×1=5000（元）

按设想：组成计税价格=1000×10×（1+10%）÷（1-25%）≈14667（元）

应纳消费税=14667×25%+1000×1≈4667（元）

案例导读

我国目前除金银首饰及钻石饰品等消费品在流通环节征收消费税外，其他绝大部分应征消费税的消费品规定在生产环节征收消费税。由于在流通环节不缴消费税，白酒生产商们都纷纷成立了销售公司，依照较低的价格，把产品卖给了自己的销售公司，开票缴消费税，但销售公司再次分货时，就不用再缴消费税。由于生产商与销售公司在发生业务关系时，可以调控产品价格，有的生产商不赚钱，甚至亏损，但是销售公司肯定赚钱，因为消费税已经由生产商"代缴"过了。接下来，销售公司赚钱后，就与总公司（生产商）进行合并纳税（所得税）。要是总公司亏损，盈亏相抵，就少缴了所得税。

用一个简单的例子即可说明企业是如何利用关联交易来影响消费税缴纳的。

假设某生产企业A生产了一批产品，生产成本为100元，以200元的市场价格卖给了某批发商B（假设消费税比例税率为30%，不考虑企业所得税）：

A企业应纳消费税税额=200×30%=60（元）

A企业留利=200-100-60=40（元）

现在生产商A和批发商B构成了关联关系或组成了战略联盟，A以110元的超低价把产品卖给了关联方B，B再以200元的正常市场价销售给顾客。

A企业应纳消费税税额=110×30%=33（元）

B企业扣除成本和其他费用后留利=85（元）

关联方整体留利=110-100-33+85=62（元）

可见构成关联关系以后，A企业的税负下降了45%，整体利润却上升了55%。

为有效遏制白酒生产企业利用关联交易规避生产环节消费税，国家税务总局于2009年7月17日专门出台了《白酒消费税最低计税价格核定管理办法（试行）》，规定从2009年8月1日起，对白酒生产企业销售给销售单位的白酒，生产企业消费税计税价格低于销售单位对外销售价格70%以下的，消费税最低计税价格由税务机关根据生产规模、白酒品牌、利润水平等情况在销售单位对外销售价格50%至70%的范围内自行核定。

如此一来，五粮液酒的计税价格公式为该品牌、规格白酒销售单位上月平均销售价格×核定比例（60%）。

2009年7月消费税政策调整前，五粮液集团往往先将酒卖给旗下的供销公司。出厂价每瓶469元的52度五粮液，大致以140元价格卖给供销公司，每瓶的消费税为140元×20%=28元。

而消费税政策调整后，计税价格改为"销售单位对外销售价格的60%"。按469元的出厂价来计算，每瓶52度五粮液所纳消费税为469×60%×20%=56.28元。

进境居民旅客一台iPad缴千元行邮税案

案例描述 [①]

一台漂亮的iPad，让喜欢到国外扫货的人们乱了阵脚，也让两套规则打起了架。

2010年8月19日，海关总署发布《关于进境旅客所携行李物品验放标准有关事宜》（海关总署公告2010年第54号）。该公告称：进境居民旅客携带在境外获取的个人自用进境物品，总值在5000元人民币以内（含5000元）的，非居民旅客携带拟留在中国境内的个人自用进境物品，总值在2000元人民币以内（含2000元）的，海关予以免税放行，单一品种限自用、合理数量，但烟草制品、酒精制品以及国家规定应当征税的20种商品等另按有关规定办理。

进境居民旅客携带超出5000元人民币的个人自用进境物品，经海关审核确属自用的，进境非居民旅客携带拟留在中国境内的个人自用进境物品，超出人民币2000元的，海关仅对超出部分的个人自用进境物品征税，对不可分割的单件物品，全额征税。

根据这一公告，进口税额＝完税价格×税率。按《中华人民共和国进境物品归类表》（以下简称《归类表》）和《中华人民共和国进境物品完税价格表》（以下简称《完税价格表》），iPad税号应为19010300"笔记本电脑"，税率为20%，完税价格应为5000元。据此计算，一台iPad入境应缴纳进口税额1000元。

消费者觉得很冤。"我的iPad真的是自己用的，买的时候只有500加元，约合人民币3500元，但过关的时候按5000元收了我1000元税。"不少未申报入境的iPad在口岸被海关查获，消费者表示这样处理不公平。

海关总署负责人回应称，海关将其归为笔记本电脑并适用一般5000元的完税价格，

[①] 根据《iPad引发的关税之争：解密纠结背后的众生相》整理，原载 http://www.china.com.cn/economic/node_7105126.htm，2010年11月17日。

主要是为方便旅客，提高行政管理效率和通关时效。

　　商务部发函给海关总署表示不理解，中国加入WTO（世界贸易组织）后的重要承诺之一就是对各类计算机实施零关税，海关向iPad征收1000元进口税与WTO规则不一致，20%的税率过高，iPad完税价格被高估。

🎙 案例讨论

> **论题：海关向iPad征收1000元进口关税，完税价格是否被高估？20%的税率是否过高？**

甲方 按《归类表》iPad为笔记本电脑。

　　海关总署监管司负责人黄熠表示，根据规定，进境居民旅客携带在境外获取的个人自用进境物品，总值在5000元人民币以内（含5000元）的，海关予以免税放行。按《归类表》iPad为笔记本电脑，而电脑属于不予免税的20种商品之一。5000元这一价格兼顾了有的笔记本电脑价格略高于5000元，有的略低于5000元的情况。以iPad为例，自上市以来价格在不断变化，海关将其归为笔记本电脑并适用一般5000元的完税价格，主要就是为方便旅客，提高行政管理效率和旅客的通关时效。

　　有人认为，海关对居民旅客的"5000元"和非居民旅客的"2000元"限值的规定太严格。黄熠表示，"这是较为普遍的国际实践，对超出限值物品实行按全部价值征税也是各国普遍采用的方法"。目前，我国确定的个人物品免税限值额度与发达国家规定的免税限值水平基本相当，如澳大利亚900澳元（约合人民币5889元），英国390英镑（约合人民币4176元），德国430欧元（约合人民币3905元），韩国400美元（约合人民币2654元），美国800美元（约合人民币5308元）。一些人对旅客随身携带物品征税的性质理解有误，旅客随身携带进出境并复带出进境的原有个人物品，海关并不征税。

　　黄熠表示，根据《完税价格表》的规定，如应税物品的实际价格与完税价格相差达3倍（或1/3）及以上程度，可以另行确定价格或按物品实际价格计征税款。海关未来会进一步加快《完税价格表》调整和发布频率。

乙方 对电子产品设最低价格限额，有违世贸组织《海关估价协定》。

　　2010年11月9日，《新京报》记者胡红伟专访了商务部相关人士。

　　新京报：针对已经发送的咨询函，有媒体采访地方海关，得到回应说"咨询函并不能改变现状"。请问发函主要是什么目的？

商务部人士：发出咨询函的主要目的应当是澄清有关管理措施和制定这些措施的背景，并没有要求加以改正之意。中国加入WTO时承诺，贸易政策在中国全部关境内统一实施，并承诺建立一种机制，使个人和企业提请国家主管机关注意贸易制度未统一适用的情况。根据这一承诺，任何个人和企业都可以就贸易政策存在的问题提出咨询。咨询和质疑是两个概念。

新京报：资料显示，WTO《信息技术协定》（ITA）要求IT类产品逐渐降低关税至零。

商务部人士：加入ITA是中国加入WTO中的一项重要承诺，中国2001年加入WTO后即开始了ITA产品的降税，到2005年，ITA产品的关税已经降到零，主要包括计算机、半导体及半导体生产设备等，核心是各类计算机产品。而这类产品全球化生产的特征十分明显，也就是说不可能在一个国家独立完成一台计算机的制造，零部件来自几个国家，但如果计算机零部件的关税很高，最终产品的关税就会很高。达成这个协定的意义就在于能够大大降低计算机零部件和整机的关税，最终降低计算机的成本和售价。现在看来，协定的目标已实现，大大促进了全球IT产业和其他产业的发展。中国的IT产业得益于加入这一协定，也获得了迅速的发展。

新京报：那么根据ITA，关税降到零，iPad的进口税应该为多少合适？

商务部人士：总体而言，海关现在对iPad征收1000元的进口税，这一规定与WTO规则不一致主要有两点。首先，税率过高。海关将iPad归入计算机类产品，适用的进口税率为20%。行邮税是关税、增值税和消费税合并征收。《中华人民共和国增值税暂行条例》明确规定，个人携带或者邮寄进境自用物品的增值税连同关税一并计征。目前我国增值税税率最高为17%，而计算机关税是零，也没有消费税。那么，即便按照最高税率，iPad的进口税税率也只能是17%，20%的税率明显过高。

新京报：不仅仅是此次iPad被要求缴千元进口税，在海关总署2007年修订的《入境旅客行李物品和个人邮递物品进口税税则归类表》中，明确"计算机及其外围设备包括个人计算机及其存储、输入、输出设备和附件、零部件"适用的进口税税率为20%。

商务部人士：我们曾在2005年与有关部门就此进行过沟通，建议使这一体制符合WTO规则，但是很遗憾没有结果。税率过高，只是行邮税制度的问题之一，还有其他一些与WTO规则不一致的地方。问题的关键是，主管部门将个人行邮物品定性为"不同于货物的物品"，因此不必适用WTO规则中的货物贸易规则。由于有这种"独特"的划分，行邮税体制一直"游离"于WTO规则之外。当然，个人行邮物品适用货物贸易规则，并不是要完全按照进出口产品那样管理。国际上的惯例是适度宽松，适当征税，免税额高，高达1000美元甚至2000美元，税率很低，这样税额就很少，不会造成消费者的过重负担。现在很多计算机类产品价格都没有达到5000元，将5000元作为缴税的基数，实际税负就会过高。

新京报：由于很多消费者购买的iPad价格都只有3000多元，但在缴纳进口税的时候，是以5000元的完税价格来计算的。完税价格应该怎么确定？

商务部人士：这正是这一规定与WTO规则不一致的第二点，即完税价格的确定问题。计征关税的基础是进口货物的完税价格，也就是货物出口销售至进口国时，实付或应付的价格。这个价格乘以相应的税率得出应缴纳的税额。现在海关对iPad完税价格的规定与WTO《海关估价协定》不太一致。这个协定的目的就是保证关税减让的价值不受到海关估价措施的减损。如果设定一个较高的完税价格，而实际价格低于这一价格的货物就要付更多的税，也就是被高估价了，就是现在iPad遇到的问题。协定禁止海关采用"最低限价"的方式来确定完税价格。现在计算机类产品，很多型号的价格都没有达到5000元，其中也包括iPad，那么将所有这些产品的完税价格定位5000元，就等同于这些产品的"最低价格"定为5000元，以此作为缴税的基数来计税，实际税负就高于本应缴纳的税额。对个人自用物品征税的原则应当是适度宽松，按照普通货物征税显然是不符合这一原则的。

新京报：完税价格是不是应该调整？目前海关所执行的《入境旅客行李物品和个人邮递物品完税价格表》是2007年8月1日起开始执行的，当时考虑到经济发展迅速、行邮物品价格变化快的特点，取代了2002年发布的旧的价格表。

商务部人士：现在规定5000元以上不可分割的物品要全额纳税，是以征税为目的的，这样就肯定与消费者的利益发生冲突了。随着经济的发展和生活水平的提高，还有物价的变化，完税价格不能一成不变，应该动态调整。计算机类产品5000元的完税价格，放在10年前肯定不高，当时的笔记本电脑可能要两三万元。但是由于加入了ITA，IT产业发展迅速，现在国内外很多电脑的价格都不到5000元。需要动态调整的不仅仅是完税价格，还包括上面所说的20%的税率，也要根据贸易等实际情况进行调整，实际税负起码不能高于进口货物的税负，应当更低才是。

新京报：自iPad缴税引发关注后，不少地方海关提醒旅客，iPad等原自用物品无论新旧，出境时需主动报关，填写申报单证，并在复带进境时向海关出示申报单证，海关验核后可予以放行不再缴税。这一做法是否可行？

商务部人士：如果让旅客自行申报，是很麻烦的一件事情。现在机场本已人满为患，还要花时间填写表格，而且现在很多人出差都带有电子产品，比如手机、电脑、摄像机、相机等，如果都需要申报，要给旅客增加很多负担。以往我们出差是要留出一定时间填表的，还要请海关官员盖章，后来在2007年年底进一步简化和规范了进出境旅客申报手续，自2008年2月1日起，进出境旅客没有携带应向海关申报的物品，就不用填写申报单了，出关节省了很多时间。现在不能走回头路了。什么物品需要申报？规定中有一条，"居民旅客需复带进境的单价超过5000元的照相机、摄像机、手提电脑等旅行自用物品，还包括一些文物、金银等贵重金属，2万元以上的现钞，货样等"，这么来看，iPad只有3000多元，不应该在申报范围之内。

1 行邮税

行邮税是行李和邮递物品进口税的简称，是海关对入境旅客行李和邮递物品征收的进口税，其中包括关税以及进口环节的增值税、消费税。

征收对象是进境物品，具体指旅客行李物品、个人邮递物品及其他个人自用物品。

纳税义务人是携有应税个人自用物品的入境旅客及运输工具服务人员、进口邮递物品的收件人，以及以其他方式进口应税个人自用物品的收件人。这里强调的是纳税义务人不是所有人，而是携带人员、收件人。

海关总署明确了一定数额以内的个人自用进境物品，免征进口税。超过海关总署规定数额但仍在合理数量以内的个人自用进境物品，由进境物品的纳税义务人在进境物品放行前按照规定缴纳进口税。具体包括：

（1）个人邮寄进境物品。根据《中华人民共和国海关法》及海关总署2010年第43号公告的规定，个人邮寄进境物品，海关依法征收进口税（行邮税），但应征进口税税额在人民币50元（含50元）以下的，海关予以免征。海关监管进境个人邮递物品主要有两个判定原则。一是自用合理原则，二是限定价值原则。个人寄自港澳台地区的物品，每次限值为800元人民币；寄自其他国家和地区的物品，每次限值为1000元人民币。超过上述限值，即需要交邮政企业退运，或按照物品进行报关交进口税。但邮包内仅有一件物品且不可分割的，虽超过限值，经海关审核确属个人自用的，可以按照个人物品规定征税进境。

（2）旅客携带物品。依据海关总署2010年第54号公告的规定，进境居民旅客携带在境外获取的个人自用进境物品，总值在5000元人民币以内（含5000元）的，非居民旅客携带拟留在中国境内的个人自用进境物品，总值在2000元人民币以内（含2000元）的，海关予以免税放行，单一品种限自用、合理数量，但烟草制品、酒精制品以及国家规定应当征税的20种商品等另按有关规定办理。进境居民旅客携带超出5000元人民币的个人自用进境物品，经海关审核确属自用的，进境非居民旅客携带拟留在中国境内的个人自用进境物品，超出人民币2000元的，海关仅对超出部分的个人自用进境物品征税，对不可分割的单件物品，按行邮税全额征税。

行邮税的计算公式为

进口税税额＝完税价格 × 进口税税率

进出境物品的税率自2018年11月1日起调整为15%、25%、50%三个档次。

海关总署制定并公布了《中华人民共和国进境物品完税价格表》。《完税价格表》已列明完税价格的物品，按照《完税价格表》确定；《完税价格表》未列明完税价格的物品，按照相同物品相同来源地最近时间的主要市场零售价格确定其完税价格；实际购买价格是《完税价格表》列明完税价格的2倍及以上，或是《完税价格表》列明完税价格的1/2及以下的物品，进境物品所有人应向海关提供销售方依法开具的真实交易的购物发票或收据，并承担相关责任。海关可以根据物品所有人提供的上述相关凭证，依法确定应税物品完税价格。

2 跨境电商综合税

为营造公平竞争的市场环境，促进跨境电子商务健康发展，经国务院批准，自2016年4月8日起，我国将实施跨境电子商务零售（企业对消费者，即B2C）进口税收政策。

之前，个人自用、合理数量的跨境电子商务零售进口商品在实际操作中按照邮递物品征收行邮税。行邮税针对的是非贸易属性的进境物品，将关税和进口环节的增值税、消费税三税合并征收，税率普遍低于同类进口货物的综合税率。跨境电子商务零售进口商品虽然通过邮递渠道进境，但不同于传统非贸易性的文件、票据、旅客分离行李、亲友馈赠物品等，其交易具有贸易属性，全环节仅征收行邮税，总体税负水平低于国内销售的同类一般贸易进口货物和国产货物的税负，形成了不公平竞争。为此，国家对跨境电子商务零售进口商品按照货物征收关税和进口环节增值税、消费税。

在对跨境电子商务零售进口商品按照货物征税的同时，考虑到大部分消费者的合理消费需求，国家将单次交易限值由行邮税政策中的1000元（港澳台地区为800元）提高至2000元，同时将个人年度交易限值设置为20000元。在限值以内进口的跨境电子商务零售进口商品，关税税率暂设为0，进口环节增值税、消费税取消免征税额，暂按法定应纳税额的70%征收。超过单次限值、累加后超过个人年度限值的单次交易，以及完税价格超过2000元限值的单个不可分割商品，均按照一般贸易方式全额征税。

某纺织公司瞒骗商业价格偷逃关税案

案例描述①

近年来，进口葡萄酒颇受人们的青睐。这是一个商机，一些不法分子争相"掘金"。进口葡萄酒行业水有多深？动辄过千上万元的进口葡萄酒实际进口的价格又是多少？宁波海关侦破的一起红酒走私案，揭开了美酒背后的谜团。

1 发现问题

在一次检查中，宁波海关调取了宁波口岸2005年1月—2008年6月进口葡萄酒的数据，在风险分析过程中，有两票货物疑点重重，引起了海关的警觉。报关单名下申报进口的都是一些原产于法国的红葡萄酒，价格较高，属于容易产生瞒报价格行为的高风险酒种。经过比对后发现，申报进口价格跟其他口岸通报的同类葡萄酒进口价格相比明显"缩水"。如其中一款法国产拉图庄干红葡萄酒，申报价格为每瓶168欧元，而其他口岸通报的类似葡萄酒价格却为299欧元，价格相差40%左右。

从海关监管的角度看，异常的价格差异就意味着有低报价格走私入境的嫌疑。

2 检查过程与检查方法

海关缉私警察迅速介入侦查，顺藤摸瓜，很快查到了这批酒的实际货主——浙江某纺织公司，这是当地一家颇具规模的现代化企业。目标锁定后，侦查员立即动手对嫌疑公司展开价格核查，但翻阅了公司进口贸易的相关单证后发现，其该公司向海关提供的报关资料相吻合。通过进一步了解发现，这家公司的葡萄酒进口业务均由董事长朱某直接操作。于是，侦查工作的重心锁定在朱某身上。

然而，在朱某提供的一堆办公文件里，海关缉私警同样没有发现什么"蛛丝马迹"。侦查陷入僵局。此时，朱某办公桌上堆放的一叠资料引起办案缉私警的注意，缉私警扫了几眼，发现都是一些2007年、2008年的旧资料。一堆废旧的文件为什么要摆在董事长办公桌顺手就能取到的位置？这其中一定有蹊跷。缉私警不动声色开始仔细地翻阅、搜寻。

"找到了！"侦查员眼前一亮，一张有些折皱的A4纸躺在这堆看似被丢弃的废资料

———————
① 根据《洋葡萄酒"入境"的重重玄机》和《从物流环节揭开进口商品价格迷雾》编写，原载《法制日报》2009年12月31日，以及 http://news.service.hc360.com/2007/04/13104437096.shtml，2007年4月13日。

里。那是一张葡萄酒报价清单。通过比对，缉私警发现清单上所列价格比海关申报价格高出很多。

在铁证面前，朱某承认了低报价格走私进口葡萄酒的事实，并提供了相关的货款支付凭证。经核对，这家企业在短短一年时间里从香港进口了13848瓶高档红葡萄酒，总价为900万元。其中，最贵的是价值万元的1988年产"拉菲"。

案子调查到这一步似乎可以结案了，但新的疑惑又出现了。进口商在浙江，供货商在香港，双方是直线联系还是由中间人牵线？

通过进一步查阅单证以及突破关键人员口供，朱某的朋友忻某和宁波一家神秘货运代理公司进入了侦查员的视线。调查证实，忻某和货运代理公司扮演了非常重要的角色。朱某第一次到香港红葡萄酒供应商的酒库挑酒，正是由忻某从中搭桥牵线的。当时，朱某确定所购葡萄酒的种类和数量后，以包通关的形式委托一家货运代理公司进口红酒，而用于低报价格的虚假发票也正是通过忻某让香港供货商开具的。

低报价格进口红酒，属于违法行为，朱某却在知情的情况下仍通过朋友对申报价格进行"暗箱操作"，如此铤而走险，最大的诱因还是逃税。

按照海关规定，进口红葡萄酒需缴纳14%的进口关税、17%的增值税和10%的消费税，意味着一瓶红酒过关后会增加近50%的税费成本。依照涉案纺织公司的红酒消耗量，如按正规报关程序，该企业每年就要缴纳300多万元的税款。

纺织企业与香港供应商之间实际成交价格的原始资料显示，进口红葡萄酒真实成交价格为香港离岸价650万港元，而香港供货商提供给货运代理公司的虚假发票价格为香港离岸价480万港元，而最终企业向海关申报的价格却是到岸价450万港元，这中间低报的幅度达30%。

不仅如此，同一票进口红酒，真真假假却有3档价格，香港供货商提供的假发票低报了170万港元的价格，为何最终向海关申报时价格却低报超过200万港元呢？国家的税款到底流进了谁的口袋呢？

实际上，香港供应商传真给货运代理公司的虚假发票将成交价格做低了170万港元，这是由纺织公司主导的第一次低报。而第二次低报则是在纺织公司不知情的情况下，由货运代理公司主导的。由于货运代理公司拿到红酒进口包干代理费是固定的每瓶175元，为了尽可能地使利润最大化，货运代理公司通过再次做低部分红酒价格、伪报红酒品名和贸易成交方式等手段，又低报了30万港元，这部分非法利益直接进了货运代理公司的口袋。

3　处理结果

鉴于纺织公司、货运代理公司违法证据确凿，宁波海关已对纺织公司作出罚款56万元、追缴走私货物244万元的行政处罚，对货运代理公司作出追缴走私货物等值价款52万元的行政处罚。

案例讨论

论题：如何防止不法分子通过商业价格瞒骗而逃税？

甲方 完善相应的价格磋商制度是当务之急。

"价格磋商"是指海关在使用成交价格以外的估价方法时，在保守商业秘密的基础上，与纳税义务人交换彼此掌握的用于确定完税价格的数据资料的行为。

由于进口商人可能掌握有关或类似进口货物的价格资料，而进口地海关可能未获得这种资料，相反也有可能是海关掌握了相关进口商无法得到的相同或类似货物的海关估价，因此，进口人和海关之间可以进行信息的相互沟通。

在最后认定申报价格的准确性之前，海关和进口人之间进行相互咨询，这样可以避免海关估价影响货物的通关速度。这种做法一方面改变了传统的海关单方面决定的管理方式，体现了民事合同契约中自由的精神，反映了相关人的意志，有利于激发相关人的积极性和创造性；另一方面也保留了海关管理的优益权，即国家为确保行政主体有效地行使职权，以法律法规等形式赋予行政主体各种职务上或物质上优益条件的资格，海关对价格的磋商仍然有监督权、单方面决定权，保证了海关管理目标的实现。

例如，上海海关价格信息处利用价格磋商机制解决了多批货样、广告品的价格专业认定问题。货样和广告品多为外方免费提供，不存在实际成交价格，海关应按相同、类似货物的价格等给予估价，而货样、广告品因其新颖性及规格、型号的特殊性，一般难以找到相同或类似货物的价格，上海海关价格信息处借鉴国际惯例，积极与进口商充分沟通交流情况，获取相关的信息，并在此基础上予以估价，收到了很好的效果。

乙方 应重点核查应申报的进口费用。

根据海关审定的《进出口货物完税价格办法》第三条、第四条的规定，完税价格应包括运费、买方负担的包装费、经纪费、特许权使用费、软件费以及保险费等运抵输入地之前发生的各种费用，也就是WTO《海关估价协定》第一条注释中对第一条第一款中"实付或者应付价格"的解释："实付或者应付价格是指买方为进口货物向卖方或为卖方利益已付或将要支付的全部价款"，商业价格欺骗主要是隐瞒部分应支付卖方费用的合同条款、瞒报应计入完税价格的有关费用、瞒报高附加值和高技术含量产品的特许权使用费等。

由于贸易习惯中，货物成交合同中往往不包括运输、保险等相关费用，很多合同条款无须特别列明上述费用而遵照贸易惯例执行，因此，很多进出口商在向海关申报时，只报货物的合同价格，提供货物的发票、合同，却隐瞒其他费用不报，隐藏其他费用的合同和票据，特别是成套设备、高科技产品设计的软件费或者后续安装费用和服务费用，品牌商品、专营代理商品往往涉及的特许权使用费用，这类费用在普通贸易中不会出现，所以，海关不会强行规定进出口商提供此类合同或者票据。而且设备安装、培训等费用和技术服务费用等会在其他专门性质的合同（如技术合同）中专门规定，进出口商往往只需向海关提供主体合同就能通过审查。

如果海关审价人员没有丰富的商品知识，不了解商品的特性和相关的专业知识，进出口商往往会蒙混过关。

案例导读

商业价格瞒骗有哪些手段？

近年来，大规模非法闯关的走私活动得到了有效遏制，但利用价格瞒骗进行走私的现象日趋突出。特别是在中国加入WTO后，我国开始实施WTO《海关估价协定》，海关按货物实际成交价征收关税和进口环节税。不法分子便利用海关对价格资料掌握不全的漏洞，通过内外勾结的方式低报进口货物价格，偷逃国家税款。

所谓商业价格瞒骗，是指进出口企业在向海关申报进出口货物价格时，将货物的实际价格故意低报，以逃避海关税收或外汇结售汇。在进口环节，企业故意低报进口货物价格，海关按照规定公式计算出来的税收金额就会相应变小，企业就少缴了海关税收。在出口环节，企业低报价格，就会把应该结汇到境内的外汇金额变小，而把部分货款结存到境外银行，逃避国家外汇管制。有的企业在出口环节高报价格，以骗取国家的出口退税。

据调查统计，全国海关每年查获案值排在前10位的走私大要案中，商业瞒骗占了绝大多数。

除了已引起广泛注意的伪报、瞒报和模糊申报进口货物品质，利用"洗单""洗货"低报价格，利用特殊关系伪报、瞒报完税价格组成费用等价格隐瞒手法外，价格隐瞒在作案手法上更具隐蔽性。主要特征有：

"蚂蚁搬家"：即每批次进口偷逃税额均不超过刑罚界线。这样，即便被海关查获，由于单票偷逃税额较少，海关一般只要求货主补税了事。这种手法隐蔽性强，而且增加了海关部门的工作量，较难发现和查处。

"洗汇率"：通过中间环节（一般通过香港的公司）将成交价格的币值换成另外一种币

值，而币值换算所使用的汇率是内部确定的，比正常的汇率低。如在欧元大幅度升值时，对来自欧元区的货物以较低的汇率将欧元"洗成"美元或港元，从而达到少缴税的目的。这种手法具有相当强的隐蔽性，海关只有切实掌握国外供应商公司与中间商的商业单据才能予以核实，而在实际工作中，中间商往往会以相关资料是商业秘密为托词拒绝提供，从而增加了海关查处的难度。

"洗单""洗货"相互结合：所谓洗单，即不法分子通常利用特殊商业关系与境外中转商勾结，在货物转口进境时，隐瞒实际成交的单证，以中转商的名义开具虚假单证，伪造货物的品名、规格、数量、功能等指标，使之与瞒报的价格保持一致。洗货就是采取伪报品名、型号的手法，将已拆解标志（铭牌）的新机械设备申报为无品牌、无型号的旧机械设备，通过把规格、型号、原产地等"洗"成海关难以掌握价格的，甚至根本不存在的，逃避海关价格管理，低报价格，大量逃税。

境内外协同作假：在惯常的审价模式中，海关往往会要求进口商提供国外直接供货商的相关单证，并以此为参考审定完税价格。而不法分子正是抓住了这一点，开始采取境外直接供货商与境内经营者协同作假的方式，共同欺骗海关。如境外直接供货商与经营者签订合同约定货款分两笔等额支付，第一笔以信用证付款（用于向海关申报价格），第二笔则为隐瞒的货款，通过香港利用现金支付的方式汇至境外。

无票利息费用在企业所得税税前扣除案

案例描述[①]

　　G公司成立于2008年3月22日，注册于海南省R市W县，主要从事家用电器经销业务。为生产经营需要，G公司采取民间融资的方式补充流动资金。自2009年起，G公司将其民间借贷所支付的利息，在核定企业所得税应纳税所得额时作了税前扣除。

　　W县国税局在税收检查时发现了这一情况。检查人员认为，G公司财务账簿上记载的贷款利息支出，没有取得合法有效的支付凭证——发票，故不能作为财务报销凭证，也不能作为税前扣除的依据。因此，W县国税局将G公司的税前扣除行为界定为故意隐瞒企业所得收入的偷税行为，并向G公司下达了《税务处理决定书》和《税务行政处罚决定书》，要求G公司补缴自2009年起少缴的企业所得税7.05万元，加收滞纳金2.3万多元，并处罚款7.05万元。

　　G公司对W县国税局作出的行政处罚决定不服，申请行政复议。R市国税局经过研究后认为，G公司虽未取得发票，但其借贷交易为真实活动，并且企业能提供贷款合同、资金流向凭证等证据资料。《中华人民共和国企业所得税法》第八条规定，企业实际发生的与取得收入有关的、合理的支出，包括成本、费用、税金、损失和其他支出，准予在计算应纳税所得额时扣除。《中华人民共和国企业所得税法实施条例》第二十七条规定，企业合理支出是指符合生产经营活动常规，应当计入当期损益或者有关资产成本的必要和正常的支出。

　　R市国税局认为，G公司将其民间融资利息在企业所得税前予以扣除的行为合理，撤

[①] 根据刘天永《无票利息支出能否税前扣除？税务局很为难……》和孟晓莉《无票利息费用企业所得税税前扣除争议案》编写，原载《中国税务报》2015年6月24日，以及https://www.leshui365.com/c58091/share/wz1003374.html，2015年9月13日。

销了 W 县国税局作出的处罚决定。

案例讨论

论题：G公司的行为是否构成偷税？

甲方 G公司的行为已经构成偷税。

《中华人民共和国税收征收管理法》第六十三条第一款规定，纳税人伪造、变造、隐匿、擅自销毁账簿、记账凭证；在账簿上多列支出或者不列、少列收入；经税务机关通知申报而拒不申报或进行虚假的纳税申报，不缴或者少缴应纳税款的，是偷税。对纳税人偷税的，由税务机关追缴其不缴或者少缴的税款、滞纳金，并处不缴或者少缴的税款百分之五十以上五倍以下罚款；构成犯罪的，依法追究刑事责任。

尽管 G 公司的融资行为合规，其借款产生的利息支出税前列支也有法可依，但 G 公司却有一个特殊情况——无法提供利息支出的凭据。

目前，《中华人民共和国企业所得税法》第八条和《中华人民共和国企业所得税法实施条例》第二十七条规定，企业实际发生的与取得收入有关的、合理的支出，包括成本、费用、税金、损失和其他支出，准予在计算应纳税所得额时扣除。所谓有关的支出，是指与取得收入直接相关的支出。合理的支出，是指符合生产经营活动常规，应当计入当期损益或者有关资产成本的必要和正常的支出。税法相关规定表明，企业所得税税前扣除遵循合理配比原则。

《国家税务总局关于印发〈进一步加强税收征管若干具体措施〉的通知》（国税发〔2009〕114号）中规定，未按规定取得合法有效凭据不得在税前扣除。

《中华人民共和国发票管理办法》规定，销售商品、提供服务以及从事其他经营活动的单位和个人，对外发生经营业务收取款项，收款方应当向付款方开具发票，特殊情况下，由付款方向收款方开具发票。所有单位和从事生产、经营活动的个人，在购买商品、接受服务以及从事其他经营活动支付款项时，应当向收款方取得发票。取得发票时，不得要求变更品名和金额。《国家税务总局关于进一步加强普通发票管理工作的通知》规定，在日常检查中发现纳税人使用不符合规定的发票，特别是没有填开付款方全称的发票，不得允许纳税人用于税前扣除、抵扣税款、出口退税和财务报销。对应开不开发票、虚开发票、制售假发票、非法代开发票，以及非法取得发票等违法行为，应严格按照《中华人民共和国发票管理办法》的规定处罚；有偷逃骗税行为的，依照《中华人民共和国税收征收管理法》的有关规定处罚；情节严重触犯刑律的，移送司法机关依法处理。

乙方 G公司的行为没有构成偷税。

从《中华人民共和国税收征收管理法》第六十三条第一款的内容来看，偷税的构成要件包括以下几个方面：其一，纳税人有无主观上故意不缴或者少缴税款、偷逃税款的情况。其二，客观上实施了伪造、变造、隐匿、擅自销毁账簿、凭证，或经税务机关通知申报而拒不申报，以及进行虚假纳税申报等行为。其三，造成了不缴或者少缴应纳税款的后果。

《国家税务总局关于企业向自然人借款的利息支出企业所得税税前扣除问题的通知》（国税发〔2009〕777号）明确规定，企业与个人之间的借贷是真实、合法、有效的，并且不具有非法集资目的或其他违反法律、法规的行为，以及企业与个人之间签订了借款合同的情况下，企业可以将所支付的利息进行税前扣除。依照该项规定，企业通过民间借贷方式融资后，在税前扣除利息支出的行为合规。

目前，《中华人民共和国企业所得税法》第八条和《中华人民共和国企业所得税法实施条例》第二十七条虽然有相关规定称："企业实际发生的与取得收入有关的、合理的支出，包括成本、费用、税金、损失和其他支出，准予在计算应纳税所得额时扣除。"但在企业无票状态下，如何判定企业支出为与企业收入有关的合理支出，判定企业支出真实性和与其收入关联性应当采用何种标准，却并未提及。

《国家税务总局关于印发〈进一步加强税收征管若干具体措施〉的通知》（国税发〔2009〕114号）规定，未按规定取得合法有效凭据不得在税前扣除，但并未否定对真实发生的成本费用在税前扣除。企业所得税税前扣除不仅仅依据发票，交易合同、资金来往凭证等资料只要足以证明相关成本费用真实发生就可以在企业所得税税前扣除。

《国家税务总局关于企业所得税若干问题的公告》（国家税务总局公告2011年第34号）第六条对企业提供有效凭证的时间问题作出了规定：企业当年度实际发生的相关成本、费用，由于各种原因未能及时取得该成本、费用的有效凭证，企业在预缴季度所得税时，可暂按账面发生金额进行核算；但在汇算清缴时，应补充提供该成本、费用的有效凭证。

依据以上税收法律、法规，企业所得税税前扣除的依据不应只局限于发票，若企业可提供足以证明其相关成本费用真实发生的证据，如交易合同、资金来往凭证等，税务机关也可准许其税前扣除。实践中，在核算企业所得税时，一些成本费用项目也存在不需要企业取得发票但允许税前扣除的情况，如员工工资薪金、银行借款利息支出等。

本案中，G公司能够向税务机关提供相关的内部制度规定、贷款合同、资金流向凭证等，这些材料和证据可以证明其利息费用真实发生，并且与企业经营相关，说明税前列支的利息支出，有足够证据证实支出真实发生，而非企业伪造、变造凭证或虚假申报行为。因此，G公司列支该部分利息支出的行为并不构成偷税。

---------------- 案例导读 ----------------

　　2008年我国正式施行了《中华人民共和国企业所得税法》，该法规定了企业应纳税所得额的确定、纳税范围以及税收减免的相关条件。其中，针对企业应纳税所得额的确定，《中华人民共和国企业所得税法》第五条规定，企业每一纳税年度的收入总额，减除不征税收入、免税收入、各项扣除以及允许弥补的以前年度亏损后的余额，为应纳税所得额。

　　根据《中华人民共和国企业所得税法》第八条和《中华人民共和国企业所得税法实施条例》第二十七条的规定，企业实际发生的与取得收入有关的、合理的支出，包括成本、费用、税金、损失和其他支出，准予在计算应纳税所得额时扣除。有关的支出，是指与取得收入直接相关的支出。合理的支出，是指符合生产经营活动常规，应当计入当期损益或者有关资产成本的必要和正常的支出。

　　《中华人民共和国企业所得税法实施条例》第三十八条规定，企业在生产经营活动中发生下列利息支出，准予扣除：非金融企业向金融企业借款的利息支出、金融企业的各项存款利息支出和同业拆借利息支出、企业经批准发行债券的利息支出；非金融企业向非金融企业借款的利息支出，不超过按照金融企业同期同类贷款利率计算的数额的部分。

　　另外，按照《中华人民共和国企业所得税法》第四十九条的规定，非银行企业内营业机构之间支付的利息，不得税前扣除。按照《国家税务总局关于企业向自然人借款的利息支出企业所得税税前扣除问题的通知》（国税发〔2009〕777号）的规定，企业与个人之间的借贷是真实、合法、有效的，并且不具有非法集资目的或其他违反法律、法规的行为，以及企业与个人之间签订了借款合同的情况下，企业可以将所支付的利息进行税前扣除。

某商业银行违规计提贷款损失准备金案

案例描述 [①]

　　山东省安丘市国税局稽查局以企业贷款指标疑点为线索，对辖区内某商业银行实施企业所得税专项检查。查实该商业银行通过违规计提贷款损失准备金、违规列支成本等少缴企业所得税。最终确认，该商业银行于2014、2015两个年度，将涉农及中小企业贷款类别中属于正常类的贷款共46亿多元列入计提基数，多计提贷款损失准备金4608.23万元进行税前扣除，共少缴企业所得税1152.06万元。除准备金计提问题外，检查人员还发现该商业银行存在装修费未进行资本化处理、将部分招待费计入会议费违规列支等问题，少缴企业所得税260.2万元。根据违法事实，安丘市国税局稽查局依法对该商业银行作出追缴税款1412.26万元、加收滞纳金240.23万元的处理决定。

　　检查人员利用"金三系统"等管理软件对该银行财务数据进行查前分析时发现：在实际贷款损失核销前，该银行2013—2015年度计提的贷款损失准备金余额与年末贷款资产余额比例均为1.2%。这个异常"固定"的指标引起了检查人员的注意。

　　从计提贷款损失准备金的比例来分析，该商业银行是按"贷款资产分为涉农贷款和中小企业贷款，以及除此之外的贷款资产"这样两类计提贷款损失准备金的。检查人员认为，按照常规，金融企业每年都要对贷款风险重新评估，对于不良贷款资产进行处置，因此贷款损失准备金余额与年末贷款资产余额的比例应该是一个变量，每年均有变化，该银行3年来该比例一直保持稳定，不符合经营常规，有人为控制贷款损失准备金总体比例的迹象，存在多计提贷款损失准备金增加税前扣除从而少缴企业所得税的嫌疑。针对这一疑点，安丘市国税局稽查局决定成立检查组对该商业银行实施税收检查。

　　刚开始，检查组就遇到了难题。检查人员使用的稽查软件由于受功能所限，再加上银行网络软件系统安全限制等原因，无法直接采集该商业银行的财务数据。如果采用检查纸质会计账簿的传统方式，不仅耗时费力而且容易出现数据疏漏。

　　检查组向上级机关请求技术支援，潍坊市国税局稽查局抽调熟悉调账业务的专业信息技术人员组成信息技术小组，携带大容量移动硬盘、高性能笔记本电脑及专业版数据库软件，支援检查组对该商业银行的数据核查工作。

　　在该商业银行系统管理员的配合下，信息技术组先将该商业银行核心业务系统中的

① 根据张海明、岳永琳、李刚、负相忠《损失准备金异常背后的税收真相》编写，原载 http://www.sohu.com/a/163346858_99904582，2017年8月9日。

收入类、成本类核算记录导出为文本格式，然后利用数据库软件对其进行加工、构建凭证号，随后将信息导入稽查软件。经过两天的努力，信息技术人员最终将该商业银行收入类和成本类核算的数据成功导入稽查软件，并通过技术验证。同时，在信息技术组的协助下，检查人员从银行财务、信贷、风控、资产管理等部门办公电脑中调取了银行有关台账、业务合同和报表等电子数据。

检查人员利用稽查软件查询、分类和比对等功能，对该商业银行各年度末贷款资产余额、实际损失、风险分类明细等数据实施分析，对2013—2015年度的贷款损失准备金计提及核销情况，按照政策规定进行了重新测算，并与该商业银行账目中的税务处理情况进行了比较。

检查人员发现，按照采集的企业数据重新计算的2014年度贷款损失准备金明显小于该商业银行自行计提的数额，经逐项核对计提基数和计提比例，发现问题出在计提准备金的贷款资产基数上。

从该商业银行贷款损失准备金的提取类别和数额来看，其计提贷款损失准备金应执行《财政部 国家税务总局关于金融企业涉农贷款和中小企业贷款损失准备金税前扣除有关问题的通知》（财税〔2015〕3号）的规定，只有"涉农贷款和中小企业贷款之外的贷款资产"才可以按照1%的比例计提贷款损失准备金并在税前扣除。但检查人员发现，该商业银行从2014年开始，在计提贷款损失准备金时，将部分风险被划分为正常类别的涉农贷款和中小企业贷款，也列入准备金计提基数并按照1%的比例计提了贷款损失准备金，其中2014年度多计提贷款损失准备金2805.21万元，2015年度多计提贷款损失准备金1803.02万元，至2015年年末累计多计提贷款损失准备金4608.23万元，并且在当年申报缴纳所得税前全部进行了扣除。

🎤 案例讨论

论题：该商业银行计提贷款损失准备金是否符合政策精神？

甲方 计提贷款损失准备金符合财税〔2015〕3号文和财税〔2015〕9号文的政策精神。

该商业银行财务负责人表示，《财政部 国家税务总局关于金融企业涉农贷款和中小企业贷款损失准备金税前扣除有关问题的通知》（财税〔2015〕3号）只是列举了涉农贷款和中小企业贷款中被划分为关注、次级、可疑、损失四类贷款计提贷款损失准备金的比例，并未规定涉农贷款和中小企业贷款中的正常类贷款不能计提损失准备金。

根据《财政部 国家税务总局关于金融企业贷款损失准备金企业所得税税前扣除有关

政策的通知》（财税〔2015〕9号），金融企业可对承担风险和损失的贷款资产按照1%的比例计提贷款损失准备金。涉农贷款和中小企业贷款中被划分为正常类的贷款也是属于承担风险和损失的贷款资产（只是风险极小），因此，计提贷款损失准备金符合政策精神。

乙方 该商业银行对贷款损失准备金税收政策进行了"选择性"解读和执行。

检查人员指出，目前计提贷款损失准备金税收政策主要有财税〔2015〕3号文和财税〔2015〕9号文两个法规。财税〔2015〕9号文第五条规定，在具体执行时企业有一定的选择权，若企业核算时选择执行财税〔2015〕3号文，则涉农贷款和中小企业贷款中的正常类贷款就不能计提贷款损失准备金并税前扣除，而涉农贷款和中小企业贷款以外的其他贷款可按财税〔2015〕9号文的规定计提贷款损失准备金（按1%计提）并在税前扣除。如果企业选择不执行财税〔2015〕3号文，而是遵照财税〔2015〕9号文的规定进行核算，则应按全部贷款资产余额的1%计提贷款损失准备金并在税前扣除。

综合以上两个法规的内容，有一点是明确的，即对涉农贷款和中小企业贷款，金融企业在计提贷款准备金时，不能既执行财税〔2015〕3号文，又选择性执行财税〔2015〕9号文中的部分规定，对涉农贷款和中小企业贷款中的正常类贷款计提贷款损失准备金。

如果该商业银行属于对法规政策理解错误，那么在实际核算时，就应将涉农贷款和中小企业贷款中的正常类贷款全部纳入计提贷款损失准备金的基数，按照1%的比例计提贷款损失准备金。但从企业账目来看，该商业银行并没有将这部分正常类贷款全部纳入计提贷款损失准备金的基数，只是将部分贷款纳入了基数，这种有选择、有比例的计算方式，很难让人相信企业的做法是源自对税收政策的理解有误。

面对检查人员列举的证据以及对相关税收法规详尽、无可辩驳的解读，该商业银行财务负责人无法自圆其说，最终承认，由于该商业银行是地方性银行，涉农贷款和中小企业贷款在全部贷款中占比较高，近年来由于大力处置不良资产，贷款等资产的质量大幅提高，从2014年度起，若按照规定计提贷款损失准备金，则贷款损失准备金余额比例将低于1%。为此，该商业银行决定以2013年年末准备金比例为基准，通过扩大计提准备金基数的方式，将2014年度及以后年度的贷款损失准备金比例掌控在1.2%左右。

案例导读

贷款损失准备金税前扣除是国家对金融企业的一项税收支持政策，可以改善金融企业现金流状况，有效降低金融企业运营风险，对金融市场的稳定运行也可起到促进作用。

按照《财政部 国家税务总局关于金融企业涉农贷款和中小企业贷款损失准备金税前

扣除有关问题的通知》（财税〔2015〕3号）和《财政部 国家税务总局关于金融企业贷款损失准备金企业所得税税前扣除有关政策的通知》（财税〔2015〕9号）的规定，金融企业计提的贷款损失准备金可以税前扣除。

计提并税前扣除的方法有两种：一是不进行风险分类，按照全部贷款资产余额的1%计提扣除。二是将贷款资产分为涉农贷款和中小企业贷款，以及除此之外的贷款资产两类。对于涉农贷款和中小企业贷款，根据《贷款风险分类指导原则》（银发〔2001〕416号）文件规定，进行贷款风险分类后，按照规定比例计提其中关注类贷款（比例为2%）、次级类贷款（比例为25%）、可疑类贷款（比例为50%）、损失类贷款（比例为100%）四类贷款的贷款损失准备金并税前扣除，同时对于涉农贷款和中小企业贷款之外的贷款资产，按照贷款资产余额1%的比例计提贷款损失准备金并税前扣除。

不少地方性金融企业出于自身经营的需要，常会在执行这项税收政策时"做手脚"：一是任意扩大准备金提取范围，将不允许计提贷款损失准备金的贷款资产计入计提基数；二是将当年的贷款损失先冲减上年年末的贷款损失准备金余额，再计提贷款损失准备金。这两种做法都会造成企业当年多提贷款损失准备金，增加税前扣除数额，并少缴纳企业所得税。

房产置业公司计税成本远高于同业涉税案

案例描述 ①

A置业公司成立于2009年4月，主要从事房地产开发及销售业务。该企业共开发甲、乙、丙三个楼盘项目，其中甲、乙项目在2015年已达到完工条件，三个项目在2013年开始陆续销售。

2017年2月，安徽省宣城市地税局稽查局根据"营改增"高风险行业检查计划，对A置业公司2013—2015年纳税情况实施税收检查，查实该公司通过提前结转利息、高估计税成本、少报应税面积等手段少缴税款。针对公司违法行为，该局依法对公司作出追缴税款1591万元并加收滞纳金178万元的处理决定。

检查人员查前分析企业财务数据和申报信息时发现，该公司申报的已完工房产单位计税成本为每平方米4862元，远高于本地每平方米4000元的行业平均值；申报的已完工产品计税毛利率为21%，远低于地区同业计税毛利率30%；申报的城镇土地使用税应税面积仅有5.6万多平方米，与企业取得的土地使用证证载面积10.3万多平方米的数据相差甚远。

检查人员认为，计税成本、计税毛利率与市场行情相关。2013—2015年，宣城市房地产市场稳定，该公司楼盘销售价格波动不大，成本构成要素也没有大变化，该公司计税成本过高、计税毛利率过低均不合常理。而企业提前结转成本费用、多估成本等会直接影响企业毛利率的高低。

检查人员决定从企业计税成本核查入手，对三个楼盘项目成本进行全面梳理，逐项核对数据，检查企业是否存在多结转项目成本等问题。

实地检查时，检查小组根据房地产企业经营特点，决定改变检查方法，分税种、分项目确定检查人员，实施针对性检查。采取内查和外调相结合的方法，一组依照法定程序调取企业账簿和相关资料进行分析，另一组人员择机外调取证。

检查人员使用电子采集软件从企业财务软件提取数据，利用查账软件实施比对分析；从销售部门取得企业原始销售明细台账，并要求企业提供各类合同、批文、施工图等复印件。经分析核查，发现企业账目存在不少问题。

其一是拆迁安置房交付后未视同销售并确认收入。在核对企业提供的土地成本时，一

---

① 根据《税案：挤出房企成本中的"水分"》编写，原载 http://www.sohu.com/a/241766438_723084，2018年7月17日。

份"划拨土地协议"引起了检查人员注意。根据划拨协议约定，该公司开发项目时需按照"同等面积"提供拆迁安置房1.1万多平方米，拆迁安置房在2015年均已交房。按照《房地产开发经营业务企业所得税处理办法》（国税发〔2009〕31号）第七条的相关规定，该公司应在2015年以市场价格确认这批拆迁安置房的销售收入，并将相同金额计入该公司所开发项目的土地征用及拆迁补偿费中，同时分摊入企业的甲、乙、丙三个开发项目的土地成本中进行核算。但该公司既没有在交付时确认拆迁安置房收入，也没有确认成本。检查人员判断，由于企业丙项目未完工，甲、乙项目未售完，拆迁安置房视同销售后，企业同期应纳税所得额大幅增加，但以相同金额增加的土地成本无法同时分摊入项目成本，为了少缴税款，企业未按规定确认拆迁安置房收入。

其二是项目开发资金利息归集有问题。检查人员发现，该公司2011—2015年度短期借款明细账显示借款金额为2亿多元，主要用于支付土地受让费用，但账目中"开发成本——开发间接费"科目下的利息却为零。"有借款没利息"，这一问题引起了检查人员的注意。该公司所开发的甲、乙项目已完工，丙项目尚未完工。根据《房地产开发经营业务企业所得税处理办法》（国税发〔2009〕31号）第三十条的规定，该公司所发生的借款利息应当在已完工和未完工项目之间进行分摊，不论采取何种方法计算分摊利息，"开发成本——开发间接费"科目下利息都不应为零。而该科目下利息为零，说明该公司可能将所有利息支出全部结转到已完工项目成本中，通过增加项目成本，当期少缴税款。

其三是高估成本问题。检查人员在核对企业项目开发成本时，发现该公司通过"应付账款"科目预估建安成本6109万元，并已将这些成本结转至"开发成本"科目。按照《房地产开发经营业务企业所得税处理办法》（国税发〔2009〕31号）第三十二条的规定，房地产开发企业所开发项目的出包工程未最终办理结算而未取得全额发票的，在证明资料充分的前提下，其发票不足金额可以预提，但最高不得超过合同总金额的10%。检查人员收集该公司数百份建筑合同，利用查账软件对相关工程数据逐一比对。经计算，该公司建筑合同金额总计3.17亿元，按照10%的比例允许预提的建筑成本为3170万元，企业以多计提的建筑成本2938万元冲减已完工开发产品的建安成本后，当期多结转营业成本1825万元。

此外，该公司还存在土地应税面积账实不符问题。该公司账上登记和土地使用证证载面积均为10.3万多平方米，但申报的城镇土地使用税应税面积为5.6万多平方米，相差4.6万多平方米。经过与土地出让合同、土地使用证逐份核对后，发现该公司第三份土地使用证面积恰为4.6万多平方米，所对应的开发项目是丙项目。该地块土地使用证下发时间为2013年10月，但该企业直至2016年才开始申报缴纳城镇土地使用税。

最终，检查人员经核查确认，该公司2015年度共少申报企业所得税应纳税所得额5396万元，少缴企业所得税1349万元，少缴城镇土地使用税242万元。宣城市地税局稽查局依法向企业作出补缴税款1591万元，加收滞纳金178万元的处理决定。企业认可税务机关处理意见，按期补缴了税款和滞纳金。

案例讨论

论题：A置业公司是否少缴了企业所得税和城镇土地使用税？

甲方 A置业公司存在利息归集和拆迁安置房交付未视同销售的问题。

针对借款利息问题，检查人员收集企业2011—2015年每份借款合同，确定每笔利息支付时间点，以此查找凭证，在凭证附件中寻找利息支付原始单据，从源头上固定证据。

检查人员发现，该公司逾2亿元借款全部来自上级B集团公司，检查人员立即赴B集团公司外调，在B集团公司的每年利息分摊归集表中发现，A置业公司2011—2015年以来共支付借款利息8362万元。

检查人员对照企业账簿、凭证，发现A置业公司8362万元利息已全部结转至"开发产品——甲项目"和"开发产品——乙项目"科目中，作为已完工产品成本进行了分摊，丙项目未参与分摊该利息费用。检查人员查看开发项目立项报告等资料，发现该公司借款资金主要用于土地受让支出，按规定，该公司应按照"预算造价法"在甲、乙、丙三个项目中分摊利息支出。而该公司将本应分摊至丙项目的利息全部分摊至甲、乙项目，提前确认利息费用，少缴了税款，因此，应调增企业所得税应纳税所得额1477万元。

随后，检查人员约谈了企业负责人和财务人员，向他们指出存在的问题。经过检查人员的税法宣传，企业人员承认在这三个项目的账目处理方面存在问题。

乙方 少缴城镇土地使用税的原因是政府延迟交付土地。

检查人员查阅了100余份拆迁协议，翻看同期销售合同及票据，按照时间、面积逐一测算，最终确定计税单价为每平方米5100元，视同销售增加营业收入5807万元，按规定同时增加甲、乙、丙三个项目的土地征用及拆迁补偿费5807万元，并在甲、乙、丙三个项目中进行分摊，相应调增已结转销售甲、乙项目开发产品的营业成本3713万元。最终计算出该公司少申报2015年度企业所得税应纳税所得额2094万元。

企业人员不认同检查人员的结论。他们提供了一份政府延迟交地的说明，称企业与政府在2013年8月签订土地出让合同，原本约定次月交付土地，但2013年10月办理该地块的土地使用证后，由于拆迁原因政府部门直至2015年12月才交付该土地。因此，企业于2016年1月才申报缴纳该地块的城镇土地使用税。

检查人员向企业人员表示，虽然企业未按期拿到土地，但根据《安徽省地方税务局关于若干税收政策问题的公告》（安徽省地方税务局公告2012年第2号）的规定，对以有偿方式取得土地使用权，因政府拆迁等原因未能按照合同约定时间交付使用的，在未办理土地使用权属证明前，以其与土地管理部门签订的补充合同、协议或者以政府相关职能部门的补充证明上注明的交付土地时间的次月起计算缴纳城镇土地使用税。因企业已办理了土地使用证，依照上述规定，企业的纳税义务发生时间应是2013年11月。比对土地应税面积，企业应补缴城镇土地使用税242万元。

案例导读

《企业会计准则第17号——借款费用》（财会〔2006〕3号）第四条规定，企业发生的借款费用，可直接归属于符合资本化条件的资产的购建或者生产的，应当予以资本化，计入相关资产成本；其他借款费用，应当在发生时根据其发生额确认为费用，计入当期损益。

符合资本化条件的资产，是指需要经过相当长时间的购建或者生产活动才能达到预定可使用或者可销售状态的固定资产、投资性房地产和存货等资产。

第六条规定，在资本化期间内，每一会计期间的利息（包括折价或溢价的摊销）资本化金额，应当按照下列规定确定：

为购建或者生产符合资本化条件的资产而借入专门借款的，应当以专门借款当期实际发生的利息费用，减去将尚未动用的借款资金存入银行取得的利息收入或进行暂时性投资取得的投资收益后的金额确定。

《国家税务总局关于企业所得税应纳税所得额若干税务处理问题的公告》规定，企业通过发行债券、取得贷款、吸收保户储金等方式融资而发生的合理的费用支出，符合资本化条件的，应计入相关资产成本；不符合资本化条件的，应作为财务费用，准予在企业所得税前据实扣除。

房地产开发公司将居间服务费计入开发产品计税成本案

案例描述[①]

某稽查局对A房地产开发公司2012—2014年度企业所得税缴纳情况进行检查，发现该公司2008年从国土部门取得拍卖土地的过程中曾与B公司签订居间服务合同，合同规定A房地产开发公司委托B公司提供促成A房地产开发公司通过"招拍挂"方式获得项目地块的国有土地使用权，以及协助督促政府按约定将项目地块无争议地交付的居间服务，居间成功后将支付居间服务费2000万元。

当年A房地产开发公司成功获得项目地块的土地使用权，并按合同规定支付居间服务费2000万元给B公司，将其作为取得土地的成本计入开发产品计税成本并在税前扣除。

检查人员指出，上述居间服务费不属于取得土地的成本，不应计入开发产品计税成本并在税前扣除。A房地产开发公司认为，可以计入开发产品计税成本并在税前扣除。

📎 案例讨论

论题：A房地产开发公司支付的居间服务费在税前扣除上如何认定？

甲方 A房地产开发公司支付的居间服务费可以在税前扣除。

（1）B公司作为项目的居间服务方，在合同履行中为取得项目地块土地使用权而提供相关服务。

（2）法律、法规并无明文禁止民事主体之间签订居间服务合同，与B公司签订居间服务合同合法有效，有真实居间行为发生，支付居间服务费有合同依据。

（3）国家税务总局发布的《房地产开发经营业务企业所得税处理办法》（国税发〔2009〕31号）第二十七条第一项规定了开发产品计税成本支出的内容：土地征用费及拆迁补偿费，指为取得土地开发使用权（或开发权）而发生的各项费用，主要包括土地买价或出让金、大市政配套费、契税、耕地占用税、土地使用费、土地闲置费、土地变更用途和超面积补交的地价及相关税费、拆迁补偿支出、安置及动迁支出、回迁房建造支出、农

---

① 根据储俏武《其他法律禁止性规定的支出，企业所得税税前如何扣除？》编写，原载《中国税务报》2015年11月22日。

作物补偿费、危房补偿费等。该条款在列举的项目之后用了"等"字兜底，居间服务费可算作当中的内容。

（4）A房地产开发公司通过正当途径支付款项后，B公司也开具了正规发票，列支凭证合法，B公司取得的居间服务费已申报缴纳企业所得税，如果税务机关不允许该居间服务费计入开发产品计税成本并在税前扣除，则属于对该居间服务费的重复征税。

乙方 A房地产开发公司支付的居间服务费不能在税前扣除。

（1）《房地产开发经营业务企业所得税处理办法》（国税发〔2009〕31号）第二十七条第一项规定中的"指为取得土地开发使用权（或开发权）而发生的各项费用，主要包括土地买价或出让金……危房补偿费等"，是指土地征用费及拆迁补偿费中的内容，显然居间服务费不属于当中的内容。

（2）《中华人民共和国企业所得税法》第八条规定，企业实际发生的与取得收入有关的、合理的支出，包括成本、费用、税金、损失和其他支出，准予在计算应纳税所得额时扣除。《中华人民共和国企业所得税法实施条例》第二十七条规定，《中华人民共和国企业所得税法》第八条所称有关的支出，是指与取得收入直接相关的支出。《中华人民共和国企业所得税法》第八条所称合理的支出，是指符合生产经营活动常规，应当计入当期损益或者有关资产成本的必要和正常的支出。从国土部门通过拍卖取得土地使用权而支付居间服务费不符合生产经营活动常规，故不属于合理的支出，不得在税前扣除。

（3）《中华人民共和国合同法》第二十三章居间合同第四百二十四条规定，居间合同是居间人向委托人报告订立合同的机会或者提供订立合同的媒介服务，委托人支付报酬的合同。而A房地产开发公司与B公司签订的合同不具有居间合同的性质。

（4）《中华人民共和国招标投标法》第五条规定，招标投标活动应当遵循公开、公平、公正和诚实信用的原则，而上述居间服务合同违反了招投标活动要求遵循公开、公平、公正和诚实信用的原则，扰乱了土地出让的正常秩序，损害了其他参与招投标活动当事人的合法权益，应属无效合同。

------------------------------ **案例导读** ------------------------------

居间活动费与居间人报酬的联系与区别。

居间作为中介的一种形式，其宗旨是把同一商品的买卖双方联系在一起，以促成交易后取得合理佣金。无论何种居间，居间人都不是委托人的代理人，而只是居于交易双方当事人之间起介绍、协助作用的中间人。居间合同发生的费用就是居间费用，居间人取得报酬必须具备两个要件：第一，所介绍的合同，必须成立；第二，合同的成立，与居间人的介绍有因果关系。只有两者同时具备，委托人才负有支付报酬的义务。

《中华人民共和国合同法》第四百二十六条规定，居间人促成合同成立的，委托人应当按照约定支付报酬。委托人支付报酬是以居间人已为委托人提供了订约机会或经介绍完成了居间活动，并促成了合同的成立为前提条件的。所谓促成合同成立，是指合同合法、有效地成立，如果所促成的合同属无效或可撤销的合同，不能视为促成合同成立，居间人仍不能请求支付报酬。

委托人是否给付居间人报酬及其支付数额，原则上应按照居间合同约定。这里合同的约定，可以是以书面形式或者口头形式明确的，如果居间合同中对于居间人的报酬没有约定或者约定不明确，委托人和居间人可以协议补充。

居间人促成合同成立的居间活动的费用，由居间人负担。因费用已作为成本计算在报酬之内，居间人不得再另外请求给付费用。

居间活动费用是居间人在促使合同成立的活动中支出的必要费用，与报酬不是一个概念。因此，有时居间人虽然为促成合同成立付出了劳务和费用，但合同未促成，仍不能请求支付报酬，只能请求委托人支付从事居间活动支出的必要费用，如居间活动中支出的交通费等。

纸业有限公司向境外关联企业支付大额费用避税案

案例描述 ①

浙江省衢州市国税局根据对外支付信息核查发现的疑点线索，跟踪调查，查实M纸业有限公司以支付商标使用费、技术服务费为名，向境外母公司转移支付大额费用避税。经过多轮谈判，M纸业公司认可了税务机关的处理决定，补缴企业所得税583.2万多元，利息131.8万多元。

1 疑点突出 企业连年大额付汇

2015年3月，衢州市国税局开展对外支付大额费用反避税专项核查工作时，发现M纸业公司向境外F集团公司支付费用的金额巨大。2004—2014年的10年间，该企业共对外支付费用6707万元。其中，技术服务费5800万元、商标使用费907万元。

经过对企业对外支付费用数据进行分析，检查人员发现，M纸业公司2004—2014年向境外支付的部分技术服务费与年净销售额存在一定的比例关系，均为4%左右。而2011—2014年，企业对外支付的商标使用费也与年净销售额存在一定的比例关系，均为1.5%左右。

企业之间的费用支付不是按照实际业务发生情况，而是按照销售收入的固定比例，检查人员认为，这一情况十分反常。综合该企业对外支付的数额和特点，检查人员认为，M纸业公司在对外费用的定价和支付方面疑点较大，有可能存在以支付高额技术服务费、商标使用费的名义，向境外关联企业转移利润以避税的问题。

由于该案涉及金额较大，衢州市国税局对此十分重视，迅速立案，并从各部门抽调反避税业务骨干成立了专案调查组，对M公司定期向境外支付大额费用行为实施反避税调查。

2 费用核验 查明企业大额付费真相

检查人员调查了解到，M纸业公司属于全功能型企业，从事纸类产品的生产、采购、管理、研发、销售等多种业务。而F公司是M纸业公司的境外控股母公司，拥有M纸业公司95.69%的股份，在日常经营中主要为其提供管理服务、部分技术指导服务、关联销售

---

① 根据余仁东、林伟建、董晓岩《反避税调查案例：揭开外企大额付费秘密》编写，原载《中国税务报》2017年5月16日。

服务等。

调查组将调查重点放在审核F公司提供服务的真实性和服务定价的合理性上。调查组要求M纸业公司提供其与母公司签订的全部业务往来合同以及历年财务资料，并对两者之间的交易情况和具体成本费用数据进行分析比对。

检查人员发现，M纸业公司与F公司签订的技术服务合同虽然范围广泛，涵盖生产、经营和管理全部过程，但并无多少具体内容，其本质是一个企业内部管理制度。同时，检查人员通过外部调查了解到，F公司在上海的关联企业每年向其支付占销售收入2%的技术服务费，这一比例远低于M纸业公司约4%的支付比例。

此外，技术服务合同中所称的F公司向M纸业公司提供的"A款原纸"产品技术服务也存在问题。该款产品M纸业公司已经生产了10多年，其生产工艺和技术已经非常成熟，并且M纸业公司自身的研发部门和技术专家完全有能力对这款产品生产进行技术支持，企业根本不需要对外购买技术服务。

通过分析M纸业公司与F公司签订的商标使用费合同并实施外部调查，检查人员发现，F公司共拥有14个商标，M纸业公司从2006年起使用了其中一个商标，并且这个商标为M纸业公司专用，该商标的商业价值主要由M纸业公司创造。但是相关数据显示，直到2011年M纸业公司才开始向境外F公司支付商标使用费，这一行为并不符合市场商业规则。此外，检查人员通过调查还发现，F公司在上海的关联企业同样也在使用F公司的商标，却从未向其支付过商标使用费。

根据内查外调取得的证据，调查组确认，M纸业公司2004—2014年向其境外母公司F公司支付的部分技术服务费，以及2011—2014年对外支付的全部商标使用费，不符合独立交易原则，应在计算企业应纳税所得额时进行纳税调整。2004—2014年税前扣除的部分技术服务费用合计应调增应纳税所得额2899.7万元；2011—2014年支付的商标使用费，应调增应纳税所得额453.82万元。

检查人员认为，依照《国家税务总局关于企业向境外关联方支付费用有关企业所得税问题的公告》（国家税务总局公告2015年第16号）第五条规定，企业向仅拥有无形资产法律所有权而未对其价值创造作出贡献的关联方支付特许权使用费，不符合独立交易原则的，在计算企业应纳税所得额时不得扣除。税务机关向M纸业公司作出"除境外销售使用该商标的产品，可向F公司支付销售收入占比1%的商标使用费外，其余不能支付商标使用费，并对已作税前扣除的商标使用费进行纳税调整"的处理决定是正确、恰当的。

经过10轮谈判，M纸业公司及其税务代理人面对检查人员提供的大量翔实证据和法律依据，最终认可了税务机关的处理方案。2016年12月9日，衢州市国税局向M纸业公司下达了《特别纳税调查调整通知书》，M纸业公司以资金困难为由提出缓缴，浙江省国税局批准其缓缴3个月。2017年3月13日，M纸业公司向税务机关补缴了715.12万元税款。

案例讨论

论题：M纸业有限公司以支付商标使用费、技术服务费为名，向境外母公司转移支付大额费用，是否有避税的嫌疑？

甲方 企业认为，M公司支付商标使用费、技术服务费是合理行为。

（1）境外F公司管理层聘请了国际某著名会计师事务所作为M纸业公司的税务代理人。企业认为，M纸业公司支付技术服务费的"A款原纸"产品，在技术上具有先进性，在国内处于领先地位，因此，企业向F公司支付技术服务费是合理行为。

（2）F公司在上海的关联企业支付2%的技术服务费而M纸业公司支付约4%，是因为两家企业股份占比有差异，导致付费比例不同。

（3）F公司拥有商标的所有权，为该商标在世界范围内推广和品牌价值提升作出了贡献，应取得相应收益。

乙方 税务机关认为，M公司支付商标使用费、技术服务费是避税行为。

（1）检查人员表示，"A款原纸"技术国内同业企业已普遍掌握并使用多年，从国内公开渠道就能获得相关技术信息，不存在提供专项服务和支付技术服务费的条件。

（2）按照股份占比情况获得不同的收入，这一情况从收入分配的来源和性质看，恰恰表明企业该项支出不是技术服务费，而是变相按股份配比的税前分红。

（3）调查M纸业公司2011—2014年从事商业活动时的所有招投标文件，并未发现商标在竞标过程中发挥过价值提升作用。此外，该商标为M纸业公司专用，F公司未在国内开展过该商标推广活动，其在国内的价值完全来自M纸业公司的经营活动。

案例导读

《中华人民共和国企业所得税法实施条例》规定，企业之间支付的管理费、企业内营业机构之间支付的租金和特许权使用费，以及非银行企业内营业机构之间支付的利息，不得在税前扣除。

另外，根据《国家税务总局关于母子公司间提供服务支付费用有关企业所得税处理问题的通知》（国税发〔2008〕86号）的规定，母公司向其子公司提供各项服务，双方应签订服务合同或协议，明确规定提供服务的内容、收费标准及金额等，凡按上述合同或协议规定所发生的服务费，母公司应作为营业收入申报纳税，子公司作为成本费用在税前扣除。

因此，企业发生的费用支出是否予以税前扣除，应由主管税务机关依法判定。

鑫城房地产公司销售人防车位少缴企业所得税案

案例描述①

　　2014年12月4日，广东省佛山市顺德区国税局稽查局对佛山鑫城房地产有限公司（以下简称鑫城房地产公司）作出《税务处理决定书》，主要内容：通过对鑫城房地产公司2009年1月1日—2012年12月31日期间的涉税情况进行检查，查明鑫城房地产公司销售开发产品"依云水岸"一、二期的人防车位，开发产品的竣工备案时间分别为2010年2月5日和2011年7月29日，鑫城房地产公司在2010—2012年度对销售人防车位的收入，按"租赁收入"结转了营业收入，造成2010年少缴企业所得税517万元，2011年少缴企业所得税9077万元。决定追缴前述税款并加收滞纳金。

　　"依云水岸"人防车位使用合同约定的有关条款如下。

　　（1）合同价款

　　该车位自交付使用起20年，使用费总金额为170000元，乙方（业主）须于2010年11月28日支付定金20000元，余款须于2010年12月5日前支付。该车位的使用费为固定对价，不能分割，不按年限分摊。

　　（2）使用期限

　　该车位的使用期限为20年，自甲方（鑫城房地产公司）交付该车位之日起算。使用期限届满，甲方同意将该车位继续无偿提供给乙方使用至2077年11月4日，之后乙方将该车位无条件归还。该期限与有产权的车位期限相同，同时也与楼盘地块的国有土地使用权出让年限70年（至2077年11月5日止）相同。

　　（3）转让受限

　　乙方不得擅自转让上述车位使用权，如需转让，乙方应以书面形式报甲方或物业管理公司确认同意，并将包括上述车位使用权在内的本协议项下乙方全部权利义务一并转让，且受让人须为"依云水岸"业主。乙方违反约定，则该车位使用权转让行为无效。

🎤 案例讨论

　　论题：稽查局作出的税务处理决定是否正确？

---

① 根据张新军《名为出租实为买卖人防车位的企业所得税稽查案》编写，原载 http://www.sohu.com/a/240506607_99911726，2018年7月11日。

甲方 房地产公司认为，稽查局作出的税务处理决定是错误的。

稽查局错误地将"出租行为"认定为"买卖行为"，因为本案涉及的合同是租赁合同而不是买卖合同。①从产权归属看，房地产公司对人防车位不享有产权，因此不构成销售行为。②从合同名称看，是人防车位使用合同，而非转让或买卖合同。③从意思表示看，当事人双方都认为是有偿使用。④从使用期限看，车位的使用期限为20年，届满后还可无偿使用，到期归还；如果是买卖合同，不存在期限之说。⑤从处分方式看，合同约定了不得擅自转让车位，而买卖合同再行转让无须经原出卖人或第三方同意。

由于本案是租赁行为，故不应按企业所得税法规定的财产转让收入进行征税。

乙方 稽查局认为，作出的税务处理决定是正确的。

《中共中央 国务院 中央军委关于加强人民防空工作的决定》（中发〔2001〕9号）第十七条规定，人防车位可有偿转让。根据本案合同约定的支付时间、实际使用期限（与主体建筑物土地使用权出让期限完全相同，即70年）、使用方式、权利的处分方式等权利义务内容以及直接使用了"使用权转让"字眼，应当认定合同具有人防车位使用权转让合同的性质。①不能想当然地从合同的名称推定是租赁合同。②支付的价款比有产权证买卖的价格更低，且是一次性付款。③使用期限满20年后，可以继续无偿使用，直到国有土地使用权出让年限满，实质是买卖。从法律形式而言，本案所涉合同属于出租合同，但从法律实质而言，本案所涉合同是买卖合同，属于名为出租实为买卖的合同。

《国家税务总局关于印发〈营业税税目注释（试行稿）〉的通知》（国税发〔1993〕149号）规定，以转让有限产权或永久使用权方式销售建筑物，视同销售建筑物。

《财政部 国家税务总局关于全面推开营业税改征增值税试点的通知》（财税〔2016〕36号）规定，转让建筑物有限产权或者永久使用权的，转让在建的建筑物或者构筑物所有权的，以及在转让建筑物或者构筑物时一并转让其所占土地的使用权的，按照销售不动产缴纳增值税。

换言之，在流转税上，本案出租不动产构成了销售不动产行为，应当征流转税。虽说企业所得税法对此尚未定性，但适用流转税上的交易定性具有正当合理性。因为对同一交易形式的税法定性只能是一个，否则会导致税法适用的混乱。

另外，本案中，房产公司已经列支了人防车位的成本，且在税前扣除，但收入分期确认，成本与收入并不配比。

------------------------------------ 案例导读 ------------------------------------

《中华人民共和国合同法》规定，买卖合同是出卖人转移标的物的所有权于买受人，买受人支付价款的合同。租赁合同是出租人将租赁物交付承租人使用、收益，承租人支付租金的合同。本案中人防车位的"使用费"收入应作为"销售货物收入"或"转让财产收入"项目计入当年应纳税所得额，还是应作为"租金收入"项目按20年分期计算应纳税所得额？这取决于人防车位是否能够转让，进而再来确定人防车位使用合同的性质。

地下人防车位与地上或地下单独建设的车库车位、利用公共配套设施使用的车库车位的产权形式不同。目前业界有产权归开发商、产权归人防部门、产权归全体业主等三种说法。根据《中华人民共和国人民防空法》，对于人民防空有关设施可以按照规定予以优惠，同时国家也特别鼓励和支持企事业单位、组织及个人进行人防工程的投资与建设，投资人防工程及建筑物的管理人为投资者，其收益也全归管理人所有。

《中华人民共和国物权法》第五十二条明确规定国防资产属国家所有。《中共中央 国务院 中央军委关于加强人民防空工作的决定》（中发〔2001〕9号）规定，遵循社会主义市场经济规律，对现有人民防空设备设施，在保持和增强战备功能、安全保密的前提下，积极开发利用。要研究制定人民防空国有资产使用和管理办法，明晰人民防空设备设施的产权，实行产权与使用权、经营权的分离，把使用权、经营权推向市场，有偿出租、转让，为经济建设服务。根据住房和城乡建设部对于商品房销售的面积计算公式及公共建筑面积的分摊规定，人防工程的地下面积允许不计入公共面积，同时也不会将其作为公共建筑面积进行分摊。显然，未列入公摊面积的人防工程也不属于业主所有。

由此可见，地下人防设施权属应为国家所有，房地产开发企业对利用人防工程所改建的地下停车位具有收益权和管理权，而无所有权。房地产企业销售人防车位也仅是转让长期使用权行为。

依据上述规定，人防车位并非像鑫城房地产有限公司所说的那样不能转让，本案中鑫城房地产有限公司依法开发建设的人防车位，依法有权对外出租、转让。

现实中大多房地产开发企业采取一次性出售永久使用权的方式销售地下人防车位，房地产开发企业与房屋购买人签订转让协议，将人防车位的实际使用权利转移给房屋购买人，同时也将房屋购买人购买车位的款项计入房地产转让费用之中，作为非普通住宅转让收入，并按照不动产销售进行计税。

尽管使用权仅是所有权的其中一个权能，但从税收征管的角度来说，以转让有限产权或永久使用权方式销售建筑物，视同销售建筑物。因此，其所得应作为销售货物收入缴纳企业所得税。

某跨国公司股权转让价格明显偏低案

案例描述 [①]

　　A公司是一家境外知名企业，直接持有境内居民企业B公司和C公司各100%的股权。2013年1月1日，A公司董事会决议，将C公司100%的股权以1000万元的价格转让给B公司，该交易价格约等于C公司净资产的账面价值。按照《中华人民共和国企业所得税法》的规定，其应纳税所得额几乎可以忽略不计。

　　2013年8月，A公司将B公司70%的股权以2100万元的价格平价转让给境外非关联上市企业D公司。同时，D公司承诺承担一笔由A公司担保的E公司的负债800万元，若未来E公司无法偿还负债，则D公司承担全部责任。

　　财务信息显示，2012年C公司利润总额为500万元，前三年利润总额保持10%的增长速度，预计该增速仍可保持5年，之后趋于平稳；相应地，未来5年营运资金每年需增加10万元，之后无须再追加；前三年经营性固定资产折旧平均每年为50万元，考虑到企业现有固定资产等资产与未来企业经营规模相适应，预计未来每年的折旧与摊销等于资本性支出。长期借款利率为6.4%，预计未来利率水平基本平稳；负债与权益的账面价值各占50%，1000万元的负债均为长期负债；股东要求回报率为15%；其他闲置资产100万元，每年折旧与摊销5万元。B公司账面上的不动产占很大比例。

　　对于A公司的两次股权转让，主管税务机关认为交易价格明显偏低，应进行特别纳税调整。

🎤 案例讨论

> 论题：A公司的两次股权转让，税基怎样确认？

甲方 按负债的公允价值计算应纳税所得额。

　　根据《中华人民共和国企业所得税法实施条例》第十三条，公允价值是指按照市场价格确定的价值。主管税务机关认为，A公司的两次股权转让价格明显偏低，不能认定为市场价格。A公司以净资产的账面价值转让C公司股权涉及关联交易，税务机关有权以不符

① 根据黄晓鸶《公允价值视角下股权转让税基的确认》编写，原载《税务研究》2014年第11期，以及 http://www.ctax.org.cn/jpqk/swyj/201506/t20150602_854775.shtml，2014年10月31日。

合独立交易原则为由进行价格调整。

如A公司由于第二次股权转让而降低了负债违约风险，实质上可视同为一种经济利益的流入，应归属于非货币形式的经济收益，按负债的公允价值计算应纳税所得额。

根据《企业重组业务企业所得税管理办法》（国家税务总局公告2010年第4号）第十二条的规定，在股权收购、资产收购重组业务中，企业应准备相关股权、资产公允价值的合法证据（包括评估机构出具的资产或股权评估报告），以备税务机关检查。主管税务机关认为公允价值的举证责任在于纳税人。

乙方 转让收益的公允价值不应该包含或有负债。

A公司认为，《中华人民共和国企业所得税法实施条例》中"公允价值"的定义，既没有规定市场价格的交易主体，也未表明价值确认的时点以及约定交易规则，当不存在公开交易市场时，双方的交易价格是否可以被认定为市场价格，也没有明确的表述。

对于第二次有关B公司的股权转让，A公司认为交易双方不存在关联关系，定价也是在市场机制下进行的，满足独立交易原则。货币收益部分是双方自愿达成的，D公司所承诺担保的负债是基于E公司无法偿还的前提，依照目前企业运行情况预测，发生该负债的可能性很小，转让收益的公允价值不应该包含该部分或有负债。

A公司依据"谁主张，谁举证"原则，在确认公允价值税基时纳税人虽然有提供交易相关资料的义务，但并不意味着其负有举证交易价格公允与否的责任，税务机关要求进行价格调整就应该承担举证该调整更符合公允价格的责任。A公司的两次股权转让价格均有历史财务数据和第三方评估报告等客观证据支持，事实上，对于价格公允的举证责任该由谁承担，法律上并未明确。

案例导读

近年来，跨境股权重组交易活跃，以不合理低价转让境内企业股权的情况时有发生。在企业所得税实务中，常常发现企业有股权转让行为，并且价格明显偏低，具体表现如下：①低价转让股权或计税依据明显偏低，具体是指申报的股权转让价格低于初始投资成本或低于取得该股权所支付的价款及相关税费的；②申报的股权转让价格低于对应的净资产份额的；③申报的股权转让价格低于相同或类似条件下同一企业同一股东或其他股东股权转让价格的；④申报的股权转让价格低于相同或类似条件下同类行业的企业股权转让价格的；⑤经主管税务机关认定的其他情形。

按照我国有关规定，如股权转让行为不符合特殊性税务处理条件，要按公允价值转让，通过特定税收安排规避股权转让收益，将面临税务机关调查调整的风险。不以公允价值为计税依据的应作纳税调增处理。转让所投资企业股权取得的所得，要按照公平交易价格计算并确定计税依据。

股权转让时的公允价值的确定，一般做法是聘请资产评估公司进行公司整体资产的评估，得出公司所有者权益的公允价值，再根据比例计算出转让股权的公允价值。例如公司资产评估总价为100万元，负债为50万元，则所有者权益为50万元，5%的股权的公允价值为2.5万元。

富诚公司因反担保责任被免除而取得收入案

案例描述 ①

2012年5月1日，卖方富诚公司与买方意利公司签订股权转让协议，转让卖方拥有100%股权的仁庆公司，价款为6亿元。股权转让协议签订前的2012年4月1日，仁庆公司向中国工商银行取得了一笔2亿元的贷款，浙商银行提供担保，同时，富诚公司以从担保人浙商银行取得的授信额度给浙商银行提供了反担保。

该股权转让协议同时约定，买方意利公司承诺在股权交割后三个月内免除和解除反担保人富诚公司在该反担保中承担的全部义务，否则买方应赔偿反担保人因承担反担保义务所产生的或与之相关的全部损失。

2012年6月12日，仁庆公司办理了股权变更手续，成为意利公司的全资子公司。2012年9月3日，意利公司将2亿元资金转入仁庆公司，仁庆公司于9月5日用该笔资金偿还了银行的本金及利息。至此，反担保人富诚公司的反担保义务解除。

富诚公司所在地的湖南省永州市道县国税局认为，意利公司给仁庆公司用于偿债的2亿元，应该为富诚公司转让仁庆公司的价外费用，属于销售收入，富诚公司应就此2亿元缴纳企业所得税。2012年9月24日，道县国税局向富诚公司发出《税务事项通知书》，要求富诚公司补缴税款及滞纳金共计0.6亿元。

富诚公司不服道县国税局所作的税务处理决定，相继提起行政复议、一审及二审诉讼。一、二审法院认为，买卖双方签订了以免除和解除富诚公司反担保义务为条件的股权转让协议，属于附条件的民事法律行为，道县国税局认定意利公司用于消除反担保义务而支付的2亿元为实现合同目的而支付的价外费用并无不当。因此，富诚公司在一、二审诉讼中均败诉。

🎤 案例讨论

论题：意利公司转入仁庆公司的2亿元是否为富诚公司因反担保责任被免除而取得的收入，从而应为此缴纳企业所得税？

---

① 根据《反担保免除是否需缴纳所得税案例分析》编写，原载 https://wenku.baidu.com/view/49096ca548649b6648d7c1c708a1284ac9500553.html，2018年6月12日。

甲方 2亿元是富诚公司作为反担保人因反担保责任被免除而取得的收入，应该缴纳企业所得税。

（1）根据《财政部 国家税务总局关于企业重组业务企业所得税处理若干问题的通知》（财税〔2009〕59号）的规定，买方承担债务也是一种支付形式，因此，免除了富诚公司的反担保责任，等同于买方承担了债务，富诚公司取得了收入。

（2）富诚公司确实因买方意利公司付款给仁庆公司偿还债务免除了其反担保责任而受益。根据《中华人民共和国企业所得税法实施条例》的规定，企业取得收入的形式包括"有关权益"，富诚公司取得的正是这种"有关权益"。

（3）富诚公司在本案中具有双重身份，一方面是仁庆公司股权交易中的卖方，另一方面是仁庆公司与中国工商银行借贷关系中的反担保人。法院怀疑富诚公司以即将被转让的全资子公司向银行贷款的方式达到避税的目的。

乙方 2亿元不是富诚公司作为反担保人因反担保责任被免除而取得的收入，不应缴纳企业所得税。

1 反担保人反担保责任的免除并不等同于取得收入

（1）在会计上或有负债不能确认为负债。由于或有负债将来是否构成债务存在不确定性，因此《企业会计准则第13号——或有事项》第十三条明确规定，企业不应当确认或有负债，也不应该确认或有资产。因为从严格意义上说，或有负债不是真正的负债，或有资产也不是真正的资产。

（2）或有负债的免除不能视同为取得收入。如果是一般债务，即由于以往所发生的经济交易而确实存在，且金额可精确计量或者可以合理估计的债务，则一般债务的免除，确实等同于取得收入。财税〔2009〕59号文件中所称的债务就是这种一般债务。或有负债的免除不能视同为取得收入，理由在于，买方承担卖方债务，取得收入的只能是卖方，不可能是担保人，更不会是反担保人。买方为卖方偿还债务，必然同时解除了第三人作为担保人的担保责任和债务人以外的其他人作为反担保人的反担保责任，假如都视同取得收入的话，则意味着买方一笔2亿元的支出，同时有卖方、担保人、反担保人各取得2亿元的收入，显然是不正确的。另外，富诚公司反担保责任的免除，连或有资产都不能确认，因为富诚公司确实不能在未来因反担保责任的免除取得任何形式的可能利益，因此不能构成所谓的"有关权益"。

2 作为卖方，富诚公司不需要就2亿元缴纳企业所得税

（1）富诚公司不会因为仁庆公司2亿元的借款在股权转让中获得更高收入。本案借贷关系中的借款人是仁庆公司，2亿元的借款不会使仁庆公司增值。意利公司在签订股权转让协议时已知仁庆公司有2亿元的负债，并在合同中就债务的偿还作了安排，说明6亿元的交易款已充分考虑了仁庆公司的资产与负债情况，整体股权的转让既包含了仁庆公司资产的转让，也包括了仁庆公司负债的转让。

（2）富诚公司不会因为意利公司转入2亿元到仁庆公司而有收入。自2012年6月12日仁庆公司办理股权变更手续以来，虽说富诚公司仍然是仁庆公司与银行借贷关系中的反担保人，但不再是仁庆公司的股东，股权变更日之后的2012年9月3日，意利公司才转款给仁庆公司，仁庆公司资产的增加或者负债的减少与富诚公司已没有关系。

（3）反担保人不可能在买卖关系中收到价外费用，因此也不需要就价外费用缴纳税款。

价外费用是指货物的销售方或者服务的提供方向买方收取的手续费、补贴、基金、集资费、返还利润、奖励费、违约金、滞纳金、延期付款利息、赔偿金等各种性质的收费。法律规定价外费用必须计入销售额或者营业额计征增值税或者营业税，目的是避免纳税人通过巧立名目的方式逃避缴纳增值税或者营业税。

本案中的2亿元不是价外费用，因为价外费用一定是货物的销售方或者服务的提供方取得的，而这2亿元并不是销售方富诚公司取得的，而是仁庆公司取得的。因此，这2亿元既不是价外费用，也不需要由卖方富诚公司缴纳税款。

案例导读

根据《中华人民共和国担保法》及其解释的规定，反担保是指债务人或者第三人为确保担保人承担担保责任后实现对主债务人的追偿而设定的担保。

1 反担保的特点

（1）反担保具有从属性，反担保合同效力取决于担保合同的效力。反担保是为了保护担保人的利益而设立的，因此，反担保合同的效力以有效的担保合同为前提，担保合同无效或者担保合同被解除，反担保合同的效力就消失。

（2）反担保人承担反担保责任以担保人承担担保责任且无法实现对债务人的追偿为前提。只有当担保人承担担保责任后，无法实现对债务人的追偿，反担保人才承担反担保

责任。假如担保人承担担保责任后实现了对债务人的追偿，则反担保人无须承担反担保责任。

（3）反担保人为债务人以外的第三人的，承担反担保责任后有权向债务人追偿。

（4）反担保适用担保的规定。反担保与担保所发挥的作用、在制度设计上的法理基础都是一样的，区别仅在于担保保护的是主债务人的利益，而反担保保护的是担保人的利益。因此，《中华人民共和国担保法》第四条规定，反担保适用本法担保的规定。

2 反担保人的反担保责任是或有负债

或有负债，是指过去的交易或者事项形成的潜在义务，其存在须通过未来不确定事项的发生或不发生予以证实；或过去的交易或者事项形成的现时义务，履行该义务不是很可能导致经济利益流出企业或该义务的金额不能可靠计量。

或有负债有三个基本特征：一是或有负债是过去形成的；二是或有负债的结果只能由未来发生的事项确定；三是或有负债的结果是不确定的，这种不确定主要表现在或有负债的结果是否发生不确定，或者具体发生的时间与金额不确定。

反担保责任是典型的或有负债，原因在于签订反担保合同时，当事人并不能准确预测反担保人是否需要承担反担保责任，也不能精确计量反担保人将承担多大的反担保责任。

3 反担保人是否要承担反担保责任取决于以下三个条件

一是主债权债务合同以及作为从合同的担保合同有效。反担保合同是担保合同的从合同，担保合同是主债权债务合同的从合同，因此，只有在主债权债务合同有效的前提下，担保合同才有效；只有当担保合同有效时，反担保合同才有效。

二是反担保合同本身有效。主合同及担保合同有效并不意味着反担保合同必然有效，反担保合同的效力还取决于其本身是否符合法律的规定。

三是当债务人以外的他人为反担保人且为一般反担保人时，只有当担保人履行了担保义务，且经过审判或者仲裁，并就主债务人财产依法强制执行仍不能实现追偿，才由反担保人承担反担保责任。

这三个条件只要有一个不成立，反担保人就不需要承担反担保责任，而这三个条件是否成立，在反担保合同签订时是很难确定的。

4 反担保与税收的关系

（1）在反担保过程中不会涉及增值税

根据《中华人民共和国物权法》的规定，不管担保时间有多长，在担保期间，担保物权人都不能取得担保物的所有权,例如,未经担保人同意,反担保人不能出售被抵押的房子。加之在担保期间,担保物权人即使占有担保物,也不能利用担保物的使用价值获益。因此,不能对担保物权人征收增值税。

(2)未实际履行的反担保责任都不会涉及所得税

由于反担保责任是或有负债,反担保权人取得的是或有资产,在会计上都不作确认,因此,反担保人不能因负有担保责任而计提损失,担保人不能因取得反担保权而确认收入,在反担保权实现之前反担保人与担保人都不会因反担保涉及所得税问题。但反担保人履行反担保责任之后,反担保人的支出与担保人的收入都相应地要在会计上进行确认,从而会涉及所得税的申报与缴纳。

非居民企业间接转让股权被征巨额税款案

案例描述 ①

2016年年初，一则某知名房地产企业（C公司）投资近百亿元入驻北京市顺义区的经济新闻报道，引起了顺义区国税局税务人员的注意，他们发现该公司已经易主。2015年年底，英属维尔京群岛（BVI）A公司将其持有的X公司（位于英属维尔京群岛）100%的股权转让给非关联企业B公司（位于英属维尔京群岛），交易价款包括X公司的股权和应收债权，受让方分期完成支付。拥有大量土地的北京C公司为X公司100%控股的子公司。X公司的资产主要由北京C公司的投资构成，X公司没有聘用员工或购置用于生产经营的固定资产或无形资产，账务和审计服务均由外部公司提供，并无实质性生产、经营活动，其主要收入来源为对北京C公司的投资收益。

税务机关根据《国家税务总局关于非居民企业间接转让财产企业所得税若干问题的公告》（国家税务总局公告2015年第7号）的规定判定：此次转让行为是A公司通过实施不具有合理商业目的的安排，间接转让北京C公司的股权，其目的是规避企业所得税纳税义务。因此，税务机关确认其交易实质为A公司转让北京C公司100%的股权。但是，A公司不能接受。

最终，A公司同意税务机关调整方案，就该间接股权转让行为缴纳企业所得税6.3亿元。

案例讨论

论题：该笔间接股权转让收入是否应该缴纳企业所得税？

甲方 企业认为，不应该全额缴纳企业所得税。

企业认为，交易价格中仍有近20亿元需要调减的项目。北京C公司的交易日后调整事项数额尚未最终确定，此项金额需从交易价款中扣除。北京C公司对境内和境外债权人的负债金额需扣除。该份股权转让合同从成交当日到最终完成付款时间持续较长，相关分期付款利息费用需扣除。

---

① 根据王雪、董泽斌《一则新闻报道牵出6.3亿元税款》编写，原载《中国税务报》2017年10月20日。

乙方 税务机关认为，应该预估后缴纳企业所得税。

税务机关认为，X公司投入C公司的全部投资额为股权交易成本。该次股权转让交易尚未全部完成，企业提到的交易事后调整事项金额仍未确定，因此允许企业按实际情况预估金额从交易价款中扣除，待交易全部完成后税款多退少补。

协议中明确区分了股权和债权的价格，且债权人通过签订债权转让协议的方式，已将债权转让给购买方B公司，可以将该类负债视为现金流，不产生资本收益，允许企业从计税价款中扣除。

分期付款利息部分，仅体现在转让方A公司的说明信中，交易合同中没有记录，且金额计算缺乏依据，随意性较大，不能视为交易双方的共同意向，不允许A公司在计算股权转让价时扣除。

------------------------------ 案例导读 ------------------------------

为保证国家税款的不流失，税务机关有权对不具有合理商业目的，以减少、免除或者推迟缴纳税款为主要目的的交易安排进行纳税调整，而以实质交易之所得为征收对象。国家税务总局2015年第7号公告第三条规定，判断合理商业目的，应整体考虑与间接转让中国应税财产交易相关的所有安排，结合实际情况综合分析包括以下两个相关因素在内的因素：①境外企业股权主要价值是否直接或间接来自于中国应税财产；②境外企业资产是否主要由直接或间接在中国境内的投资构成，或其取得的收入是否主要直接或间接来源于中国境内。

在本案例中，境外被转让的X公司仅在避税地注册，X公司没有聘用员工或购置用于生产、经营的固定资产或无形资产，不从事制造、经销、管理等实质经营活动；股权转让价主要取决于对中国居民企业C的股权和应收债权；X公司主要收入来源为对北京C公司的投资收益。以上三项事实符合国家税务总局2015年第7号公告第三条的上述两个相关因素。因此，可以直接判定符合中国应税财产，不符合合理商业目的，应就该笔股权转让所得在我国缴纳企业所得税。

已经完成间接转让中国应税财产的交易各方，中国税务机关对交易尚未作出税务处理的，以及正在或即将进行间接转让中国财产的交易各方，应仔细考量国家税务总局2015年第7号公告对于相关交易的潜在影响，并采取必要的措施。如根据公告相关规定重新评估交易是否具有合理商业目的，决定是否应事先预提相关税款，在合同中明确利息计算条款等，作到控制合规风险，同时保护自身利益，避免不必要的损失。

非居民个人间接转让境内企业股权所得避税案

案例描述①

北京市海淀区地税局在为纳税人办理股权转让的个人所得税业务时，发现该项股权交易业务涉嫌借助境外空壳公司交易我国境内资产并逃避纳税。在对该项业务进行周密调查后，海淀区国税局、地税局人员多次约谈相关人员及境外机构代理人，依法要求其补缴应纳税款。最终，参与该项股权交易的非居民个人和境外非居民企业补缴税款6853万元。

1 蹊跷的股权转让合同

2014年10月，两名中国居民到北京市海淀区地税局第五税务所办理境外企业股权转让个人所得税缴纳业务。按照相关规程，该业务需要办理待解缴入库手续。为确保税款计算准确，谨慎起见，海淀区地税局国际税务管理科要求纳税人提供股权转让合同。但两名纳税人以各种理由推诿，仅提供了两页合同摘要。

这份摘要中的"土地出让金"一词引起了税务人员注意：转让的是境外企业股权，但从合同内容看，交易定价约定的事项为何属于境内事项？

税务人员马上要求两名纳税人提供全套交易合同。合同显示：2014年8月，加拿大籍华人L与H公司（注册于英属维尔京群岛）以及中国居民李某、王某等四方共同签署Z公司整体股权转让协议，将共同持有的Z公司（注册于开曼群岛）100%的股权转让给注册于开曼群岛的M公司。加拿大籍华人L、H公司、李某和王某在Z公司中所占股权分别为58%、30%、10%、2%，该项交易最终转让价格为4.1亿元。

从表面上看，这是外国企业、外国居民个人和中国居民个人共同转让境外企业股权的行为。根据我国税法规定，合计占股12%的两名中国居民在我国负有纳税义务，而对于加拿大籍华人L、境外注册H公司，我国税务机关没有征税权。

出于维护国家税收权益的高度责任感，税务人员对股权转让合同进行了仔细分析，发现此项交易存在诸多疑点。交易中被转让的Z公司唯一的子公司是其100%控股的境内企业F公司，而F公司拥有的位于北京市海淀区的一座写字楼A大厦，是此次交易的核心资产，合同中将近90%的篇幅都是关于F公司和A大厦相关事项的约定。

---

① 根据田艳春、宋春辉《个人反避税案例：北京海淀地税局追征境外企业股权交易税款》编写，原载《中国税务报》2015年9月22日。

2　交易内容疑为境内资产

税务人员分析该项交易的情况，结合征管经验初步判断：此项股权交易中被转让股权的Z公司很可能是一家空壳公司，股权转让的实质是通过转让避税地空壳公司股权达到间接转让我国境内实体公司F公司，进而实现A大厦易主，而境外H公司和加拿大籍华人L借此达到避税目的。从交易内容看，加拿大籍华人L此次股权转让收入，实质上很可能是来源于中国境内的所得，应该在我国负有纳税义务。

税务人员仔细查阅了相关税收法规和政策。根据《中华人民共和国企业所得税法》第四十七条、《中华人民共和国企业所得税法实施条例》第一百二十条以及《关于加强非居民企业股权转让所得企业所得税管理的通知》（国税函〔2009〕698号）第六条的规定，境外投资方（实际控制方）通过滥用组织形式等安排间接转让中国居民企业股权，且不具有合理的商业目的，规避企业所得税纳税义务的，主管税务机关报请国家税务总局审核后可以按照经济实质对该股权转让交易重新定性，否定被用作税收安排的境外控股公司的存在。

如果认定Z公司是空壳公司，根据以上规定，境外注册H公司的股权转让实质即为转让中国居民企业股权，同样应负有在我国纳税的义务。

3　多轮约谈追征税款

在对已掌握信息进行综合分析的基础上，海淀区地税局工作人员针对不同的交易方分别确定了工作方案。其一，确保两个中国籍居民应缴纳的个人所得税全额入库。其二，交易方之一的境外H公司存在明显避税问题，根据管辖权将其相关信息移交海淀区国税局。其三，加拿大籍华人L持有Z公司58%的股权，是该项交易的最大获益方，并且具有重大避税嫌疑，对其实施调查。

在税务人员宣讲税收政策和税款计算方法后，两名中国籍居民李某、王某依法缴纳了987万元税款。税务人员查阅了大量关于加拿大籍华人L、境外Z公司、境内F公司及A大厦的相关信息，发现A大厦面积为1.9万平方米，按市值保守估算价值为4亿~5亿元。也就是说，此次股权交易总金额为4.1亿元，全部为A大厦的价值。调查结果验证了税务人员对该项股权交易核心内容的判断，L的股权转让所得来源于我国境内。

在获知加拿大籍华人L入境后，海淀区地税局向L送达了《税务事项告知书》。随后，税务人员与L委托的某著名执业机构人员进行了多轮约谈。经过近9个月的交涉，加拿大籍华人L最终同意就其来源于我国境内的所得补缴税款4651万元。

北京市海淀区国税局接到地税机关传送的注册于英属维尔京群岛的H公司信息以及此次股权交易的相关资料后，迅速与该企业取得联系，调查核实相关情况。H公司表示积极配合税务机关，并提供了相关资料。依据国税函〔2009〕698号文件，海淀区国税局确定境外注册的H公司需补缴税款1215万元，经过约谈，该公司也补缴了税款。至此，该项股权交易应纳税款6853万元全部缴纳入库。

案例讨论

> 论题：境外机构和个人是否采取转让非居民空壳企业的方式间接转让我国境内资产，试图利用我国对非居民个人和企业没有征税权而达到避税目的？

甲方 L是加拿大籍自然人，不适用国税函〔2009〕698号文件的规定。

《关于加强非居民企业股权转让所得企业所得税管理的通知》（国税函〔2009〕698号）第一条明确规定，该项法规适用主体是"非居民企业转让中国居民企业股权所取得的所得"，无法适用本案，并且中国个人所得税法及其实施细则对此均无具体规定。国税函〔2009〕698号文件规定的针对空壳企业的"穿透原则"，不适用于自然人。

乙方 非居民个人间接转让境内企业股权所得属于来源于中国境内的所得。

税务人员发现，2011年国家税务总局曾根据深圳市地税局的业务请示，专门下发《关于非居民个人股权转让相关政策的批复》（国税函〔2011〕14号）。其中明确，此类非居民个人间接转让境内企业股权所得属于来源于中国境内的所得。

案例导读

2017年10月17日，国家税务总局发布《关于非居民企业所得税源泉扣缴有关问题的公告》（国家税务总局公告2017年第37号），自2017年12月1日起取代一系列有关非居民企业所得税源泉扣缴的法规，包括《关于加强非居民企业股权转让所得企业所得税管理的通知》（国税函〔2009〕698号）及《非居民企业所得税源泉扣缴管理暂行办法》（国税发〔2009〕3号）。

国家税务总局2017年第37号公告规定，非居民企业应纳企业所得税源泉扣缴事项涉及境内外多个交易主体，多种情形混杂，程序环节多且衔接复杂，往往涉及多个税务机关，特别需要加强事前、事中和事后的协同管理和服务。对此，采取了以下措施：

（1）扣缴义务人未依法扣缴或者无法扣缴应扣缴税款的，按照《中华人民共和国企业所得税法》第三十九条规定，由取得收入的非居民企业在所得发生地缴纳。按照《中华人民共和国企业所得税法实施条例》第一百零七条规定，非居民企业取得的应税所得在境内存在多个所得发生地的，由纳税人选择一地申报缴纳企业所得税。

（2）按照《中华人民共和国企业所得税法》第三十七条规定应当扣缴的税款，但扣缴义务人应扣未扣的，如果扣缴义务人所在地与所得发生地不在一地，按照"纳税人在所得发生地缴税"以及扣缴义务人和纳税人分别承担责任的原则处理：国家税务总局2017年第37号公告第十二条明确了扣缴义务人所在地主管税务机关和所得发生地主管税务机关工作职责，加强协同管理，即由扣缴义务人所在地主管税务机关依照《中华人民共和国行政处罚法》第二十三条规定责令扣缴义务人补扣税款，并依法追究扣缴义务人责任；需要向纳税人追缴税款的，由所得发生地主管税务机关通过扣缴义务人所在地主管税务机关核实有关情况后依法执行。

三家企业采用查账征收还是核定征收的纷争案

案例描述[①]

案例一：核定征收与查账征收之间的可转换性

A企业于2008年被认定为核定征收企业，后因企业发展和规范管理需要，于2010年聘请专职的会计、出纳，完善账簿管理。

2015年7月，地税部门对其2012—2014年的经营情况进行纳税评估，然后作出该企业应按核定征收方式补缴税款并缴纳滞纳金的决定。A企业却认为按照查账征收方式及当期的实际利润情况，不应缴那么多的税款，遂提出税务行政复议，而且认为"每年对核定征收的纳税人进行重新鉴定是税务机关自身的法定义务；税务机关未履行法定义务导致纳税义务人损失的，税务机关应当承担相应的责任，纳税人是否提起变更申请，不能免除税务机关的法定责任"。最终税企双方达成调解，税务机关退还了已征缴的全部税款及滞纳金。

案例二：某企业以虚假纳税申报少缴企业所得税被查处

B企业的企业所得税采取"核定应税所得率征收"的方式，稽查局对其实施立案稽查，认定该企业账册资料完整、会计核算健全，不符合核定征收的条件，能准确核算企业所得税，故应实施查账征收的方式。

B企业检查年度账面记载的年营业收入超过30000万元，而检查年度年申报应税收入为1800多万元，申报缴纳企业所得税40多万元。由于该企业存在检查年度账面记载的巨额营业收入未申报缴纳企业所得税的问题，故稽查局将其认定为：以虚假纳税申报少缴企业所得税。依法追补了其少缴纳的税款320万元，并处以相应的罚款，加收滞纳金，三项合计542万元。

案例三：企业所得税征收方式由核定征收变更为查账征收

C企业是一家房地产企业，在2012年前企业所得税采用查账征收方式，2012年年初其向地税机关递交了企业所得税征收方式变为核定征收的申请报告，并获得批准（2013年度亦是如此）。2014年上级地税局日常行政执法督察中，发现该企业提供的2012年征收方式鉴定查账符合相关财务及法律规定，属查账征收方式之列。税务稽查部门对其2013年度进行调账检查时，发现其账目健全，有账可查，可以计算企业所得税。依据《国家税务总

---

① 根据《从三个税务案例看企业所得税查账与核定征收之惑》编写，原载 http://www.360doc.com/content/17 /0818/14/33886738_680145342.shtml，2017 年 8 月 18 日。

局关于印发〈房地产开发经营业务企业所得税处理办法〉的通知》（国税发〔2009〕31号）中"税务机关不得事先确定房地产企业的企业所得税按核定征收方式进行征收、管理"的规定，撤销了原作出的同意2012年和2013年度的企业所得税征收方式为核定应税所得率征收的决定。企业因此提起行政诉讼，最终企业败诉。

将上述三个案例简单归纳如下：

案例一：企业查账与税务机关核定，最终经复议达成和解，默认了企业的主张，并予以退税。案例二：企业核定与税务机关查账，最终维持税务机关的观点，并补税、罚款、加收滞纳金。案例三：企业核定与税务机关查账，最终经诉讼维持税务机关的观点，企业败诉。

🎤 案例讨论

> **论题：企业与税务机关对于查账征收与核定征收的选择为什么有纷争？**

1 关于案例一

A企业原本实行核定征收方式，经健全账务认为符合查账征收条件，但未向税务机关申请实施查账征收，税务机关据此要求其依据核定征收方式（对企业不利）计算其应纳企业所得税，需要补缴税款并且已经补缴了税款。

甲方 A企业认为，税务机关未及时调整征收方式，不应缴纳那么多的税款。

（1）在其满足查账征收条件后，税务机关有责任按照查账征收方式对该企业实施税收征管，未及时调整征收方式导致纳税人多缴纳税款的，税务机关应予以退还。

（2）税务机关应在每年6月底前对上年度实行核定征收企业所得税方式的纳税人进行重新鉴定。重新鉴定工作完成前，纳税人可暂按上年度的核定征收方式预缴企业所得税；重新鉴定工作完成后，按重新鉴定的结果进行调整。每年对实行核定征收的纳税人进行重新鉴定是税务机关自身的法定义务；税务机关未履行法定义务导致纳税人损失的，税务机关应当承担相应的责任，纳税人是否提起变更申请，不能免除税务机关的法定责任。

乙方 虽然从结局看税务机关退还已征缴的税款，但是企业的上述观点未必经得起推敲。

（1）企业不能以税务机关未履行职责为由，推卸应承担的法律责任。

在企业仍实行核定征收（或查账征收）但经税务机关认定符合查账征收（或核定征

收）条件并经检查出现补缴税款的情况下，能以"税务机关未履行鉴定职责"为由不缴税款吗？当然不能。依据《中华人民共和国税收征收管理法》第五十二条，因税务机关的责任，致使纳税人、扣缴义务人未缴或者少缴税款的，税务机关在三年内可以要求纳税人、扣缴义务人补缴税款，但是不得加收滞纳金。即便税务机关的原因（未及时进行征收方式鉴定）导致企业（因改变征收方式）少缴税款，税务机关也可以启动内部责任追究程序。

纳税人明知不符合却为了降低税负而不主动申请改变征收方式，本身就是一种虚假的纳税申报行为，纳税人必须补缴税款。当然，纳税人补缴时要注意两点：一是"税务机关在三年内可以要求补缴"，超过这个期限就无须缴纳了；二是因税务机关的责任导致少缴的，纳税人可以免予缴纳滞纳金。

（2）企业错误理解"纳税人是否提起变更申请，不能免除税务机关的法定责任"的规定。

A企业指出，"每年对核定征收的纳税人进行重新鉴定是税务机关自身的法定义务；税务机关未履行法定义务导致纳税义务人损失的，税务机关应当承担相应的责任，纳税人是否提起变更申请，不能免除税务机关的法定责任"。难道纳税人"不提出"就可以不承担责任吗？不是的。因为《国家税务总局关于印发〈企业所得税核定征收办法（试行）〉的通知》（国税发〔2008〕30号）第五条就明确指出，要加强对核定征收方式纳税人的检查工作。对实行核定征收企业所得税方式的纳税人，要加大检查力度，将汇算清缴的审核检查和日常征管检查结合起来，合理确定年度稽查面，防止纳税人有意通过核定征收方式降低税负。可见，纳税人选择核定征收方式，有可能存在有意降低税负的主观恶意。相反的，纳税人选择查账征收方式，也可能存在有意降低税负的主观恶意，即通过虚假的纳税申报达到少缴税的目的。这两种情况既有主观上的故意，又有应改变而不改变征收方式的行为，还有少缴税款的结果发生，这明显已经构成了虚假纳税申报（或无逃避纳税行为的不进行纳税申报），应该按照《中华人民共和国税收征收管理法》第六十三条（逃避缴纳税款）或第六十四条第二款（不进行纳税申报不缴或少缴税款）的规定处理。

至于纳税人是不是应该提出企业所得税征收方式鉴定申请，目前从税收管理实践看，存在着依申请和依职权两种形式，即纳税人和税务机关"谁发现谁启动"的原则，即纳税人发现符合条件的应及时到税务机关办理变更手续，税务机关发现的应及时通知企业办理变更手续。但是，纳税人切不可因税务机关未启动鉴定而心存侥幸。

2 关于案例二

甲方 税务机关认为，B企业具备实行查账征收方式的条件。

税务机关认为，B企业以虚假纳税申报少缴企业所得税是一个特例。特殊点在于"企业存在检查年度账面记载的巨额营业收入未申报缴纳企业所得税"的情形，但同时又十分符合"企业账册资料、会计核算健全，能准确核算企业所得税"的情形，也就是"企业能够正确核算收入、成本、费用、损失等"。

根据案例描述的"检查年度账面记载的年营业收入超过30000万元……追补了其少缴纳的税款320万元"，可以得出企业实际按照查账征收方式应纳税额应为365万元（核定征收时已纳45万元+追补320万元），由此可推算出应纳税所得额为1460万元（365万元÷25%）。所得占收入比值约为5%（小于应税所得率10%，查账有利），税前扣除金额应超过28540万元（30000万元−1460万元）。这个税前扣除的金额应该只是税务机关所称"账册资料、会计核算健全"的金额。

在查账征收方式下，应纳税额=365万元（核定征收时已纳45万元+补缴320万元）。

税务机关之所以不直接按照核定征收方式计算追征税款，而是承认企业成本、费用真实，按照查账征收方式追补税款320万元，是因为企业能够正确核算应纳税所得额，不然就要按照查增的收入计算补缴705万元。

乙方 B企业认为，应该适用核定征收方式，改为查账征收方式反而少缴税。

B企业认为，采用"核定应税所得率征收"方式，因为"收入能够查实，但成本、费用不能查实"。因此，"检查年度年申报应税收入1800多万元，申报缴纳企业所得税40多万元"。如果该企业应税所得率为10%，那么实缴税款应为45万元（1800万元×10%×25%）。

在核定征收方式下，应纳税额=30000×10%×25%=750万元（核定征收时已纳45万元+补缴705万元）。

B企业一方面希望少缴税，另一方面又出现账面收入与申报收入明显不符的现象，而且财务处理规范，导致税务机关实行查账征收的方式。不过，查账征收方式反而使企业少缴税，这是没有预料到的结果。

3 关于案例三

甲方 税务机关认为，C企业不能采取核定征收方式。

C企业本来是实行查账征收方式的房地产企业，却主动申请采取核定征收方式并获批。由于其行业特殊，注定其不能采取核定征收方式，因为《国家税务总局关于印发〈房地产开发经营业务企业所得税处理办法〉的通知》（国税发〔2009〕31号）明确规定，对房地产企业，不得事先确定企业的所得税按核定征收方式进行征收、管理。

作为税务机关，在企业核算不规范、长期亏损企业较多、税收收入压力大等背景下，很有可能存在从严控制查账征收，从而导致核定征收面过大的情形。C企业明明属于房地产企业，不得事先确定核定征收，但主管税务机关却同意其采取核定征收方式。上级地税局发现C企业提供的2012年征收方式鉴定查账符合相关财务及法律规定，属查账征收方式之列。而且"企业账面计算出所得额占收入比大于行业应税所得率，核定征收有利"，由此可以断定，C企业肯定要补税。

乙方 事实上很多房地产企业都采用核定征税方式。

《国家税务总局关于印发〈房地产开发经营业务企业所得税处理办法〉的通知》（国税发〔2009〕31号）明确规定，对房地产企业，不得事先确定企业的所得税按核定征收方式进行征收、管理。房地产企业即便日常税收征管中采取查账征收方式，并在年中预缴申报中按照当期利润额预缴，但一旦企业测算的账面所得额占收入比大于行业应税所得率时，就可能采取财务核算向核定征税条件看齐，主动采取不能够正确核算成本费用的形式，从而达到虽未事先核定，仍可事后核定的目的。

案例导读

查账征收与核定征收方式下的税负比较。

在不考虑企业所得税纳税调整项目的前提下，如果计税收入相同，不同征收方式会产生怎样的税负差异？如表3所示。

表3 不同征收方式产生的企业所得税税负差异

征收方式	应税收入	税前扣除项目金额	应税所得率	应纳税所得额	税率	应纳税额
查账征收	X	Y		X–Y	25%	（X–Y）×25%
应税所得率征收	X		a	a×X	25%	a×X×25%

当两种征收方式下的税负相等时，公式推导如下：

（X–Y）×25% =a×X×25%

X–Y=a×X

$Y=X（1-a）$

$Y÷X=1-a$

$a=（X-Y）÷X$

接下来，分三种情况分析变量X、Y和a之间的关系。

情况1：设X=10000万元，Y=8000万元，a=10%。此时，按查账征收，应纳税所得额=2000万元，所得税税额=500万元；按核定征收，应纳税所得额=1000万元，所得税税额=250万元，说明[（X-Y）÷X]＞a，即20%＞10%。结论：如果查账征收时的应纳税所得额与应税收入的比值大于核定征收时的应税所得率，企业选择核定征收方式有利（简称"大核"）。

情况2：设X=10000万元，Y=9500万元，a=10%。此时，按查账征收，应纳税所得额=500万元，所得税税额=125万元；按核定征收，应纳税所得额=1000万元，所得税税额=250万元，说明[（X-Y）÷X]＜a，即5%＜10%。结论：如果查账征收时的应纳税所得额与应税收入的比值小于核定征收时的应税所得率，企业选择查账征收方式有利（简称"小查"）。

情况3：设X=10000万元，Y=9000万元，a=10%。此时，按查账征收，应纳税所得额=1000万元，所得税税额=250万元；按核定征收，应纳税所得额=1000万元，所得税税额=250万元，说明（X-Y）÷X=a=10%。结论：如果查账征收时的应纳税所得额与应税收入的比值和核定征收时的应税所得率相等，两种征收方式的企业所得税税负相同。

怡馨公司企业所得税由核定征收变更为查账征收案

案例描述①

2005年江西怡馨置业有限公司（以下简称怡馨公司）开工建设"圣淘沙"房地产项目，该项目于2012年完工。主管税务机关萍乡经济技术开发区地方税务局（以下简称开发区地税局）对怡馨公司的企业所得税征收采用查账征收方式。

2012年2月10日，怡馨公司向开发区地税局递交了关于"圣淘沙"项目企业所得税征收方式变为核定征收的申请报告。同年3月29日，开发区地税局向怡馨公司送达了对企业所得税采取核定征收应税率征收、对土地增值税采取核定征收的《税务事项通知书》。2013年6月25日，开发区地税局核定了怡馨公司2013年度的企业所得税应税所得率。

2014年4月28日，萍乡市地方税务局在对开发区地税局进行日常行政执法督察中，发现其在执行税收政策方面存在问题，于同年4月30日向开发区地税局指出，怡馨公司2012年和2013年度的企业所得税征收方式变更为核定征收，这与企业申报提出的附列资料不符，违反了《国家税务总局关于印发〈企业所得税核定征收办法（试行）〉的通知》（国税发〔2008〕30号）的有关规定，责令开发区地税局在30天内按有关规定纠正，并以书面形式向市地税局报告执行结果。

开发区地税局以此为依据，于同年4月30日向其派出机构开发区地税局一分局下达整改通知，要求开发区地税局一分局针对市地方税务局提出的整改意见尽快整改。2014年9月15日，开发区地税局一分局作出《税务事项通知书》，内容为：撤销开发区地税局对于怡馨公司企业所得税征收方式更改的决定，并将怡馨公司2013年度企业所得税征收方式确定为查账征收。

随后，怡馨公司向市地税局申请行政复议，请求撤销开发区地税局一分局作出的《税务事项通知书》。2014年12月18日，市地税局作出行政复议决定书，决定维持开发区地税局一分局作出的《税务事项通知书》。怡馨公司不服，向萍乡市安源区人民法院提起行政诉讼。

---

① 根据《企业所得税征收方式为何由核定征收变更为查账征收》编写，原载 http://www.shui5.cn/article/cf/113283.html，2017 年 7 月 25 日。

案例讨论

> 论题：开发区地税局一分局作出的《税务事项通知书》是否正确？

甲方 安源区人民法院认为开发区地税局一分局作出的《税务事项通知书》是正确的。

根据《中华人民共和国税收征收管理法》第三十五条规定，怡馨公司要求改变企业所得税征收方式，应先将其财务变动的具体情况自行申报，经税务机关调查核实无误后，再履行审批程序，由主管税务机关下发文件。

怡馨公司2013年度并未进行自行申报，而且该公司提供的2012年征收方式鉴定查账符合相关财务及法律规定，属查账征收方式之列。开发区地税局的上级税务稽查部门对其2013年度进行调账检查时，发现怡馨公司账目健全，有账可查，可以计算企业所得税，故当时开发区地税局将怡馨公司的企业所得税征收变更为核定征收方式，与《中华人民共和国税收征收管理法》的规定不符。

怡馨公司向开发区地税局提交的《企业所得税征收方式鉴定表》中自报关于账簿设置、收入总额核算、成本费用核算、账簿签证保存和纳税义务履行等情况均完善，不符合《国家税务总局关于印发〈企业所得税核定征收办法（试行）〉的通知》（国税发〔2008〕30号）第三条规定的可以确定为核定征收企业所得税方式的六种情形。且房地产开发行业的企业所得税管理另有相关税收规章规定，怡馨公司是属于特殊行业特殊类型的纳税人。《国家税务总局关于印发〈房地产开发经营业务企业所得税处理办法〉的通知》（国税发〔2009〕31号）第四条：企业出现《中华人民共和国税收征收管理法》第三十五条规定的情形，税务机关对其以往应缴的企业所得税按核定征收方式进行征收管理，并逐步规范，同时按《中华人民共和国税收征收管理法》等税收法律、行政法规的规定进行处理，但不得事先确定企业的所得税按核定征收方式进行征收、管理。

如果税务机关同意企业变更所得税征税方式，必须在采取核定征收方式之前，实施有效的检查并获取确凿的证据之后，再决定是否变更征收方式。开发区地税局在2013年度未完结的中途作出批复，同意怡馨公司采用核定征收方式，显然不妥。

《中华人民共和国税收征收管理法实施细则》第六条规定，"上级税务机关发现下级税务机关的税收违法行为，应当及时予以纠正，下级税务机关应当按照上级税务机关的决定及时改正"。《税收执法督察规则》（国家税务总局令第29号）第三十八条规定，"对违反税收法律、行政法规、规章和上级税收规范性文件的涉税文件……对下级税务机关制定，或者下级税务机关与其他部门联合制定的，责令停止执行，并予以纠正"，第三十九条规定,"事实不清,证据不足的,依法予以撤销,并可以责令重新作出执法行为"。开发区地税局对市地税局在日常执法督察中发现的问题进行自我纠错,符合法律、行政法规和规章的规定。因此,开发区地税局一分局对怡馨公司作出的《税务事项通知书》是正确的。

乙方 开发区地税局一分局作出的《税务事项通知书》不正确。

怡馨公司认识到,依据《国家税务总局关于印发〈房地产开发经营业务企业所得税处理办法〉的通知》(国税发〔2009〕31号)第四条规定,企业出现《中华人民共和国税收征收管理法》第三十五条规定的情形,税务机关对其以往应缴的企业所得税按核定征收方式进行征收管理,并逐步规范,同时按《中华人民共和国税收征收管理法》等税收法律、行政法规的规定进行处理,但不得事先确定企业的所得税按核定征收方式进行征收、管理。

但是,开发区地税局作出变更企业所得税征收方式的决定时,怡馨公司的"圣淘沙"项目已经完成了85%以上,这说明不是在项目开始时所作的决定,因此不属于事先确定"圣淘沙"项目的所得税征收方式为核定征收。

案例导读

《国家税务总局关于印发〈企业所得税核定征收办法〉(试行)的通知》(国税发〔2008〕30号)第三条规定,纳税人具有下列情形之一的,核定征收企业所得税:①依照法律、行政法规的规定可以不设置账簿的;②依照法律、行政法规的规定应当设置但未设置账簿的;③擅自销毁账簿或者拒不提供纳税资料的;④虽设置账簿,但账目混乱或者成本资料、收入凭证、费用凭证残缺不全,难以查账的;⑤发生纳税义务,未按照规定的期限办理纳税申报,经税务机关责令限期申报,逾期仍不申报的;⑥纳税人申报的计税依据明显偏低,又无正当理由的。特殊行业、特殊类型的纳税人和一定规模以上的纳税人不适用本办法。上述特定纳税人由国家税务总局另行明确。

另外,《房地产开发经营业务企业所得税处理办法》规定,对房地产业这一特殊行业,只有在两种情况下,企业所得税征收可以采取核定征收方式:①企业出现《中华人民共和国税收征收管理法》第三十五条规定的情形(如账目混乱或者资料、凭证残缺不全,难以查账等情形);②只能针对以往年度应缴的企业所得税,即不能在当年度中途的时间节点去确定本年度的企业所得税征收方式为核定征收。

红光公司在建工程未及时结转固定资产少缴税案

案例描述 [①]

2009年10月26日，税务检查人员对红光公司进行纳税检查，这是一家处于某市区商业中心地带的商业企业。检查组发现，该公司所使用的8层营业用房自行建造并使用6年，没有办理竣工决算，所以未结转固定资产，也就没有计提折旧。营业用房投入使用6年来，红光公司因少提折旧、少缴房产税、多实现利润而多缴企业所得税。

检查人员李辉是第二次到红光公司检查，对该公司的基本情况有所了解。上一次检查时，李辉就发现红光公司使用的8层营业用房已投入使用3年多，但由于没有办理竣工决算，所以未结转固定资产，也就没有计提折旧。李辉认为，因没有办理竣工决算，不能结转固定资产和计提折旧，从而导致多缴企业所得税，实在不划算。于是在检查结束后，李辉嘱咐红光公司财务部的王总监尽快办理竣工决算或者可预估结转固定资产以计提折旧。但是在此次检查中，李辉发现红光公司的这一老问题依然存在。李辉以为红光公司在竣工决算上遇到了困难，于是向王总监提出疑问。

王总监对此没有明确的解释，对因少提折旧多缴企业所得税的事实也无动于衷。这是为什么？李辉开始从账面上寻找答案。他查阅了红光公司在建工程的账户，如果按照账面近1亿元的在建工程结转固定资产，红光公司每年可计提近500万元的折旧。按25%的企业所得税税率测算，红光公司可少缴企业所得税约120万元。李辉将测算结果告诉了王总监。王总监却表示："这部分税款不会白缴的，我们只是提前缴了而已，房屋折旧迟早要扣除的。"

李辉对该问题百思不得其解。为了弄清真实原因，检查组请承建红光公司营业用房的通达工程建设公司（以下简称通达公司）所在地的税务机关对通达公司进行了调查。调查显示，通达公司在工程投入使用后不到1年的时间内就完成了竣工决算，并且提供了决算报告，红光公司也在2年内将工程款全部付给了通达公司，但要求通达公司不要急于开具工程发票。

调查到这里可以肯定，不结转固定资产纯粹是红光公司单方面的原因。于是李辉进一步分析，红光公司不结转固定资产背后有原因，红光公司由此每年少缴80多万元的房产税，但同时多缴120多万元的企业所得税，由于多缴的企业所得税属于时间性差异，在将

① 根据《在建工程未及时结转固定资产导致的税务稽查案例》编写，原载 https://wenku.baidu.com/view/ 6516b000a31614791711cc7931b765ce05087a6b.html，2016 年 10 月 21 日。

来正常计提折旧后还会转回，所以红光公司可能是出于这样的考虑而不结转固定资产。同时经核实，红光公司对因少提折旧和少缴房产税而增加的利润，全部通过多结转商品销售成本进行了调整。

事实上，营业用房投入使用6年来，红光公司根本没有因少提折旧、少缴房产税、多实现利润而多缴过企业所得税。最终，检查组对红光公司因弄虚作假而少缴有关税款依法进行了处理。

案例讨论

论题：自行建造并投入使用的营业用房迟迟没有办理竣工决算，未结转固定资产，究竟是为什么？

甲方 在建工程未结转固定资产，并非出于偷税的动机。

红光公司认为，在建工程的核算较复杂，涉及多方面的内容，如在建工程领用的原材料、领用的自产产品；购入的工程物资；辅助生产车间为在建工程提供水、电、设备安装及修理、运输、劳务等；不可预测的原因造成的工程物资及单项或单位工程的盘亏及报损；在建工程应承担的工资及福利费、工程款的支付、相关税金的缴付；等等。要将在建工程成本精确无误地结转固定资产，诸多环节中每一个环节均不能出错。

因此，自行建造并投入使用的营业用房一直没有办理竣工决算，未结转固定资产，不是出于偷税的动机。

乙方 在建工程未结转固定资产，是为了获得更多的利益。

税务检查人员认为，新《企业会计准则》附录规定，"在建工程"科目用来核算企业基建、更新改造等在建工程发生的支出。企业购入需要安装或自行建造固定资产的支出，先计入该科目，达到预定可使用状态时再转入"固定资产"科目。已达到固定资产预定可使用状态但尚未办理竣工决算手续的在建工程，应按估计价值计入固定资产，并按月计提折旧，待确定实际成本后再调整固定资产原值。该科目期末为借方余额，反映企业尚未达到预定可使用状态的在建工程的成本。

《中华人民共和国企业所得税法实施条例》规定，自行建造的固定资产，以竣工结算前发生的支出为计税基础。由于竣工决算时间存在一定的可控性，红光公司就根据往年的操作经验进行"筹划"，因为在日常纳税检查中，许多检查人员关注的仅是企业有无少缴税款，而很少关注企业多缴税款的问题。

按常理，如果红光公司多缴税款是真实的，财务人员应该会关注在建工程不能及时进行结算的原因。但是，红光公司王总监对李辉的关心不以为然，也不急于向检查人员探讨如何解决问题，红光公司多纳税的背后一定另有蹊跷，其实是为了获得更多的"节税"效应。

案例导读

在建工程转固定资产的时间如何确定？

在建工程转固定资产，首先必须具备所有的工程支出发票，没有发票不能计入在建工程科目，在固定资产完工后，要有工程验收记录、工程结算单（竣工结算单），需要强制检测安全性的固定资产（如压力管道、配电设备等），还必须取得相关主管部门的检查认定报告。以上单据齐全，就可以将在建工程结转为固定资产。

对于固定资产发生的借款利息，资本化与费用化区分的标准是什么？对于专门借款而言，资本化期间的借款应该全部资本化，费用化期间的借款应该全部费用化。对于费用化金额的计算可比照资本化金额的计算方式处理，即费用化期间的利息费用减去费用化期间尚未动用的借款资金存入银行取得的利息收入或进行暂时性投资取得的投资收益后的金额确定。

"营改增"后对自建房屋、建筑物的工程材料进项抵扣有什么影响？"营改增"后，为自建房屋、建筑物而购入的工程材料也应当分期抵扣进项税额。对于购入时已全部抵扣进项税额的材料，在用于自建房屋、建筑物时，应当将进项税额的40%转出，待第13个月时再进行抵扣。

投资公司未获受控企业利润少缴企业所得税案

案例描述①

苏州工业园区地税局检查人员在梳理企业报送的对外投资受控企业信息报告时发现，A投资公司于2006年9月在香港投资成立全资子公司B公司，但该公司一直未实现盈利。自2014年起，B公司开始扭亏为盈，并在2015年年底实现净利润3115.6万元，但该企业并未进行利润分配，这一情况引起了检查人员的注意。

根据《中华人民共和国企业所得税法》的相关规定，企业将股权投资等行为产生的大额消极收入（unearned income），堆积在我国内地之外的低税率地区的被投资企业，并出于非合理经营需要对利润不作分配，达到认定条件的，该应分配未分配的利润应计入居民企业的当期收入依法纳税。

综合A投资公司与其香港子公司的情况和报告中的数据，检查人员判断A投资公司涉嫌通过在低税率地区（香港）设立受控企业的方式，将大额利润留存在受控企业，以达到整体避税的目的。为此，苏州工业园区地税局成立专项工作小组，对A投资公司对外投资情况及账务处理实施调查。

检查开始阶段，A投资公司对税务机关的调查活动并不配合。财务人员以无法获得香港B公司方面财务数据，并且未完成审计报告为由，迟迟不提供B公司财务资料及数据。

为尽快了解B公司实际经营状况，打开调查局面，检查人员启动了外部调查程序，从税务机关与招商局共同搭建的数据共享平台中调取了A投资公司向招商局报送的对外投资备案数据。检查人员发现，B公司在招商局登记注册时的主营业务是企业管理咨询，但其备案信息显示，2014年和2015年取得的大部分收入却来源于投资收益和股权转让，该笔收入与主营业务并无关联。

获得B企业相关信息后，检查人员立即约谈了A投资公司的负责人和财务总监，并向企业表示，配合税务机关税收检查，是纳税人应尽的义务和责任，如果拒不配合调查，且具有偷逃税款行为，企业和相关人员将负法律责任。同时，检查人员向企业人员出示了外部调查获得的相关数据，指出B公司存在收益与主营业务无关等问题，A投资公司必须积极配合税务机关调查。A投资公司权衡利弊后，最终向检查小组提供了香港B公司的历年财务报表、审计报告以及利润构成等会计资料。

---

① 根据王雪莲《两家企业一个老板　拆借资金还要缴税？》编写，原载《中国税务报》2017年10月24日。

检查人员分析企业提供的相关会计资料后发现，2013年B公司的可分配利润为−1941万元，2014年可分配利润为618.05万元，2015年可分配利润累积上年收入增加至3115.6万元。但B公司自成立以来从未向其母公司A投资公司分配过利润。

检查人员调查了解到，B公司设立地区为我国香港地区，根据香港税制，企业应就产生或来自香港的利润缴纳16.5%的利得税，但B公司取得的投资收益均为来源于香港之外的股权转让所得，因此企业无须在香港缴纳利得税。检查人员认为，B公司符合我国税法规定的情况，即企业为设立于低税负地区的受控对外投资企业，并且其利润不作分配是非合理经营原因。因此，B公司不作利润分配的行为避税嫌疑较大，B公司不作分配的利润应视同股息分配额，计入A投资公司的年度所得额，进行纳税调增，补缴企业所得税。

面对检查人员提供的企业经营的翔实数据以及充分的法律依据，A投资公司最终认可了检查人员的处理意见，同意调增A投资公司年度应纳税所得额3115.6万元，补缴企业所得税778.8万多元。

🎤 案例讨论

论题：A投资公司在香港投资的子公司账上留有大额未分配利润，母公司却从未分得"一杯羹"。这笔大额利润是否为正常经营所得？为何长期滞留在账上？

甲方 B公司未进行利润分配是为了企业长远经营发展，属于合理经营需要，不应作纳税调整，而且B公司不属于税法中所称的受控企业。

A投资公司成立的由财务总监、律师和注册会计师组成的工作团队，向案件调查工作小组陈述了理由。

第一，香港B公司未进行利润分配是为了企业长远经营发展，属于合理经营需要，不应作纳税调整。

第二，A投资公司对其设立在香港的子公司B公司是否为法规中所称的"受控企业"提出了疑问。根据2009年《特别纳税调整实施办法（试行）》第八十四条的规定，符合以下条件的对外投资企业可不被判定为受控企业：①设立在指定的非低税率国家；②主要取得积极经营活动所得；③年度利润总额低于500万元。企业认为，B公司收入完全来源于积极投资产生的所得，应为积极经营活动所得，故B公司不属于税法中所称的受控企业范畴。

乙方 B企业历年形成的未分配利润既没有用于拓展业务也没有用于再投资，而且符合受控企业的判定标准。

检查人员认为，根据《中华人民共和国企业所得税法》第四十五条的规定，需接受反避税调查的受控企业，是指居民企业或居民企业和居民个人（统称中国居民股东）控制的、设立在实际税负低于12.5%的国家（地区），且非出于合理经营需要而对利润不作分配或减少分配的企业。所以B公司满足上述受控企业条件，应对其不作分配的利润视同股息分配额，计入A投资公司的年度所得，由A投资公司补缴企业所得税。因为香港B公司并未在当地缴税，实际税负为零。而且，B企业历年形成的未分配利润仅作挂账处理，既没有用于拓展业务也没有用于再投资，因此A投资公司的说法站不住脚。

至于B公司是否符合税法中所称的受控企业，检查人员表示，我国税务机关明确的非低税率国家为美国、英国、法国、德国、意大利、加拿大和澳大利亚等国。B公司设立的中国香港地区，不属于非低税率地区。同时，核查B公司财务报表的结果显示，企业经营收入来源于股息红利和股权转让，并且2015年经营收入主要为股息红利所得。按国际税收协定和国际税收管理惯例，股息、利息、特许权使用费和资本利得等均为国际公认的、非真实营业活动形成的消极所得。从收入性质、额度等角度看，B公司均符合法规规定的受控企业判定标准。

案例导读

什么是消极收入？

收入分为消极收入（unearned income）和积极收入（earned income）。消极收入也称消极投资所得，如股息、利息、租金、特许权使用费、资本利得等，区别于通过真实营业活动获得的积极收入。换言之，消极收入是"没有参与贸易或商业活动"而获得的收入。因此，消极收入也称为睡后收入，顾名思义，就是睡觉时仍能获得收入，最直观的例子便是房产，不需要用劳务便能获得收入。

消极收入有以下几种来源：

（1）房产。拥有一套房子，将这套房子用于出租，每个月就可以有固定的房租收入。

（2）股市。做长线投资，看准一个质优股，长期持有，通过分红或者长期的增值获利。

（3）投资。投资到基金和保险中，获得稳定的收入。

（4）知识产权。写一本畅销书，多次再版，每次再版都获得一笔可观的版税；或者写一篇文章，被媒体纷纷转载，也可以获得不菲的报酬。

（5）网络。出于兴趣爱好建一个博客，一旦成了知名博客，访问量大增，网页上的广告就能带来不少的额外收入。

税务稽查部门查处关联交易的纷争案

案例描述①

2017年《中国税务报》刊登过两则稽查部门查处境内关联企业之间低价股权交易的案件。一则是1月24日刊登的由孙文胜、曹向博等撰写的《探查：股权"优化"外衣下的交易真相》（"天津税案"），另一则是7月18日刊登的由杨国华、蒋霁山、朱莹莹等撰写的《股权转让，价格谁说了算？》（"江苏税案"）。

1 天津税案

天津市国税局稽查局发现，A企业管理公司在2009—2012年曾将其控制的多家子公司股权低价转让给位于北京的关联企业。A公司解释这些股权转让行为是为了优化企业股权，不以股权获利为目的。税务机关认为，A公司在检查年度转让多家公司股权的行为并非内部"优化管理"行为，并且其转让价格与当时取得股权的投资成本相同，价格明显偏低，应按照被转让企业对应的净资产份额进行计算。

稽查人员表示，《特别纳税调整实施办法（试行）》（国税发〔2009〕2号）中的关联交易不包括股权转让内容，因此本案件问题不适用该项法规。A公司提出的其按股权投资成本转让给关联企业的行为，是为了优化公司治理结构，不是以获利为目的的说法，与交易客观情况不符。A公司与关联企业的股权交易行为符合税法的相关规定，应依法缴纳相关税款。

经过多轮约谈，A公司认可了检查人员意见，补缴了企业所得税和滞纳金。

2 江苏税案

江苏省常州市武进区地税局稽查局在对A建筑工程公司检查时发现，A公司于2012年12月27日向B投资公司转让J银行3000万股股票，每股转让价格为1.62元，总金额为4860万元。A、B两家企业为关联企业，其发生的股权转让行为属关联交易，需对其股权交易重新核定交易价格。

经过多次约谈，A公司选定的中介机构对股权转让当期J银行实际资产、经营状况、

---

① 根据马泽方《关于税务稽查查处关联交易案件若干问题的研究》编写，原载 http://blog.sina.com.cn/s/blog_14ed0353f0102ym0n.html，2018年4月28日。

市场购销等因素进行客观分析，结合同期 J 银行股权交易市场价格水平，得出每股 3.01 元的评估价格。稽查人员依据此价格，对 A、B 两家企业股权交易价格进行了重新核定。

A、B 公司转让股权为关联交易，应以每股 3.01 元的价格核定应纳税所得额，A 公司需补缴企业所得税 1042.5 万元，并加收利息 130.9 万元。A 公司对税务机关的处理决定表示认可，按时补缴了税款和利息。

从以上两个案例可以看出，同样是关联企业之间低价股权交易，江苏税务机关按照特别纳税调整的方法进行查处，天津税务机关按照税务稽查的方法进行查处，说明当前税务机关在处理关联交易案件时存在差异。

案例讨论

论题：面对关联企业之间低价股权交易，税务机关是按照特别纳税调整的方法查处还是按照税务稽查的方法查处？

甲方 税务稽查部门不能查处关联交易案件。

关联交易纳税调整的基础是《中华人民共和国企业所得税法》第六章"特别纳税调整"、《中华人民共和国企业所得税法实施条例》第六章"特别纳税调整"、《国家税务总局关于印发〈特别纳税调整实施办法（试行）〉的通知》（国税发〔2009〕2号）、《国家税务总局关于发布〈特别纳税调查调整及相互协商程序管理办法〉的公告》（国家税务总局公告 2017 年第 6 号）等，特别纳税调整并未区别境内、境外，所有关联交易都适用于特别纳税调整。

在实务中，反避税部门（国际税收部门）主要负责境内外关联交易案件，但不排斥境内关联交易案件。稽查部门一般不查处关联交易案件，因为查处关联交易案件需要启动特别纳税调整，适用国税发〔2009〕2号文件、国家税务总局 2017 年第 6 号公告等，其方法、程序、文书、时限等与《税务稽查工作规程》（国税发〔2009〕157 号）完全不同，以税务稽查的手段查处关联交易案件，存在一定执法风险。

（1）对税务机关来说，《中华人民共和国企业所得税法实施条例》第一百二十三条规定，企业与其关联方之间的业务往来，不符合独立交易原则，或者企业实施其他不具有合理商业目的的安排的，税务机关有权在该业务发生的纳税年度起 10 年内，进行纳税调整。而《中华人民共和国税收征收管理法》第五十二条第二、三款规定，因纳税人、扣缴义务人计算错误等失误，未缴或者少缴税款的，税务机关在三年内可以追征税款、滞纳金；有特殊情况的，追征期可以延长到五年。对偷税、抗税、骗税的，税务机关追征其未缴或者少缴的税款、滞纳金或者所骗取的税款，不受前款规定期限的限制。除非定性为偷税、抗税、骗税，否则税务稽查最多只能追征五年，而特别纳税调整可以追征十年，易造成税款流失。

（2）对纳税人来说，《中华人民共和国企业所得税法》第四十八条规定，税务机关依照本章规定作出纳税调整，需要补征税款的，应当补征税款，并按照国务院规定加收利息。《中华人民共和国企业所得税法实施条例》第一百二十二条规定，《中华人民共和国企业所得税法》第四十八条所称利息，应当按照税款所属纳税年度中国人民银行公布的与补税期间同期的人民币贷款基准利率加五个百分点计算。而《中华人民共和国税收征收管理法》第三十二条规定，纳税人未按照规定期限缴纳税款的，扣缴义务人未按照规定期限解缴税款的，税务机关除责令限期缴纳外，从滞纳税款之日起，按日加收滞纳税款万分之五的滞纳金。税务稽查对补征税款征收滞纳金，相当于年利率18.25%，远高于同期人民币贷款基准利率加五个百分点，给纳税人造成损失。

因此，涉及境内外的关联交易案件，最好由反避税部门查处。

乙方 税务稽查部门可以查处关联交易案件。

尽管国家税务总局2017年第6号公告第三十八条规定，实际税负相同的境内关联方之间的交易，只要该交易没有直接或者间接导致国家总体税收收入的减少，原则上不作特别纳税调整。但是，当前实际税负不同的关联企业（如盈亏企业）之间的境内交易越来越多，尤其是企业利用国内税收洼地（如新疆、西藏等低税率地区）转移利润的行为越来越明显。因此，应当借助税务稽查的力量来查处这种境内关联交易案件。

法律法规并未禁止税务稽查查处关联交易案件。持关联交易案件必须由反避税部门查处的观点认为，《国家税务总局关于印发〈税务稽查案源管理办法（试行）〉的通知》（税总发〔2016〕71号）第二十条第三款规定，案源信息涉及特别纳税调整事项的，经税务局负责人批准移交反避税部门处理。但从该条款同时也可以推理出，若未经税务局负责人批准，或税务局负责人不批准，涉及特别纳税调整事项的案源信息就不必移交反避税部门，而是由稽查部门自己处理。

上述江苏税案由稽查部门查处了境内关联交易案件，不但不违法，而且值得鼓励，因为若稽查部门不管境内外关联交易案件，一遇到关联交易案件就移交反避税部门，将使反避税部门不堪重负。常州市武进区地税局稽查局运用了特别纳税调整方法，最终对该企业加收了利息，从报道上看，执法过程没有瑕疵。

但是，天津税案便不同了。税务机关对该关联股权交易实施税务稽查，企业最终补缴了税款和滞纳金。税务机关没有使用特别纳税调整方法，存在执法风险。

特别纳税调整的方法、程序、文书、时限等与《税务稽查工作规程》完全不同，但并不意味着稽查部门不能处理股权关联交易案件，只要稽查部门使用特别纳税调整的方法处理，就是完全合法的。

案例导读

股权关联交易不适用税务稽查。《国家税务总局关于关联股权债权交易适用特别纳税调整法律法规及有关规定的批复》（国税函〔2012〕262号）规定，根据《中华人民共和国企业所得税法》及其实施条例、《中华人民共和国税收征收管理法》及其实施细则的有关规定，股权或债权的关联交易属于关联业务往来的内容，应当适用特别纳税调整的法律法规及有关规定。因此，股权关联交易应适用特别纳税调整，而不是税务稽查。

若由稽查部门查处境内外关联交易案件，即使使用了特别纳税调整方法，仍可能存在以下缺陷：

（1）在境内外反避税案件中，通常要坚持"利润在经济活动发生地和价值创造地征税"的BEPS（base erosion and profit shifting，税基侵蚀和利润转移）理念，包括营销职能的价值贡献、中国市场溢价带来的超额利润、本土研发职能的利润回报、无形资产的拥有和使用等。这些专业问题需要反避税部门的判定，显然稽查部门不具备相关经验，若简单地按照同期同类货物、劳务平均销售价格核定，可能会导致核定价格偏低，造成中国税基流失。

（2）按照特别纳税调整的工作规程，有些案件需要报送国家税务总局。特别纳税调整的主管部门是国家税务总局国际税务司，税务稽查的主管部门是国家税务总局稽查局，稽查案件报送国际税务司，显然路径不对。

（3）境内外关联交易案件，调整了纳税人跨境交易，重新分配了交易双方国家的税基，造成了对纳税人的双重征税，纳税人有权通过对方国家税务局提起双边磋商。如果稽查部门和反避税部门因调整依据和方法不同，对同一交易作出两种判定，将导致我国税务机关在双边磋商中陷入被动，不利于维护我国税法权威和税收形象。

关联企业无偿占用资金少缴企业所得税案

案例描述①

　　江苏省常州市地税局检查人员通过银行数据发现，A房产开发公司（以下简称A公司）2013年新增长期贷款7.2亿元，长短期贷款合计高达18.2亿元。通过进一步查询，检查人员发现，这家公司成立于2010年12月，只开发了某商业广场项目，而该项目在2012年年底已经竣工交付。既然无新项目投入，这家企业为何产生如此巨额的资金流动？

　　查询A公司的报表数据，检查人员发现，A公司2013年在财务费用中列支了1.21亿元利息支出，并一直存在大额应收款项挂账，其中对于常州市B集团公司（以下简称B公司）的其他应收款高达6.05亿元。B公司为拟上市企业，主要经营房地产开发、销售及投资业务，A公司是B公司的全资子公司。

　　针对这一异常现象，A公司的所得税年度申报表中，并未对该利息支出作出任何调整，存在涉税疑点。检查人员决定开展进一步调查和约谈。

　　权衡利弊后，A公司最终同意按平均融资利率计算应由B公司承担的利息费用，据此补缴企业所得税953.53万元，并按照《国家税务总局关于印发〈特别纳税调整实施办法（试行）〉的通知》（国税发〔2009〕2号）第一百零七条的规定缴纳了补缴税款的加收利息89.97万元。

案例讨论

> 论题：关联企业是否可以通过无偿占用资金来转移利润，从而少缴、缓缴企业所得税？

甲方 A公司认为，这是出于商业目的所作的合理筹划。

　　A公司财务人员解释称，虽然B公司作为母公司占用了A公司的资金，A公司也承担了相应的利息费用，但A公司和B公司的所得税税率都是25%，根据国家税务总局制定的《特别纳税调整实施办法（试行）》（国税发〔2009〕2号）第三十条的规定，实际税负相同的境内关联方之间的交易，只要该交易没有直接或间接导致国家总体税收收入的减少，原

―――――――――
① 根据杜俊、栾方洺、邹英娇《1.2亿元利息去哪儿了？》编写，原载《中国税务报》2016年6月1日。

则上不作转让定价调查、调整。

此类运作模式在国内大型房地产开发集团中并不少见，不存在少缴企业所得税的情况，因此企业在纳税申报时并未就此作出调整。

乙方 税务机关认为，必须按照独立交易原则进行纳税调整。

检查人员认为，事实并非如此。调查资料显示，作为一家注册资本为10亿元的大型房地产开发集团，B公司在2012—2014年度的主营业务收入竟然为0！其主要利润来源于项目子公司的利润分配，属于符合法定免税条件的投资收益，扣除各类费用，这3年内经调整后的企业所得税应税所得额分别为−412万元、−175万元和−450万元。

B公司的框架结构和经营脉络是，先设立项目子公司A公司，再以项目子公司的名义用土地及开发项目进行融资，然后利用筹集的资金设立新的子公司，开发新的房产项目。其融资产生的利息，由项目子公司即A公司承担并作税前扣除。

如果按照独立交易原则进行调整，B公司应承担子公司的融资利息费用并在税前扣除。但由于近几年B公司的税前所得一直为负数，调整后只能增大负数数值，并没有实际的收益。未来几年，除非B公司转让子公司股权，否则在5年之前形成的未弥补的亏损将无法弥补。

检查人员向B公司财务主管说明，虽然A、B两公司的所得税税率都为25%，但B公司未来很可能无法获得足够的所得来消化以前年度产生的未弥补的亏损，不按照独立交易原则进行纳税调整，将间接导致国家税收的减少，不符合国税发〔2009〕2号文第三十条规定的不作转让定价调整的条件。如果A公司现在不作纳税调整，除了要负担因利率变化产生的加收利息，还将面临较大的政策风险。

---- **案例导读** ----

如何证明关联方借款符合独立交易原则。

一般情况下，收取利息且利率水平相当的，当然符合独立企业之间的交易原则；如相互之间不计利息或利率水平较低的，则应按照独立企业之间借贷资金利率水平确认收入，作纳税调整，计算应纳税所得额。

《中华人民共和国税收征收管理法》第三十六条规定，企业或者外国企业在中国境内设立的从事生产、经营的机构、场所与其关联企业之间的业务往来，应当按照独立企业之间的业务往来收取或者支付价款、费用；不按照独立企业之间的业务往来收取或者支付价款、费用，而减少其应纳税的收入或者所得额的，税务机关有权进行合理调整。

《中华人民共和国企业所得税法实施条例》第一百一十条规定，《中华人民共和国企业所得税法》第四十一条所称独立交易原则，是指没有关联关系的交易各方，按照公平成交价格和营业常规进行业务往来遵循的原则；《中华人民共和国企业所得税法实施条例》第一百一十五条规定，税务机关依照《中华人民共和国企业所得税法》第四十四条的规定核定企业的应纳税所得额时，可以采用下列方法：①参照同类或者类似企业的利润率水平核定；②按照企业成本加合理的费用和利润的方法核定；③按照关联企业集团整体利润的合理比例核定；④按照其他合理方法核定。

境内关联交易"特别"纳税调整案

案例描述[①]

北京市怀柔区国税局在审核A公司资料时，发现该公司2015年其他应收款期初余额为60244万元，期末余额为56527万元，且长期处于挂账状态。进一步查看，发现该公司2015年的财务费用为利息收支-89万元。根据经验，税务人员初步判断该公司可能存在"关联企业之间使用资金未按照独立交易原则收取利息"的情况。

怀柔区国税局根据相关规定判定，A公司应向B公司收取利息作为利息收入，B公司应向A公司支付利息作为费用支出。

经过与A公司法定代表人和财务总监约谈后，A公司最终接受了税务机关的意见，自行纳税调整补缴税款512万元，加收利息36万元。

🎤 案例讨论

论题：境内关联企业法人主体之间业务往来是否要按照独立交易原则收取和支付费用？

甲方 按照独立交易原则收取和支付费用是多此一举。

A公司法定代表人认为，A公司经济效益一直不错，有不少闲置资金，其他应收款中确实有一部分资金投给了新成立的B公司。"两个公司都是我的，相当于我把自己的钱从左口袋放到了右口袋，资金总额并没有发生变化，我自己的钱我自己使用，怎么还要一边支付利息，另一边收取利息，这不是多余吗？"

A、B两个公司都在北京市，且企业所得税税率都是25%，没有利用所得税税率差避税，A公司收取利息和B公司支付利息在国内并没有使公司整体少缴税款，所以公司的账务处理并没有不妥之处，为什么还要缴税呢？

乙方 不按照独立交易原则收取和支付费用可能影响税收利益。

税务人员认为，一边支付利息，另一边收取利息，这并非多此一举。

---

① 根据王雪莲《境内关联交易"特别"纳税调整案例》和曹佩浩《境内关联交易特别纳税调整 关注三个问题》编写，原载《中国税务报》2017年10月24日和2018年6月1日。

《中华人民共和国企业所得税法实施条例》第一百二十三条规定，企业与其关联方之间的业务往来，不符合独立交易原则，或者企业实施其他不具有合理商业目的安排的，税务机关有权在该业务发生的纳税年度起10年内进行纳税调整。因此，关联企业法人主体之间业务往来要按照独立交易原则收取和支付费用。

中国境内关联企业之间在所得税税率一样的情况下，一般不造成中国境内整体税收的变化，不主张进行调整。但也有例外发生，这就是A公司要补税的原因。A公司是否应缴税，取决于A、B两公司是否对国家税收造成减少损失。

经查证，B公司2015年亏损5226万元。B公司向A公司拆借资金，本应按照独立交易原则支付利息，A公司则收取利息，但事实是有关资金拆借，A公司未收取利息，B公司未支付利息。如果对有关收取和支付利息进行纳税调整，对国家税款会造成什么影响？答案是，A公司2015年应调增利息收入2048万元，应缴企业所得税512万元；B公司支付利息亏损7274万元，不用缴纳企业所得税。

---------------------------- **案例导读** ----------------------------

1　境内关联交易是否属于特别纳税调整范围

有观点认为，国际税收解决的是国家（地区）之间的税款分配关系，而境内关联交易只涉及境内地区（城市）间的税款分配，因此其不在特别纳税调整范围内。其实这是一种误解。迄今为止，国家税务总局出台的有关特别纳税调整的规范性文件中，并没有对此作出明确区分。2017年，《国家税务总局关于发布〈特别纳税调查调整及相互协商程序管理办法〉的公告》（国家税务总局公告2017年第6号）规定，实际税负相同的境内关联方之间的交易，只要该交易没有直接或者间接导致国家总体税收的减少，原则上不作特别纳税调整。这一规定更多的是为了防止各地区将对境内关联交易的调整变成争夺税源的手段，并没有将境内关联交易排除在特别纳税调整的范围之外。反之，如果境内关联交易的关联方之间存在实际税负差异，且因此导致了国家整体税收的减少，那么税务机关有权对其作特别纳税调查和调整。

2　实际税负如何准确理解

境内关联交易的关联方之间是否存在实际税负差异，不应简单地理解为双方执行的企业所得税税率是否不同，而应该从关联交易的原理出发，通盘考虑。

以关联企业货物购销的关联交易为例，如果销售方确认的销售收入为1000元，那么采购方的采购成本也应为1000元。在双方不存在实际税负差的情况下，无论销售方如何调整售价，采购方的采购成本变动必然是等价的，国家税收并不会减少，不同的只是税款在地区之间分配的比例。以这一原理为基础，可以反过来通过调整售价，检测关联交易一方的所得税增加额和另一方的所得税减少额是否相等，以判断境内关联交易的交易双方"实际税负"是否相同。

导致境内关联交易双方实际税负不同的原因主要有两点：一是双方实际执行的企业所得税税率不同，如关联交易一方适用的企业所得税税率是25%，另一方享受国家企业所得税税收优惠，实际执行的是免税的零税率或15%的优惠税率。二是关联交易的双方，一方是盈利企业，另一方为亏损企业。此处所指的盈利或亏损，并不是简单地指在发生关联交易的当期，交易双方实现了盈利或亏损，还应考虑在发生关联交易的上一个年度，交易双方在所得税汇算清缴后，是否有未弥补的亏损。以前年度形成的未弥补亏损具有抵税作用。如果双方通过关联交易，将利润尽可能地转移到亏损方，最终会造成国家整体税收的减少。同时还要注意，当发生关联交易的双方都是亏损企业时，不能简单地认为双方不存在实际税负差，而应结合各自的亏损额以及销售收入、实现利润的能力来综合判断。

娄葑水电分公司少缴企业所得税案

案例描述①

苏州工业园区娄葑建设发展有限公司水电安装分公司（以下简称娄葑水电分公司）因诉苏州工业园区地方税务局（以下简称园区地税局）税务行政处罚一案，不服苏州市姑苏区人民法院作出的行政判决。2015年7月3日，苏州市中级人民法院立案受理，依法组成合议庭审理。

姑苏区人民法院经审理查明，娄葑水电分公司系经税务登记机关登记的独立核算单位，是企业所得税的纳税义务主体。2014年7—8月，园区检察院在办理犯罪嫌疑人张亮等涉嫌滥用职权一案中，发现相关犯罪嫌疑人滥用职权非法获取增值税普通发票后虚假开具给原告使用（共计118张，金额6846062元），即将该案件线索函告园区地税局，并附了相关发票、财务凭证、询问笔录等材料。园区地税局接函后于2014年8月1日对娄葑水电分公司立案检查，向其送达了《税务检查通知书》，对其企业负责人陈汉民、财务负责人陆芳芳进行了调查并制作了询问笔录。

经核实确认，2008年1月1日至2011年12月31日，娄葑水电分公司通过支付手续费的方式向犯罪嫌疑人张亮购买了其以娄葑镇奇盛装饰装潢材料店、华泰物资商行、新磊物资商行、秋实装饰建材批发部等个体工商户名义虚假开具的增值税普通发票共计118张，金额为6846062元，并在相应年度进行了税前列支，造成少缴企业所得税1711515.50元。

依据《中华人民共和国税收征收管理法》第六十三条第一款的规定，园区地税局认为娄葑水电分公司少缴企业所得税的行为构成偷税，于2014年8月12日对娄葑水电分公司作出《税务行政处罚事项告知书》（苏园地税罚告〔2014〕5号），告知娄葑水电分公司拟作出的处罚决定依据、内容及其享有的陈述、申辩、申请听证的权利。经听取娄葑水电分公司陈述申辩意见，在调查核实基础上，园区地税局于2014年9月17日对娄葑水电分公司作出《税务处罚决定书》（苏园地税罚〔2014〕5号），对其处以罚款855757.75元（少缴的企业所得税税款1711515.50元×50%）。娄葑水电分公司对该处罚决定不服，申请行政复议，江苏省地方税务局于2015年1月13日作出复议决定予以维持。娄葑水电分公司仍不服，诉至法院。

苏州市中级人民法院经审查认定，一审法院查明事实清楚，适用法律正确，决定维持原判。

---

① 根据石森《关于分公司企业所得税的处罚争议——兼评一起税务诉讼案件》编写，原载 http://blog.sina.com.cn/s/blog_62e8742d0102xm9p.html，2017 年 2 月 8 日。

案例讨论

甲方 娄葑水电分公司构成虚开发票的偷税行为，应予处罚。

姑苏区人民法院认为，根据《中华人民共和国发票管理办法》第二十一条、二十二条的规定，让他人为自己开具与实际经营业务情况不符的发票是虚开发票行为；不符合规定的发票，不得作为财务报销凭证。本案中，娄葑水电分公司账簿中所列的118张发票系以支付手续费方式向他人购买，均无与发票对应的真实交易发生，故娄葑水电分公司构成前述规定的虚开发票行为。

娄葑水电分公司将118张虚开的发票全部计入企业成本，并在企业所得税纳税申报前进行抵扣，造成少缴应纳税款的客观结果，符合《中华人民共和国税收征收管理法》第六十三条第一款规定的在账簿上多列支出进行虚假的纳税申报、少缴应纳税款的情形，构成偷税行为，依法应予处罚。

在对相关证据材料及人员进行调查核实的基础上，园区地税局向娄葑水电分公司进行了处罚前告知，并听取了娄葑水电分公司的陈述、申辩意见，后在法律规定的少缴税款50%以上5倍以下的处罚幅度内，对娄葑水电分公司处以少缴税款50%的罚款，事实认定及处罚幅度方面均无不当。

综上，园区地税局所作苏园地税罚〔2014〕5号税务行政处罚决定事实清楚，证据确凿，适用法律法规正确，程序合法，罚责适当。娄葑水电分公司以虚开发票抵扣的系企业真实成本、不构成偷税为由，请求撤销被诉税务处罚决定，缺乏事实和法律依据，原审法院不予支持，驳回娄葑水电分公司的诉讼请求。案件受理费人民币50元，由娄葑水电分公司负担。

乙方 不能直接以虚开发票金额乘以企业所得税税率得出偷税金额，并据此作出行政处罚。

娄葑水电分公司认为，被上诉人不应直接根据虚开发票金额认定偷逃税款金额，而应通过鉴定工程项目成本或者评估公司的利润来确定应缴企业所得税的金额。根据《中华人民共和国企业所得税法》第八条的规定，企业实际发生的与取得收入有关的、合理的支出，包括成本、费用、税金、损失和其他支出，准予在计算应纳税所得额时扣除。园区地税局直接以虚开发票金额乘以企业所得税税率得出偷逃税款金额，据此作出行政处罚决定，违反上述法律规定。

自2008年《中华人民共和国企业所得税法》实行"法人所得税制"后，分公司（即便实行独立核算）已不再是企业所得税独立的纳税主体，其企业所得税的应缴税额，是根据总公司汇总后的应纳税额并按事先确定的分摊比例计算得出的。

税务机关即便发现分公司存在虚列成本问题，也应当将上述情况及时移交给总公司所在地主管税务机关进行处理，由总公司重新汇总核算应纳税额，进而确定分公司应补缴的税款数额，而非由分公司的主管税务机关直接对该行为进行补税处理甚至行政处罚。

国家税务总局《跨地区经营汇总纳税企业所得税征收管理办法》（国家税务总局公告2012年第57号）第二十八条规定：

二级分支机构所在地主管税务机关应配合总机构所在地主管税务机关对其主管二级分支机构实施税务检查，也可以自行对该二级分支机构实施税务检查。

二级分支机构所在地主管税务机关自行对其主管二级分支机构实施税务检查，可对查实项目按照《中华人民共和国企业所得税法》的规定自行计算查增的应纳税所得额和应纳税额。

计算查增的应纳税所得额时，应减除允许弥补的汇总纳税企业以前年度亏损；对于需由总机构统一计算的税前扣除项目，不得由分支机构自行计算调整。

二级分支机构应将查补所得税款的50%分摊给总机构缴纳，其中25%就地办理缴库，25%就地全额缴入中央国库；50%分摊给该二级分支机构就地办理缴库。

汇总纳税企业缴纳查补所得税款时，总机构应向其所在地主管税务机关报送经二级分支机构所在地主管税务机关受理的汇总纳税企业分支机构所得税分配表和二级分支机构所在地主管税务机关出具的税务检查结论，二级分支机构也应向其所在地主管税务机关报送汇总纳税企业分支机构所得税分配表和税务检查结论。

从上述文件规定可以看出，园区地税局有权对娄葑水电分公司实施税务检查并且自行计算查增的应纳税所得额和应纳税额。且该部分虚开发票的支出不属于需由总机构统一计算的税前扣除项目，可以在分支机构自行计算调整。

另外，《财政部 国家税务总局 中国人民银行关于〈跨省市总分机构企业所得税分配及预算管理办法〉的补充通知》（财预〔2012〕453号）第一条规定，二级分支机构所在地主管税务机关自行对二级分支机构实施税务检查，二级分支机构应将查补所得税款、滞纳金、罚款地方分享部分的50%归属该二级分支机构所在地，就地办理缴库；其余50%分摊给总机构办理缴库，其中，25%归属总机构所在地，25%就地全额缴入中央国库，由中央财政按照一定比例在各地区间分配。

所以，园区税务局应将查补所得税款及罚款的50%分摊给总机构缴纳，其中25%就地办理缴库，25%就地全额缴入中央国库；50%分摊给该分公司就地办理缴库。

《企业所得税法实施条例》规定，居民企业在中国境内设立不具有法人资格的营业机构的，应当汇总计算并缴纳企业所得税。

根据《跨地区经营汇总纳税企业所得税征收管理暂行办法》（国税发〔2008〕28号）以及《跨地区经营汇总纳税企业所得税征收管理办法》（国家税务总局公告2012年第57号）的规定，居民企业在中国境内跨省、区、市设立不具有法人资格分支机构的，该居民企业为跨地区经营汇总纳税企业；汇总纳税企业实行"统一计算、分级管理、就地预缴、汇总清算、财政调库"的企业所得税征收管理办法。

分支机构按以下公式计算分摊税款：

所有分支机构分摊税款总额=汇总纳税企业当期应纳所得税额×50%

某分支机构分摊税款=所有分支机构分摊税款总额×该分支机构分摊比例

总机构应按照上年度分支机构的营业收入、职工薪酬和资产总额三个因素计算各分支机构分摊所得税款的比例；三级及以下分支机构，其营业收入、职工薪酬和资产总额统一计入二级分支机构；三因素的权重依次为0.35、0.35、0.30。

计算公式如下：

某分支机构分摊所得税款比例=（该分支机构营业收入/各分支机构营业收入之和）×0.35+（该分支机构职工薪酬/各分支机构职工薪酬之和）×0.35+（该分支机构资产总额/各分支机构资产总额之和）×0.30

分支机构所得税款分摊比例按上述方法确定后，当年一般不作调整。

地产公司非法吸收公众资金未代扣代缴个税案

案例描述[1]

　　四川某市一家地产公司，因资金严重不足，以支付高额利息为诱饵，采用口头传播的方式非法吸收社会公众资金。2013年，某市A区法院作出刑事判决，以该公司犯非法吸收公众存款罪，判处罚金40万元，该公司已主动缴纳全部罚金。

　　2014年税务机关检查时，认为该公司对支付给借款人的利息，应代扣代缴个人所得税，并根据《中华人民共和国税收征收管理法》第六十九条的规定，决定对该公司处以少代扣代缴的个人所得税50%的罚款。

案例讨论

论题：非法收入是否应缴纳个人所得税？

甲方 存款人从地产公司获得的存款利息属于不合法收入，地产公司没有代扣代缴个人所得税的义务。

　　地产公司向存款人支付利息是实施非法吸收公众存款犯罪行为的重要手段，存款人从地产公司获得的利息收入无论多少，都不具有合法性。《中华人民共和国个人所得税法》第二条规定的应纳税个人所得，仅限于个人获得的合法收入，不包括个人获得的不合法收入。

　　因此，存款人从地产公司获得的存款利息属于不合法收入，不应缴纳个人所得税，地

---

① 根据孙彦民、易瑾《非法收入是否缴纳个人所得税？》编写，原载 http://blog.sina.com.cn/s/blog_15abfd18c0102wlmx.html，2016 年 8 月 15 日。

产公司没有代扣代缴的义务。

乙方 只要产生了应税所得，无论是否合法都必须纳税，地产公司有代扣代缴个人所得税的义务。

从税收公平正义角度看，不合法收入应该缴纳个人所得税。但征税并不代表从法律上确认课税客体的合法性，更不意味着对纳税人违法活动的认可和保护。

但从实践角度看，对于非法收入是否应由税务机关行使征税权，需要具体问题具体分析。以本案为例，法院已认定存款人获得的利息为不合法收入，但并未采取相应措施。既然司法机关和有关行政机关并未对存款人获得的高息采取追缴或没收措施，而存款人的违法事实和金额是确定的，税务机关就有权行使征税权，并要求支付人履行代扣代缴义务。

纳税人只要发生了应税行为或者产生了应税所得，无论是否合法都必须纳税，其依据如下。

（1）实质课税原则

税法在判定某种收入能否课税时所关注的是纳税人的真实负担能力，不能仅仅考核其表面形式是否符合课税要件。如果实质满足了课税要件，无论其外在形式如何，均应按实质条件的指向确认纳税义务；反之，不能确认。实质课税原则特别强调违法或违反公序良俗的行为，只要满足课税要件，就必须课税。

（2）税法权力有限

税法的功能是判断纳税人是否产生了税收法律关系，并不具备审查某项收入是否符合其他法律的权力。判断某项收入的合法性，应该由民法、刑法、行政法等其他法律来完成。因此，国家将不合法收入纳入征税范围之内，并不等于承认了该收入具有合法性。

（3）强调税负公平

国家如果对非法收入不征税，等同于对合法经营者给予了不公平的税收待遇，而且一定程度上助长了非法行为的蔓延。众多公民取得的合法收入要承担各种税负，为政府所提供的社会公共产品支付成本；而许多非法收入反而没有这种负担，却能够同样享受公共产品。

案例导读

合法收入是指在不违反各种法律法规的前提下，通过生产经营、提供生产要素等各种方式取得的相关报酬。与之相对的概念是非法收入，非法收入意味着取得收入的方式和途径不符合各种法律法规和规章制度的规定。

　　一般来说，非法收入可以分为两类：一类是实质上属于非法收入但法律还没有认定；另一类是实质上属于非法收入并且法律也认定了。问题是一项收入是合法还是非法，应该由哪个"法"来认定呢？法律按其规范的范围进行划分，一般可以分为禁止性规范、命令性规范和授权性规范。它们分别规定人们"绝对不可以干什么""必须干什么""可以干什么"。一项收入是否合法，多由禁止性规范或命令性规范进行确认，例如民法、刑法、行政法等。而判断一项收入是否产生了税收法律关系，则必须依赖于税法。因此，收入是否合法与是否需要纳税，分别适用不同的法律，绝不能混为一谈。

　　《中华人民共和国企业所得税法》和《中华人民共和国个人所得税法》等法律中规定的"所得"是中性的，应税所得也没有明确规定其须为合法所得，并没有明确指出"生产经营收入"须为"合法的生产经营收入"，也未写明"利息收入"等都须为"合法"收入。也就是说，如某企业从事假冒伪劣产品的生产和经营，其生产、经营的收入符合其他法律"非法收入"的定义，但同时并不违反《中华人民共和国企业所得税法》或《中华人民共和国个人所得税法》的应税所得的规定。所以，企业非法所得也应该是应税所得，亦即合法性不是企业应税所得的必备特征。

　　2018年修正的《中华人民共和国个人所得税法》（第七次修正）第二条规定，下列各项个人所得，应当缴纳个人所得税：①工资、薪金所得；②劳务报酬所得；③稿酬所得；④特许权使用费所得；⑤经营所得；⑥利息、股息、红利所得；⑦财产租赁所得；⑧财产转让所得；⑨偶然所得。可见，并没有规定"应纳税个人所得仅限于个人获得的合法收入，不包括个人获得的不合法收入"。

北京晓庆文化艺术有限责任公司偷税案

案例描述①

2002年4月2日，北京市地税局第一稽查分局对北京晓庆文化艺术有限责任公司、北京刘晓庆实业发展有限公司和北京晓庆经典广告公司涉嫌偷税立案调查。已调查证实北京晓庆文化艺术有限责任公司（以下简称晓庆公司）自1996年以来采取不列以及少列收入以及多列支出、虚假申报等手段偷逃巨额税款，已涉嫌偷税罪。

2002年4月4日，北京市地税局依法将此案移送北京市公安局。北京市公安局于4月5日立案侦查。4月24日，根据获取的证据，北京市公安机关依法对涉案责任人该公司总经理靖军（刘晓庆的妹夫）和前任会计方利刑事拘留。5月12日北京市公安机关正式逮捕了靖军，并将晓庆公司涉嫌偷税案移交检察院。6月18日，对该案责任人冉一红（又名刘晓红，刘晓庆的妹妹）刑事拘留。

2002年5月4日，刘晓庆因涉嫌偷税经媒体报道后，引起社会各界强烈关注。6月20日，刘晓庆被公安机关依法刑事拘留。7月24日经北京市人民检察院第二分院批准，其被依法逮捕。2002年6月20日—2003年8月16日，刘晓庆因涉嫌偷税度过422天的牢狱生活。

2003年1月2日，刘晓庆、靖军等五人涉嫌偷税罪一案，已由公安机关侦查终结，移送检察机关审查起诉。北京市朝阳区人民检察院于当日正式受理此案。

2003年1月5日，受执法机关委托，北京市拍卖行对刘晓庆及北京刘晓庆实业发展有限公司提供纳税担保的19套房产进行公开拍卖，以拍卖所得抵缴税款。北京、上海和深圳等地的税务机关认定刘晓庆及其公司偷税1458.3万元，除追缴税款外，同时加收滞纳金573万元。

2003年8月16日，刘晓庆被取保候审后立即高调复出，接拍多部剧集，以还清税款。9月，晓庆公司被提起公诉。起诉书认定刘晓庆公司偷税52宗，金额为840万元，其中偷逃所得税700多万元。被公诉的只有北京晓庆文化艺术有限责任公司和公司总经理靖军，而刘晓庆、刘晓红姐妹以及其他曾经因为本案被逮捕的人都不在被起诉之列。

2003年12月12日，税案开庭审理。2004年4月6日一审判决：北京市朝阳区人民法院以偷税罪判处北京晓庆文化艺术有限责任公司罚金人民币710万元，以偷税罪判处靖军

---

① 根据《"晓庆文化公司偷税案"透视》改编和改写，原载：①央视《法治在线》，http://ent.sina.com.cn，2003年12月15日；②《刘晓庆税案研究》，http://flxcsf.hacz.edu.cn/s/139/t/1372/a5/5c/info42332.htm，2015年8月19日。

有期徒刑3年。经法院审理查明，北京晓庆文化艺术有限责任公司于1996—2001年期间违反税收征管规定，偷逃各种税款6679069.6元。被告人靖军于1996年9月至2001年在被告单位任总经理，主管财务工作，对公司的偷税行为负有直接责任。作为代扣代缴义务人，北京晓庆文化艺术有限责任公司在1997年、1998年、2000年拍摄电视连续剧《逃之恋》《皇嫂田桂花》过程中，隐瞒已代扣的演职人员个人所得税418574.43元，不予代为缴纳。

法院认为，北京晓庆文化艺术有限责任公司作为纳税义务人、代扣代缴义务人，伪造记账凭证，在账簿上多列支出或不列、少列收入，不缴或少缴应纳税款，且各年度的偷税数额占当年度应纳税额的比例均在30%以上，已构成偷税罪。靖军作为单位直接负责的主管人员，亦构成偷税罪。

🎤 案例讨论

> 论题：刘晓庆作为董事长，是否应对晓庆公司偷税案承担法律责任？

2004年4月6日，北京市朝阳区人民法院对北京晓庆文化艺术有限责任公司偷税案作出一审判决。以偷税罪判处北京晓庆文化艺术有限责任公司罚金710万元，以偷税罪判处被告人靖军有期徒刑3年。刘晓庆是北京晓庆文化艺术有限责任公司的法定代表人、董事长，2002年6月，因其所办公司涉嫌偷税，被北京市公安局依法刑事拘留。7月，经北京市人民检察院第二分院批准，其被依法逮捕。2003年8月，刘晓庆被取保候审返回家中。人们不禁要问，因刘晓庆的大名闹得如此沸沸扬扬的税案，刘晓庆本人为何没有被追究刑事责任？

甲方 偷税的罪名能不能成立，主要是看案件的事实。

中国政法大学教授阮齐林认为，偷税的罪名能不能成立，主要是看案件的事实。但是，法律对偷税罪有比较严格的限定。第一，从规模上看，偷税金额至少在1万元以上，且占应缴税款的比例达到10%及以上。除此以外，法律还规定，曾经因为偷税被行政处罚，税务机关作出税务违法行为的处罚达两次以上，才可能构成犯罪。第二，从手段上看，采用了欺骗手段，具体包括：因伪造、隐匿、毁弃或者擅自销毁账簿、会计凭证的；多列支出，不列或者少列收入的；拒不申报；虚假申报。符合这四个情况之一的，才构成犯罪。税务机关的调查结论是，刘晓庆和她的公司自1996年以来采取不列、少列收入以及多列支出、虚假申报等手段，偷逃税款1458.3万元。但是，税务机关已分别向刘晓庆及其所办公司送达了《税务处理决定书》，除追缴税款外，同时加收滞纳金573.4万元。2002

年4月，税务机关已经追缴入库税款196.6万元，冻结晓庆公司银行存款214万元。2003年1月，刘晓庆及其公司的19套房产被拍卖，拍卖所得共计661万元，部分用于抵缴税款。刘晓庆被取保候审后，也多方筹集资金补缴税款。法庭判决之所以只认定北京晓庆文化艺术有限责任公司偷逃各种税款6679069.6元，而不是税务机关认定的1458.3万元，是因为法院认定的是构成偷税罪的部分，而税务机关除了认定这部分之外，还认定了偷税但未构成偷税罪的部分。

　　著名税法专家刘剑文认为，一个自然人被追究刑事责任，前提是其犯了《中华人民共和国刑法》规定的罪。对犯罪进行大致的划分，可以分为个人犯罪和单位犯罪。如果说要追究刘晓庆的刑事责任，则必须是刘晓庆个人犯了罪，或者是刘晓庆本人在单位犯罪中承担了刑事责任。从法院的一审判决看，北京晓庆文化艺术有限责任公司构成了单位犯罪。《中华人民共和国刑法》对单位犯罪进行处罚的规定是：单位犯罪的，对单位判处罚金，并对其直接负责的主管人员和其他直接责任人员判处刑罚。因此，刘晓庆本人是否属于"直接负责的主管人员"就成为定罪的关键。刘晓庆虽然是北京晓庆文化艺术有限责任公司的法定代表人、董事长，但是否属于"直接负责的主管人员"，要看其在公司偷税中发挥了什么作用，是否参与了偷税行为，这需要司法部门的调查和认定。没有证据，就不能对一个人定罪处罚。

乙方 刘晓庆是否应承担刑事责任，要看其是否有直接的指使和授意。

　　2002年10月10日和11月20日，税务机关向刘晓庆公司和刘晓庆个人发出5份《税务处理决定书》。这5份决定书抬头为刘晓庆本人的是两份，涉嫌偷逃国家税款13万余元，其他涉嫌偷税金额均为公司行为。5份《税务处理决定书》中厚达几十页的一份，是北京市地方税务局第一稽查分局向北京晓庆文化艺术有限责任公司发出的"北京市地税稽一字第70号"，翻看其中的内容，多半是该公司组织的演出收入未缴纳营业税及附加等。

　　抬头是刘晓庆本人的两份《税务处理决定书》，其一是深圳市地税局稽查局发出的：刘晓庆1997年至2001年4月出租深圳东门南路华都园21号B座，取得租金收入及保证金未足额申报纳税。1999年4月至2002年3月，其出租蛇口碧榆路26号别墅，取得租金收入未按规定向房产所在地税务机关申报纳税。为此，深圳市地税局向刘晓庆拟定作出处罚决定：拟对其个人上述未缴税处以两倍罚款81844.54元。其二是上海市税务局闵行区分局的《税务处理决定书》，主要内容为：刘晓庆于1998年7月1日至2000年3月31日出租在上海的房产，但未向上海市地方税务局闵行区分局申报纳税，因此，刘晓庆应补各项税费55948.05元。上述两项合计：刘晓庆个人涉嫌偷税金额为137792.59元。根据《中华人民共和国刑法》的有关规定，偷税罪的法人犯罪中应承担刑事责任的是单位直接负责的主管领导和其他直接责任人员，一般来说是公司会计和分管财务的领导。晓庆公司自1996—

2001年间共计涉嫌偷税总额达人民币6679069.6万元，为什么该公司总经理靖军作为直接责任人被指控涉嫌偷税罪？

晓庆公司的偷税手段，一是虚列成本，以加大账面支出，比如收集充账发票、伪造员工工资表等；二是不列、少列收入，或者将收入记入往来账户，以减少账面收入，比如晓庆公司隐匿电视剧版权收入、演出收入等；三是晓庆公司作为扣缴义务人，将已经代扣的演职人员个人所得税截留，据国家税款为公司所有。靖军本人的供述为："在文化公司我是财务负责人，公司的支出、会计做的凭证都由我签字，公司的收入会计如果不清楚是什么钱时就来问我，由我来决定做不做收入。有时我会干预会计做账务处理。在税务上的事情，刘晓庆已经全权授权给我处理。"

刘晓庆作为公司的法定代表人是否应承担刑事责任，要看其是否有直接的指使和授意。刘晓庆称："我委托靖军做总经理是我用人不当，我认为他很能干，实际上在税务方面他做得很不好，从1992年成立贵州事业发展公司以来，我就委托他做总经理，文化公司我做董事长，有事和靖军、刘晓红说一声就行了。靖军是总经理，我们公司很不正规，对于总经理和出纳员的职权范围没有明确的规定，开始他们俩都听我的，后来靖军就不听我的了。"

案例导读

明星开公司，如何区分公司收入和明星个人收入？

在分类征收的个人所得税制度下，影视界明星缴税有点复杂，收入的类型不同，缴税的类型也不同。明星从签约影视公司取得的固定工资、获得的签约影视公司的股权激励，都按照"工资、薪金所得"缴税；成立个人独资性质的工作室，其收入按照"个体工商户的生产、经营所得"缴税；片酬及商业广告收入按照"劳务报酬所得"缴税；出书获得的稿酬，按照"稿酬所得"缴税；出让肖像权获得的收入，按照"特许权使用费"缴税；出租房产的所得，按照"财产租赁所得"缴税；出售房产、股权获得的收入，按照"财产转让所得"缴税；对外投资获得的分红，按照"利息、股息红利所得"缴税；获奖所得，按照"偶然所得"缴税。正因如此，明星避税的手段也是五花八门。

如果从签约影视公司取得固定工资，最高一档的税率为45%；大部分的明星个人工作室是个人独资企业或者个体户，个体工商户的生产、经营所得，最高一档的税率为35%。

有的明星放弃中国国籍，成为非居民纳税人，这样只需承担有限纳税义务，即明星来自中国境内的收入必须申报纳税，从中国境外获得的收入不需向中国政府申报纳税。

有的明星签订阴阳合同，所谓的"阴阳合同"就是交易双方签订金额不同的两份合同，一份金额较小的"阳合同"用于向主管机关备案登记纳税，另一份金额较大的"阴合同"则实际约定双方交易价格，彼此对其秘而不宣。

有的明星在税收优惠地区注册公司或工作室，如在新疆霍尔果斯、上海松江、浙江横店、无锡数字电影产业园等，将会享受当地的税收优惠。霍尔果斯曾明文规定，到2020年年末，自取得第一笔生产经营收入所属纳税年度起，将五年内免征企业所得税。五年后地方留存的企业所得税40%部分将以"以奖代免"的方式返还给企业。在霍尔果斯注册的公司上市还能走快速通道，而且上市之后政府最高奖励200万元。

有的明星实行片酬股权化。制作公司通过合股开公司及将片酬转化为股权等方式锁定跟明星的关系。很多演员摇身一变成了出品人、制作人，将片酬分摊到各个细分项目，包括制作费、顾问费、咨询费、服装费和化妆费等。顾问费和咨询费的弹性很大。这些项目是否属于纳税范围、免税范围和税务核定时扣除的范围等，都处于模糊状态。

本案中，晓庆公司通过混淆公司收入与明星个人收入的界限偷逃税款。北京晓庆文化艺术有限责任公司是一个责、权、利比较模糊的家族企业。刘晓庆是大股东和董事长，其母刘辉华为董事，妹妹刘晓红是董事长助理兼财务总管，妹夫靖军为总经理。

作为知名演员，刘晓庆的名气甚至就是公司经营的主要资源。"因而，她常常混淆自己跟公司的界限，认为公司就是她自己的，将自己的收入和公司收入混为一谈。"在检察机关提起的52项指控中，有10余项是晓庆公司与其他企业签订的演出合同或拍摄广告合同，这些收入大多数没有被列入晓庆公司的收入中，而是当作刘晓庆的个人收入处理。

例如，公诉方的第二项指控：被告单位晓庆公司于1996年6月与TCL电子集团公司签订TCL王牌彩电广告拍摄协议。TCL电子集团按约定于同年6月支付广告拍摄费27.86万元，晓庆公司在取得此项收入后，在公司账簿上不列收入，进行虚假的纳税申报，偷逃营业税1.39万元、城市维护建设税975元。控方对此认为，在合同上盖章的是晓庆公司，那么这笔收入就应该是晓庆公司的收入，并应该据此纳税。

另外，在检察机关提起的偷税额中，还有几项比较大的收入是晓庆公司制作的《火烧阿房宫》《逃之恋》等电视剧向海外转让所获得的。控方认为，这些收入没有转入该公司的账簿中。仅《逃之恋》一部电视剧与台湾八大国际传播股份有限公司签订的转让合同，就涉及版权使用费145.7万多元。

晓庆公司的财务状况模糊，导致案情中核心证据缺失。例如，在出示的上千份证据中，缺乏一个非常核心的数字——晓庆公司1996—2001年间每一财年的总收入是多少，从而给税收征管带来很大的不便。

范冰冰采用"阴阳合同"等方式逃税案

案例描述①

2018年6月初，范冰冰的涉税问题被举报。国家税务总局下令彻查明星"阴阳合同"，无锡市滨湖区地税局等税务机关开展调查。结果显示，范冰冰在电影《大轰炸》拍摄过程中实际获得片酬3000万元，其中的1000万元申报纳税，其余2000万元以拆分合同方式偷逃个人所得税618万元，少缴营业税及附加112万元，合计730万元；范冰冰及其担任法人的企业少缴税2.48亿元，其中偷逃税款1.34亿元。

根据《中华人民共和国税收征收管理法》的规定，江苏省税务局对范冰冰及其担任法人的企业追缴税款2.55亿元和滞纳金0.33亿元，对范冰冰利用拆分合同隐瞒真实收入和工作室账户隐匿个人报酬的真实性质以偷逃税分别处以四倍和三倍的罚款。最终范冰冰需要补齐的税款和罚金约为8.84亿元。

2018年9月30日，江苏省税务局依法向范冰冰正式下达《税务处理决定书》和《税务行政处罚决定书》，要求其在收到上述处理处罚决定书后在规定期限内将追缴的税款、滞纳金、罚款缴清。

根据《中华人民共和国刑法修正案（七）》（2009年），初次逃税并缴纳了税款和滞纳金、五年内没有因逃税受过刑事处罚或被税务机关给予两次以上行政处罚，就可"不予追究刑事责任"。由于范冰冰属于首次被税务机关按偷税予以行政处罚且此前未因逃避缴纳税款受过刑事处罚，如果范冰冰能在规定期限内缴纳，税务机关将依法不予追究其刑事责任。

不过，在2018年6月税务机关对范冰冰及其经纪人牟某所控制的相关公司展开调查期间，牟某指使公司员工隐匿、故意销毁涉案公司会计凭证、会计账簿，阻挠税务机关依法调查，涉嫌犯罪。牟某等人已被公安机关依法采取强制措施。

10月3日，范冰冰在微博发致歉信，表示完全接受处罚决定，会尽全力克服困难，筹措资金补缴罚款，以后也会监督公司管理、守法经营。

依据《中国共产党问责条例》《行政机关公务员处分条例》和《税收违法违纪行为处分规定》，国家税务总局责成江苏省税务局对在范冰冰偷逃税案件中，因管理不力而负有

---

① 案例来源：《最高检旗下媒体：范冰冰案不判刑不等于没有犯罪》，http://www.jcrb.com/，2018年1月8日；王阳、马岳君、刘青《范冰冰偷逃税：为何最终免于刑罚？》，《法制日报》2018年10月6日；《"税改风"刮到影视圈 东阳500多家影视工作室或将受震动》，《每日经济新闻》2018年9月5日。

领导责任的无锡市地方税务局、原无锡市地方税务局第六分局等主管税务机关的有关负责人和相关责任人员依法依规进行问责。

同时，国家税务总局已部署开展规范影视行业税收秩序工作。从2018年10月10日起，各地税务机关通知本地区影视制作公司、经纪公司、演艺公司、明星工作室等影视行业企业和高收入影视从业人员，对2016年以来的申报纳税情况进行自查自纠。对在2018年12月31日前自查自纠并到主管税务机关补缴税款的影视企业及相关从业人员，免予行政处罚，不予罚款；对个别拒不纠正的依法严肃处理；对出现严重偷逃税行为且未依法履职的地区税务机关负责人及相关人员，将根据不同情形依法依规严肃问责或追究法律责任。

🎤 案例讨论

论题一：范冰冰涉案数额高达数亿元，为何最终免于刑法的处罚？

甲方 范冰冰的行为完全符合《中华人民共和国刑法》逃税罪的入罪标准。

范冰冰涉案数额高达数亿元，是我国税务机关近年来处理的个人偷逃税款金额最大的案件。其行为完全符合《中华人民共和国刑法》第二百零一条"逃税罪"的入罪标准。

与2002年刘晓庆偷税案相比较，在处罚程度上差异太大。相关资料显示：2002年4月，经北京市地税局查证，北京晓庆文化艺术有限责任公司自1996年以来采取不列、少列收入以及多列支出、虚假申报等手段偷逃巨额税款。税务部门认定，刘晓庆及其公司偷逃税款1458.3万元，决定追缴税款，加收滞纳金573万元。2002年6月20日，刘晓庆被刑事拘留。422天后，刘晓庆才被取保候审。

《中华人民共和国刑法修正案（七）》（2009年）就"逃税罪"增设初罪免责条款，本意是为逃税行为人提供激励机制，令其主动补缴税款、滞纳金及罚款，从而免于刑事追责。但从范冰冰逃税案看，该条款却成为明星、富人们逃税不负刑责的法定理由，从而形成"有钱人花钱免罪""逃成功就大赚、不成功仅仅补缴加罚款"的普遍认知，严重伤害公民的公平正义感。

乙方 对范冰冰的处罚决定并不算法外开恩，是"依法办事"。

不同的案件主观恶性、情节严重程度不一，可能会导致具体处罚金额存在一定差异。范冰冰案的处罚属于行政处罚，根据有关税法实施细则，处罚金额由违法情节的轻重、对社会造成的损失以及缴纳的可能性等综合因素确定。

对范冰冰个人偷逃税款处以三倍和四倍的罚款，依据的是《中华人民共和国税收征收管理法》第六十三条的规定，对纳税人偷税的，由税务机关追缴其不缴或者少缴的税款、滞纳金，并处不缴或者少缴的税款百分之五十以上五倍以下的罚款；构成犯罪的，依法追究刑事责任。

对范冰冰作为企业法定代表人的处罚，依据的是《中华人民共和国税收征收管理法》第六十九条的规定，扣缴义务人应扣未扣、应收而不收税款的，由税务机关向纳税人追缴税款，对扣缴义务人处应扣未扣、应收未收税款百分之五十以上三倍以下的罚款。

《中华人民共和国刑法》规定，纳税人采取欺骗、隐瞒手段进行虚假纳税申报或者不申报，逃避缴纳税款数额较大并且占应纳税额百分之十以上的，处三年以下有期徒刑或者拘役，并处罚金；数额巨大并且占应纳税额百分之三十以上的，处三年以上七年以下有期徒刑，并处罚金。经税务机关依法下达追缴通知后，补缴应纳税款、缴纳滞纳金，已受行政处罚的，不予追究刑事责任；但是，五年内因逃避缴纳税款受过刑事处罚或者被税务机关给予两次以上行政处罚的除外。

虽然范冰冰偷逃税有故意的成分，但是依据罪刑法定原则，由于范冰冰属于首次被税务机关按偷税予以行政处罚且此前未因逃避缴纳税款受过刑事处罚，没有前科，因此，这样的处罚决定并不算法外开恩，是"依法办事"。

🎤 案例讨论

> 论题二：税务机关怎样杜绝"范冰冰们"采用"阴阳合同"等方式逃税？

甲方 严厉查处才能杜绝"阴阳合同"现象。

自刘晓庆偷逃税款事件爆发后，演艺圈开始启用"税后合同"约束合作双方，即影视明星们的缴税收入由合作方承担，出品方和投资方提供完税证明，明星们得到的劳务报酬收入为税后的收入。这一方式有利于净化影视明星们偷逃税款的不良风气，但"范冰冰们"采用"阴阳合同"等方式千方百计逃税的事件时有发生。

"阴阳合同"又称"大小合同"，是指交易双方签订金额不同的两份合同，一份金额较小的"阳合同"用于向主管机关备案登记纳税，另一份金额较大的"阴合同"用于反映双方实际约定的交易价格，彼此对其秘而不宣，目的是逃避纳税义务。

"阴阳合同"在经济社会生活中已经渗透到很多领域、很多环节，已经成为社会矛盾和问题的一大发源地。"阴阳合同"不仅会造成国家利益和民众利益的受损，更会让法律与诚信受伤，让社会公德、社会道德变得越来越不受尊重，越来越失去影响力。如果不能对签订"阴阳合同"这样的违法行为采取强有力的措施，其对经济、社会的伤害会不断加重，对法律的尊严和威慑力也会产生严重的破坏。税务机关应该像中国证监会查"老鼠仓"、查内幕交易、查空手套白狼一样，一查到底，绝不手软，把签订"阴阳合同"等严重扰乱市场秩序的行为彻底赶出市场。

乙方 将核定征收方式改为查账征收方式，可以遏制影视圈的"阴阳合同"现象。

2018年9月初，浙江省东阳市税务局下发了一份针对横店各大影视工作室的税务事项通知书（东税税通〔2018〕14984号）。通知的主要内容为：从2018年6月30日起，东阳市税务局终止对此类工作室的核定征收（定期定额征收）方式，转为查账征收。由于东阳横店是国内著名的影视产业基地，并且入驻了大量影视明星工作室，因此，税收征收方式的改变，除了影响影视明星本人，产业链上的制片方、出品方、编剧、播出平台、影视剧或节目项目组等多环节也将受到影响。

核定征收与查账征收，两种征收方式最大的不同在于计税依据。核定征收分为定额和定率两种。定额征收是指固定某一时期的应征税额；定率征收是先固定应税所得率，再以营业收入与应税所得率相乘后的所得税额为计税依据。

核定征收方式一般用于收入规模小、财务制度不健全、利润相对较低的个体户。查账征收就是在账证健全、核算准确的基础上以实际所得税额为计税依据。

根据目前的法规及政策，影视行业具有完全民事行为能力的从业人员，包括导演、编剧、演员、制片人、美术师等都可以开办影视工作室。影视工作室的性质一般有个人独资企业、合伙企业、有限责任公司这三种类型。

工作室需要缴纳的税费主要为增值税及附加、投资人或合伙人的个人所得税。影视工作室一般适用的增值税税率分为6%（年营业收入500万元以上的一般纳税人）和3%（年营业收入500万元及以下的小规模纳税人）两种，城市维护建设税、教育费附加和地方教育附加一般为增值税税金的12%左右，投资人或合伙人的个人所得税按《中华人民共和国个人所得税法》执行，采取核定征收的地区，个人所得税税率最高一般为3.5%左右。合伙企业合伙人的个人所得税，一般以其在合伙企业的收益比例所对应的所得额为基数，分别缴纳个人所得税，缴纳比例为年生产经营所得的5%~35%，是超额累进税，经营所得超10万元部分，税率达到最高的35%。有限责任公司性质的工作室，还需就公司的利润所得缴纳企业所得税，税率在25%左右。

近年来，各大影视明星的高片酬一直被外界诟病，上千万过亿元的片酬屡见不鲜，倘若按照10万元和500万元的两条界限来算，以年收入1000万元的影视工作室为例，不考虑成本、费用、损失，个人所得税约为328万元，增值税为60万元，共计388万元。

倘若按照核定征收方式，因为税率固定，加上各大影视产业园区有各类税收优惠政策，综合税费征收率约为9%。如果年收入1000万元，只需缴纳90万元左右的税款。两种征税方式税额相差近300万元。

按照核定征收方式，税务部门并不严查发票，影视类工作室才能钻"阴阳合同"的空子；在查账征收方式下，影视工作室与艺人经纪公司、视频网站甚至电视台之间，必须有增值税专用发票，增值税专用发票环环抵扣的机制，就能堵住之前的漏洞。

案例导读

1979年颁布的《中华人民共和国刑法》，是新中国成立后的第一部刑法典，该法第一百二十一条简单地规定了偷税罪，对偷税的概念、行为方式未作任何描述性规定，并将偷税与抗税规定在一个条文内。

1992年的《关于惩治偷税、抗税犯罪的补充规定》，分设两个条文规定"偷税罪"与"抗税罪"，同时统一了偷税的概念，详细列举了偷税的行为方式，界定了偷税行为的行政处罚与刑事处罚，明确了以"数额＋比例"与"偷税次数"两种计算方式计算偷税入罪的标准，规定多次逃避缴纳税收行为的数额累计计算。

1997年《中华人民共和国刑法》对"偷税罪"进行修正，罪状方面增加了"经税务机关通知申报而拒不申报"的规定，修改了"数额＋比例"的入罪标准。法定刑方面完善了原先罚金刑没有下限的规定。

到了2009年2月28日，《中华人民共和国刑法修正案（七）》出台，对1997年《中华人民共和国刑法》第二百零一条"偷税罪"作了较大的修改与补充。罪名上，"偷税罪"更改为"逃税罪"。罪状上，对行为方式进行概括规定；入罪数额以"数额较大""数额巨大"的抽象规定取代具体数额的规定；删除了"经税务机关通知申报而拒不申报"的规定。追责方式上，增加纳税人初犯免责条款。法定刑上，将倍比罚金制修改为无限额罚金制。

不追究刑事责任不等于没有犯罪。其实，当年刘晓庆也没有被定罪。刘晓庆偷税事件发生在2002年，适用的法律为1997年的《中华人民共和国刑法》，此时适用的罪名为偷税罪。刘晓庆及其公司偷税款高达1458.3万元，欠税2000万元，已经达到偷税罪的入刑标准。取保候审近9个月后即2004年5月，刘晓庆收到检察机关的"不起诉决定书"。

不起诉分为三种情况。一是法定不起诉，也称"绝对不起诉"，原因是不应或无法对犯罪嫌疑人追究刑事责任，即检察院没有或丧失追诉权。二是酌定不起诉，也称"相对不起诉""微罪不起诉"，是检察院认为犯罪嫌疑人的行为已经构成犯罪，应当负刑事责任，但犯罪情节轻微，依照《中华人民共和国刑法》规定不需要判处刑罚或者免除刑罚。三是存疑不起诉，也称证据不足不起诉，即有犯罪嫌疑，但目前搜集到的证据不够充分。经查，刘晓庆本人偷税较少，多为公司所为。最终刘晓庆本人补缴了全部的税款、滞纳金和罚款，应该属于第二种不起诉的情况。刘晓庆不被检察机关起诉，也与她被关押期间最高人民法院出台的《关于审理偷税抗税刑事案件具体应用法律若干问题的解释》（法释〔2002〕33号）有关，该司法解释规定，偷税数额在五万元以下，纳税人或者扣缴义务人在公安机关立案侦查以前已经足额补缴应纳税款和滞纳金，犯罪情节轻微，不需要判处刑罚的，可以免予刑事处罚。

对于"初犯免责条款"的适用，需要满足如下三个条件：首先，从主体上看，范冰冰是纳税人而非扣缴义务人，主体适格。其次，从处罚程序上看，范冰冰逃税的行为受到了江苏省税务局作出的行政处罚，只需范冰冰在规定的期限内补缴税款、缴纳滞纳金与罚金，就可不予追究刑事责任。这就是所谓的"行政处罚前置程序"，只要纳税人是第一次处罚，就应当只走行政处罚程序，不走刑事责任程序。最后，从例外规定上看，范冰冰逃税的行为被江苏省税务局认定为首次被税务机关按偷税予以行政处罚且此前未因逃避缴纳税款受过刑事处罚。

劳动关系误按劳务关系处理涉税案

案例描述[①]

2013年10月16日—2013年12月4日，沈阳市地方税务局第二稽查局（以下简称第二稽查局）对浙江中成建工集团（沈阳）建筑工程有限公司（以下简称浙江中成沈阳公司）2010年6月1日至2012年12月31日的纳税情况进行检查，发现其存在三项违法事实，其中第二项为，2011年6月23日浙江中成沈阳公司与沈阳国泰置业有限公司签订建设工程施工合同，约定由浙江中成沈阳公司承建位于沈阳市和平区三好街96号的"同方广场"项目工程。浙江中成沈阳公司在建设过程中向建筑工人支付劳务费，2010年实发劳务费11614699元，2011年实发劳务费13039000元，2012年实发劳务费18146562元。第二稽查局认定浙江中成沈阳公司2010—2012年未按规定代扣代缴"劳务报酬"税目的个人所得税，少代扣代缴个人所得税6060776.12元。

2014年1月9日，第二稽查局就上述违法事项对浙江中成沈阳公司送达沈地税二稽罚〔2014〕2号《税务行政处罚决定书》。浙江中成沈阳公司不服第二稽查局的处罚决定，起诉至沈阳市和平区人民法院。沈阳市和平区人民法院因原告浙江中成沈阳公司对被告作出的处罚决定第一项、第三项未提出审查请求，故仅就被诉处罚决定的第二项进行合法性审查。沈阳市和平区人民法院认定被告作出的处罚决定认定事实清楚，证据充分，适用法律正确，程序合法，判决驳回原告浙江中成沈阳公司的诉讼请求。

浙江中成沈阳公司不服沈阳市和平区人民法院一审判决，上诉至沈阳市中级人民法院，请求撤销原审判决及被诉处罚决定。沈阳市中级人民法院经审理后，认定税务机关基于劳务关系计算税率属于认定事实不清，判决撤销了一审法院的判决及沈地税二稽罚〔2014〕2号税务行政处罚决定主文的第二项。

案例讨论

论题：浙江中成沈阳公司是否为个人所得税的代扣代缴义务人？
涉案建设项目劳务费应适用个人所得税的哪个税目？

---

① 根据《浙江中成建工集团（沈阳）建筑工程有限公司与沈阳市地方税务局第二稽查局行政处罚一审判决书》编写，原载 http://blog.sina.com.cn/s/blog_40c08e490102x6u3.html，2016 年 8 月 8 日。

甲方 浙江中成沈阳公司理应按照"劳务报酬"税目代扣代缴涉案建设项目劳务费的个人所得税。

浙江中成沈阳公司系涉案建设项目劳务费个人所得税的代扣代缴义务人。

《中华人民共和国个人所得税法》第八条规定，个人所得税，以所得人为纳税义务人，以支付所得的单位或者个人为扣缴义务人。

本案中，浙江中成沈阳公司财务账册中，明确记载了"同方广场付劳务费、民工工资"等科目，浙江中成沈阳公司2010—2012年的劳务费发放明细表中也记载了支付金额并有领取人的签字、盖章。因此，浙江中成沈阳公司将劳务费的发放情况记载于本公司的财务账册中，证明该笔费用系由其支付给劳务者的，浙江中成沈阳公司为扣缴义务人。

既然浙江中成沈阳公司支付的是劳务费，就应该按照"劳务报酬"税目代扣代缴个人所得税。

乙方 浙江中成沈阳公司代扣代缴涉案建设项目劳务费个人所得税应适用"工资、薪金所得"税目。

根据《中华人民共和国个人所得税法》及《中华人民共和国个人所得税法实施条例》的规定，"工资、薪金所得"以及"劳务报酬所得"的个人所得税应纳税所得额、税率等方面的规定有所不同。

本案中，浙江中成沈阳公司涉案建设项目中支付的劳务费，在代扣代缴个人所得税时应该适用"工资、薪金所得"税目还是应该适用"劳务报酬所得"税目？

回答这个问题，要区分浙江中成沈阳公司涉案建设项目中与建筑工人之间的法律关系是劳动关系还是劳务关系。如果是劳动关系，则应该适用"工资、薪金所得"税目；如果是劳务关系，则应该适用"劳务报酬所得"税目。

本案中，浙江中成沈阳公司虽未与其建筑工人签订劳动合同，但因建筑行业具有特殊性，建筑工人作业具有周期性，参照法院对类似案件的判决结果，浙江中成沈阳公司与其雇用的建筑工人符合事实劳动关系的要件。

按照《中华人民共和国税收征收管理法》第六十九条的规定，扣缴义务人应扣未扣、应收而不收税款的，由税务机关向纳税人追缴税款，对扣缴义务人处应扣未扣、应收未收税款百分之五十以上三倍以下的罚款。

本案中，浙江中成沈阳公司作为扣缴义务人应扣未扣个人所得税，税务机关可以对其处以应扣未扣税款百分之五十以上三倍以下的罚款。

第二稽查局按照浙江中成沈阳公司与其雇用的建筑工人存在劳务关系，而适用"劳务报酬所得"税目计算个人所得税，属于认定事实不清，沈地税二稽罚〔2014〕2号税务行政处罚决定主文的第二项应予以撤销。

劳动关系与劳务关系的区别。

1 法律依据方面的区别

劳动关系由《中华人民共和国劳动合同法》规范和调整，而且建立劳动关系必须签订书面劳动合同。法律法规对劳务关系的规范，不如对劳动关系的规范那么严格。

2 劳动关系主体与劳务关系主体的区别

劳动关系中的一方应是符合法定条件的用人单位，另一方只能是自然人，而且必须是符合劳动年龄条件且具有与履行劳动合同义务相适应的能力的自然人；劳务关系的主体类型较多，如可以是两个用人单位，也可以是两个自然人。

3 当事人之间在隶属关系方面的区别

处于劳动关系中的用人单位与当事人之间存在着隶属关系，这是劳动关系的主要特征。隶属关系的含义是指劳动者成为用人单位中的一员，即当事人成为该用人单位的职工。而在劳务关系中，不存在一方当事人是另一方当事人的职工这种隶属关系。如某一居民使用一名按小时计酬的家政服务员，家政服务员不可能是该户居民家的职工，与该居民也不可能存在劳动关系。

4 当事人之间在承担义务方面的区别

劳动关系中的用人单位必须按照法律法规和地方规章等为职工缴纳社会保险，且用人单位为职工缴纳社会保险是法律的确定性规范；而劳务关系中的一方当事人不承担必须为另一方当事人缴纳社会保险的义务，如居民不必为其雇用的家政服务员缴纳社会保险。

5 用人单位对当事人管理方面的区别

用人单位具有对劳动者违章违纪进行处理的管理权。如对职工严重违反用人单位劳动纪律和规章制度、严重失职、营私舞弊等行为进行处理，有权依据其依法制定的规章制度解除与当事人的劳动合同，或者对当事人给予警告、记过、降职等处分。劳务关系中的一方对另一方的处理虽然也有不再使用的权利，或者要求对方承担一定的经济责任，但不含取消对方本单位职工"身份"这一形式，即不包括对其解除劳动合同或给予其他纪律处分形式。

6 支付报酬方面的区别

劳动关系中的用人单位对劳动者具有行使工资、奖金等方面的分配权利。分配关系通常包括表现为劳动报酬范畴的工资和奖金以及由此派生的社会保险关系等。用人单位向劳动者支付的工资应遵循按劳分配、同工同酬的原则，必须遵守当地有关最低工资标准的规定。而劳务关系中的一方当事人向另一方支付的报酬由完全双方协商确定，劳动者得到的是根据权利义务平等、公平等原则事先约定的报酬。

自然人股东转让股权涉税案

案例描述①

甲公司净资产为1500万元，自然人股东A将其所持的20%股份转让给乙公司，收到转让价款220万元（投资成本200万元），并办理了工商变更登记。

股东A在申报股权转让个人所得税时，主管税务机关地税局认为该交易存在两个问题，一是个人所得税应由受让方乙公司代扣代缴，二是认定股权转让价格偏低。于是，地税局对其转让价款进行核定，所转股份对应的净资产份额为300万元，因此，A应缴股权转让个人所得税=（300–200）×20%=20万元（本案例忽略印花税）。

自然人股东A表示难以接受。

案例讨论

论题：股东A申报股权转让个人所得税，错在哪里？

甲方 个人所得税应该代扣代缴且股权转让收入明显偏低。

根据《股权转让所得个人所得税管理办法（试行）》（国家税务总局公告2014年第67号）第五条的规定，个人股权转让所得个人所得税，以股权转让方为纳税人，以受让方为扣缴义务人。受让方无论是企业还是个人，均应按《中华人民共和国个人所得税法》的规定认真履行扣缴税款义务。

根据《中华人民共和国税收征收管理法》第六十九条的规定，扣缴义务人应扣未扣、应收而不收税款的，由税务机关向纳税人追缴税款，对扣缴义务人处应扣未扣、应收未收税款百分之五十以上三倍以下的罚款。

在本例中，应当由受让方乙公司履行代扣代缴义务。如受让方因故无法代扣代缴个人所得税，应及时报告被投资企业所在地税务机关，并告知转让方股东A向被投资企业所在地主管税务机关自行申报缴纳股权转让所得个人所得税，在该情形下，被投资企业所在地

---

① 根据木兰英华《自然人股权转让个税案例解析》改写，原载 http://www.shui5.cn/article/55/120107.html，2018年4月9日。

主管税务机关应予受理。

另外，股权转让收入明显偏低，须补缴个人所得税。如无国家税务总局2014年第67号公告第十三条所列的正当理由，符合第十二条规定情形的，视为股权转让收入明显偏低。扣缴义务人、纳税人申报的股权转让收入明显偏低的，主管税务机关将对其提供的正当理由及相关证明材料进行核实。对于不能提供相关证明材料或提供的证明材料无法证明其正当理由的，主管税务机关将按规定核定股权转让收入。

本案中，在股权转让时，甲公司净资产为1500万元，所转股份对应净资产份额为300万元，申报的股权转让收入低于股权对应的净资产份额，且无正当理由，因此必须进行纳税调整。

乙方 工商变更登记时工商部门没有提出异议，且没有考虑股权转让的合理费用。

股东A认为，在申报个人所得税之前，已经办理了工商变更登记，工商部门并没有提出异议。对纳税人而言，工商变更登记是股权转让中一个必经的环节，如果把税务部门出具的个人所得税完税凭证或免税、不征税证明作为工商变更的前置条件，那就无话可说。但是，目前适用的国家税务总局2014年第67号公告没有纳税前置的相关规定，工商变更登记已经完成，说明工商行政管理部门已经认可股权转让行为，税务机关却否定了工商行政管理部门关于变更登记的结果。

自然人股权转让个人所得税税额的计算公式为

个人所得税应纳税额＝（股权转让收入−股权原值−合理费用）×20%。

国家税务总局2014年第67号公告第四条规定，合理费用是指股权转让时按照规定支付的有关税费。但是，并没有对"有关税费"作具体规定。现实中，股权转让时难免有律师费、中介费、评估费以及咨询费等费用。之所以股权转让收入偏低，是因为必须考虑到上述费用。

案例导读

税务机关调整、核定个人股权转让收入的方法。

国家税务总局发布的《股权转让所得个人所得税管理办法（试行）》（国家税务总局公告2014年第67号）规定了个人股东进行股权转让，如被主管税务机关视为股权转让收入明显偏低，且无正当理由的情形，可由税务机关核定其股权转让收入，并按"财产转让所得"项目缴纳20%的个人所得税。国家税务总局2014年第67号公告规定了三种核定股权转让收入的方法。

（1）净资产核定法

股权转让收入按照每股净资产或股权对应的净资产份额核定。被投资企业的土地使用权、房屋、房地产企业未销售房产、知识产权、探矿权、采矿权、股权等资产占企业总资产比例超过20%的，主管税务机关可参照纳税人提供的具有法定资质的中介机构出具的资产评估报告核定股权转让收入。

6个月内再次发生股权转让且被投资企业净资产未发生重大变化的，主管税务机关可参照上一次股权转让时被投资企业的资产评估报告核定此次股权转让收入。

（2）类比法

参照相同或类似条件下同一企业同一股东或其他股东股权转让收入核定，或者参照相同或类似条件下同类行业企业股权转让收入核定。

（3）其他合理方法

主管税务机关采用以上方法核定股权转让收入存在困难的，可以采取其他合理方法核定。

纳税人对税务机关采取上述方法核定的股权转让收入有异议的，应当提供相关证据，经税务机关认定后，调整应纳税额。

一般税务机关在认定"股权转让收入明显偏低"时，首先会判断个人股东申报的股权转让收入是否会低于股权所对应的净资产份额。由于股东对企业进行股权投资，公司净资产增值部分应由股东享有，股东转让的其实是享有企业净资产的权利，由于税务机关无法判断股东之间真正进行了"平价转让"，还是通过其他形式私下进行了经济利益的交换，因此对于没有"正当理由"的平价转让，通常使用核定的方式，计算股东的股权转让收入。

并不是所有的平价股权转让，税务机关都会对其进行核定。如果纳税人有正当理由进行平价股权转让，在向主管税务机关办理股权转让纳税申报时，报送计税依据明显偏低但有正当理由的证明材料，税务机关会认可其申报的股权转让计税基础。目前，我国税法针对个人股东股权转让收入明显偏低，规定了四种例外情形。

国家税务总局2014年第67号公告第十三条规定，符合下列条件之一的股权转让收入明显偏低，视为有正当理由。

（1）三代以内直系亲属间转让。继承或将股权转让给其能提供具有法律效力身份关系证明的配偶、父母、子女、祖父母、外祖父母、孙子女、外孙子女、兄弟姐妹以及对转让人承担直接抚养或者赡养义务的抚养人或者赡养人。

证明时应提供结婚证、户籍证明、户口本或公安机关出具的其他证明资料原件及复印件，或民政部门出具的能够证明赡养、抚养关系的相关证明资料的原件及复印件。

（2）部分限制性的股权转让。相关法律、政府文件或企业章程规定，并有相关资料充分证明转让价格合理且真实的本企业员工持有的不能对外转让股权的内部转让。

证明时应提供相关法律、政府文件或企业章程、内部转让协议等。

（3）受合理的外部因素影响导致低价转让。能出具有效文件，证明被投资企业因国家政策调整，生产经营受到重大影响，导致低价转让股权。

证明时应提供相关政策依据，包括文件名称、文号、主要内容等。

（4）股权转让双方能够提供有效证据证明其合理性的其他合理情形。

分期付款和签订对赌协议形式的股权转让涉税案

案例描述[①]

一些大公司在收购资产规模不大但发展前景良好、估值较高的企业的股权时，虽收购金额较高，但增值效益往往要在未来才能体现，收购方为降低自身风险，大多采用分期付款和签署对赌协议的形式进行。

某上市公司JN公司拟收购非上市公司SD公司的控股权，SD公司为某信息科技公司，公司账面资产不足300万元，但经评估后的价值达到了2亿元。双方约定：JN公司以1.2亿元的价格从SD公司的原股东郑某手中收购SD公司60%的股权，同时郑某对SD公司2015—2017年度的业绩增长作出承诺，三个年度应分别实现至少2500万元、3000万元、3600万元的净利润。JN公司以现金分期支付股权转让款，在协议签署并生效后一个月内支付总价款的40%，剩余部分在每个业绩承诺期结束后各支付20%。如业绩承诺期间任何一年度未完成承诺的净利润，郑某应就不足部分对JN公司进行补偿。

🎤 案例讨论

> 论题：分期付款的股权转让如何征收个人所得税？签订对赌协议后对赌失败，原股东需要补偿的，如何进行税务处理？

1 关于分期付款的股权转让的个人所得税征收问题

甲方 税务机关有理由按照合同所列的股权转让收入全额，对纳税人进行征税。

《股权转让所得个人所得税管理办法（试行）》（国家税务总局公告2014年第67号）第九条规定："纳税人按照合同约定，在满足约定条件后取得的后续收入，应当作为股权转让收入。"第二十条规定："具有下列情形之一的，扣缴义务人、纳税人应当依法在次月15日内向主管税务机关申报纳税：（1）受让方已支付或部分支付股权转让价款的；（2）股权

---

① 根据杭州市地税局西湖分局股权转让个人所得税管理机制课题组的研究报告《股权转让个人所得税疑难案例》编写。课题组组长：王希；执笔人：王波。

转让协议已签订生效的；（3）受让方已经实际履行股东职责或者享受股东权益的……"

在本案中，JN公司已经支付了部分价款，且事实表明在首期40%价款支付后不久SD公司就已经完成了股权变更，JN公司已经成为SD公司的第一大股东。结合国家税务总局2014年第67号公告的精神，郑某应该就其所有所得，包括JN公司已支付的40%款项以及将在未来兑现的60%款项，在第二十条规定的时限之内进行纳税申报。

根据权责发生制原则和国家税务总局2014年第67号公告的相关规定，税务机关有理由按照合同所列的股权转让收入全额，对纳税人进行征税。

乙方 税务机关只能就纳税人已取得的部分征税，剩余部分在实际取得年度再征税。

根据《中华人民共和国个人所得税法》对股权转让的"所得"进行征税的精神，纳税人认为应该就其已取得的部分纳税，剩余部分在实际取得年度再征税。

第一，按照合同约定，后续收入在目前阶段并未实现，要在将来才能取得，因此现阶段并未完全取得所得；第二，后续收入能否全额实现也存在不确定性，将来有可能只能部分实现甚至无法实现。

因此，应当依纳税人申请，参照非货币资产投资的方式，允许其办理分期缴纳手续。

2 关于对赌失败的税务处理问题

在本案例中，2015年SD公司确实未能完成业绩承诺。SD公司年末财务报表显示，2015年年末SD公司净利润为1970万元，与承诺的业绩相差530万元，应由郑某进行补偿。双方协商后，最终决定对于第二期20%的现金照常支付，但同时作为补偿，郑某将无偿让渡SD公司2.27%的股权给JN公司。

对于股东在股权转让中发生后续支出导致被转让股东受损的情形该如何处理，目前暂无相关政策规定。站在税务机关和纳税人的不同角度一般存在两种理解。

甲方 应单独认定每次股权转让行为。

税务机关认为，企业和个人的交易行为可能产生的风险不能作为课税对象，股权转让的所得税与将来被投资企业的经营没有任何关系，产生的风险也与股东转让股权曾经取得的经济利益无关。

本案例中股权变更协议已明确转让对价，工商和税务登记均已经变更，股权转让行为已经完成。股东选择用股权偿还未能实现业绩承诺差额的行为，按照国家税务总局2014年第67号公告第三条的规定就是以股权抵偿债务，应视同单独的一项股权转让业务，重新确定其股权转让所得和股权原值。

这种处理方式的优势在于，对赌协议存在利益收回的不确定性，一般不包括在股权转让合同中，而是以附属协议的形式存在，当然也不可能包括融资方可以获得的其他利益。而对赌协议的履行时间一般相对比较长，上述案例约定的时间就是三年。因此，单独认定每次股权转让行为的做法更有利于税收征管，也不会产生违背现行的个人所得税政策法规的风险。

所得税的立法精神是，有所得才征税，没有所得不征税。对赌协议的存在，使得第一次股权转让中转让方的所得存在不确定因素。由于现行税收政策没有明确规定，那么从立法精神去理解更为合理，国家税务总局2014年第67号公告的第九条可以视为国家税务总局对对赌协议个人所得税纳税规则的部分澄清，既然规定了股权转让收入是可以增加的，当然说明其也是可以减少的。

乙方 对赌协议的股权转让行为，应视为一个整体看待。

纳税人认为，对赌协议的性质是"估值调整机制"，说明投资方和融资方都认为股权合同中的价格是在双方对企业的真实价值或者未来的盈利能力认定不一致的情况下确定的，通过对赌协议对双方的预估价格进行调整，以达到双方都认可的公允价值。因此，对赌协议后续所产生的对价支付，与前一项行为之间存在着不可割裂的关系。

从转让方看，对赌协议约定的补偿机制通常有两种：管理层股东以自有现金补偿，或者以持有的被投资企业的股权补偿。如果分几次行为，那么股东选择现金补偿的方式更为有利。但现实中，股东通常存在资金压力，无奈之下才选择以股权作为补偿方式。如果要对其征税，对补偿方无异于雪上加霜，其合理性需要探讨。

针对对赌协议的股权转让行为，将协议存续期间所发生的一系列行为视为一个整体看待，这样相对合理。对赌协议履行过程中，纳税人实际所得未完全实现的，应允许退还已缴纳的相关个人所得税。在税收征管上，应在股权转让协议和对赌协议签订并生效时，要求纳税人提供完整的股权转让协议资料（包括对赌协议及相关资料），对其做动态管理。在转让方股东根据协议约定计算缴纳个人所得税之后，对于其在协议存续期间发生的补偿等涉及股权的无偿转让等行为，暂不核定股权转让收入所得；待协议执行完毕后，最终确定出股权转让方整个期间内的股权转让收入和股权原值，一并清算，多退少补。

------------------------------- 案例导读 -------------------------------

"对赌协议"的本意是估值调整机制（valuation adjustment mechanism，VAM），对赌协

议就是收购方（包括投资方）与出让方（包括融资方）在达成并购（或者融资）协议时，对于未来不确定的情况进行一种约定。

如果约定的情况出现，出让方可以行使一种权利；如果约定的情况不出现，收购方则可行使一种权利。所以，对赌协议实际上就是期权的一种形式。

对赌协议产生的根源在于企业未来盈利能力的不确定性，目的是尽可能地实现投资交易的合理和公平。它既是收购方利益的保护伞，又对出让方起着一定的激励作用。所以，对赌协议实际上是一种财务工具，是对企业估值的调整，是带有附加条件的价值评估方式。

资本公积转增股本所涉税案

案例描述①

北京市地税局第六稽查局（以下称第六稽查局）在日常检查约谈中，发现某企业财务报表中的数据异常，经过认真细致的检查，最终引出了一笔千万元税款大案。

1 日常征管现疑点

2015年，第六稽查局对一家在税务登记中注册资本增加却没有个人所得税缴税记录的企业进行约谈。检查人员对企业上报的财务报表进行审阅，发现该企业所有者权益中，股本科目金额变动较大，由875万元增加至7000万元，这一异常现象引起了检查人员的注意。通过进一步了解，发现该企业股东为自然人，股本增加金额较大，却没有个人所得税入库。该局决定予以立案检查。

2 入户检查露端倪

经查，该企业近两年利润率保持在20%左右，企业正计划上市。检查人员发现该企业股本由875万元增加至7000万元。其中，有6125万元为资本公积转增股本；有7名自然人股东的股本，由540万元增加到4320万元，但并没有缴纳相关个人所得税的记录。企业的行为是否符合《国家税务总局关于股份制企业转增股本和派发红股征免个人所得税的通知》（国税发〔1997〕198号，简称198号文）和《国家税务总局关于原城市信用社在转制为城市合作银行过程中个人股增值所得应纳个人所得税的批复》（国税函〔1998〕289号，简称289号文）的规定？是不需要征收个人所得税，还是存在涉税疑点？

3 政策辅导解疑惑

《国家税务总局关于进一步加强高收入者个人所得税征收管理的通知》（国税发〔2010〕54号）第二条第二款第一项规定，重点加强股份有限公司分配股息、红利时的扣缴税款管理，对在境外上市公司分配股息红利，要严格执行现行有关征免个人所得税的规定。加强企业转增注册资本和股本管理，对以未分配利润、盈余公积和除股票溢价发行外

---

① 根据吴芳、王立强等《一张报表引出千万元税款——改制上市个税问题》编写，原载《中国税务报》2017年6月30日。

的其他资本公积转增注册资本和股本的，要按照"利息、股息、红利所得"项目，依据现行政策规定计征个人所得税。

针对检查人员提出的涉税疑点，企业认为，按照198号文规定的"股份制企业用资本公积转增股本不属于股息、红利性质的分配，对个人取得的转增股本数额，不作为个人所得，不征收个人所得税"，以及289号文关于"'资本公积'是指股份制企业股票溢价发行收入所形成的资本公积。将此转增股本由个人取得的数额，不作为应税所得征收个人所得税"的相关规定，该转增股本的资本公积，属于股本溢价发行形成的资本公积，不应缴纳个人所得税。

针对企业的解释，检查人员对该企业资本公积的形成来源开展更加细致的检查。通过调取投资协议等资料，发现该企业资本公积形成于2013年，是一家医药公司直接股权投资形成的，没有股票发行过程，属于投资者投入形成的资本公积增加，而非股票溢价发行形成，不符合上述文件的要求，应缴纳个人所得税。

经过反复的政策解释，企业最终认可了税务机关的观点，并接受了补缴个人所得税756万元、罚款378万元的处罚决定。

案例讨论

论题：资本公积转增股本的，个人取得的转增股本数额，是否应依法征收个人所得税？

甲方 对个人取得的转增股本数额，不应当征收个人所得税。

资本公积转增注册资本，应属于企业所有者权益科目间转换，股东占有企业的权益并没有发生变化，其资产没有增加，也就没有所得，不应当征收个人所得税。政策依据有二：

（1）《国家税务总局关于股份制企业转增股本和派发红股征免个人所得税的通知》（国税发〔1997〕198号）规定：股份制企业用资本公积转增股本不属于股息、红利性质的分配，对个人取得的转增股本数额，不作为个人所得，不征收个人所得税。

（2）《国家税务总局关于原城市信用社在转制为城市合作银行过程中个人股增值所得应纳个人所得税的批复》（国税函〔1998〕289号）规定：国税发〔1997〕198号中所表述的"资本公积"是指股份制企业股票溢价发行收入所形成的资本公积。将此转增股本由个人取得的数额，不作为应税所得征收个人所得税。而与此不相符合的其他资本公积分配个人所得部分，应当依法征收个人所得税。

因此，资本公积从性质上不属于利息、股息、红利，而更接近于股本，属于股东投入的一部分，资本公积转增股本属于股东投入的内部再分类，不宜视为一种所得，更谈不上征收个人所得税。

乙方 个人取得的转增股本数额是否应缴纳个人所得税，要区别而论。

关于资本公积转增股本，个人取得的转增股本数额不必缴纳个人所得税的观点，存在一些误区。

（1）只看到198号文而没看到289号文，由此造成错误的理解，片面地认为个人取得的以所有来源形成的资本公积转增股本数额，都不征收个人所得税。而忽略了对不征税的资本公积的来源还有限制规定，仅指"股份制企业股票溢价发行收入所形成"。

（2）对国税函〔1998〕289号文件中"股份制企业股票溢价发行收入所形成的资本公积"这句话的理解有问题，首先是把争议的焦点放在有限责任公司是否属于"股份制企业"这个问题上。有人认为有限责任公司和股份有限公司属于股份制企业，并由此得出错误的结论：只要是这两类公司以资本和股本溢价形成的资本公积转增股本，就都可以不征收个人所得税。在各类媒体的诸多解读、解答中，甚至基层税务机关在进行税收征管时，常把不征税范围扩展到有限责任公司。

正确理解上述文件的关键不在于去纠结"股份制企业是否包括有限责任公司"，而在于正确理解"股票溢价发行"的概念。

《中华人民共和国公司法》规定，股份有限公司的资本划分为股份，公司的股份采取股票的形式，股票是公司签发的证明股东所持股份的凭证。由此可见，只有股份有限公司的股本划分为股份后所对应的凭证才称为股票。

发行股票，必须符合一定的条件。1993年国务院发布的《股票发行与交易管理暂行条例》（国务院令第112号）第七条规定：股票发行人必须是具有股票发行资格的股份有限公司，包括已经成立的股份有限公司和经批准拟成立的股份有限公司。

《中华人民共和国公司法》第一百二十七条规定，股票发行价格可以按票面金额，也可以超过票面金额，但不得低于票面金额。股票溢价发行即指发行人按高于面额的价格发行股票。

由此可见，在我国依法可以发行股票的只能是股份有限公司，有限责任公司无权发行股票。股票溢价与资本溢价是完全不同的概念。而国税发〔1997〕198号文件很明确地规定：现行税收政策中不征收个人所得税的转增股本，只能是股份有限公司以溢价发行股票收入形成的资本公积转增的股本，而没有包括有限责任公司资本溢价吸收新股东时形成的资本公积。因此，那种简单地认为以资本和股本溢价形成的资本公积转增股本（资本），自然人股东都无须缴纳个人所得税的观点是错误的。

也只有正确理解了"股票溢价发行"的概念，才能完整地解读对资本公积转增股本免征个人所得税的规定。

也就是说，个人取得上市公司和其他股份有限公司以股票溢价发行收入形成的资本公积转增股本时，不作为应税所得，不征收个人所得税。

而与上述情形不相符合的，如有限责任公司以吸收新股东时资本溢价形成的资本公积转增股本，所有公司以非股票溢价发行收入，即受赠资产、拨款转入等其他来源形成的资本公积转增股本的，个人取得的转增股本数额，应依法征收个人所得税。

案例导读

2013年11月12日，财政部、国家税务总局发布《财政部 国家税务总局关于中关村国家自主创新示范区企业转增股本个人所得税试点政策的通知》（财税〔2013〕73号，简称73号文），该文件规定：企业以未分配利润、盈余公积、资本公积向个人股东转增股本时，应按照"利息、股息、红利所得"项目，适用20%税率征收个人所得税。

2015年10月23日，财政部、国家税务总局又发布《财政部 国家税务总局关于将国家自主创新示范区有关税收试点政策推广到全国范围实施的通知》（财税〔2015〕116号），宣布将73号文的实施范围推广至全国。

众所周知，资本公积是投资者的出资中超出其在注册资本中所占份额的部分（即通常所说的股本溢价），以及直接计入所有者权益的利得和损失。

对于企业使用盈余公积、未分配利润转增股本应当缴纳个人所得税，相关文件的规定是十分明确的，在实践操作中无争议。企业以非股本溢价形成的其他资本公积转增股本时，股东应依法缴纳个人所得税，这个亦无争议。但是，对于资本公积转增股本是否需要缴纳个人所得税，在实务中一直存在争议。

实收资本未到位前提下股权转让涉税案

案例描述[①]

近年来，随着注册资本登记制度改革的推进，工商注册登记更加便利，注册资本登记条件也有所放宽，不再限制公司设立时全体股东（发起人）的首次出资比例，不再限制公司全体股东（发起人）的货币出资金额占注册资本的比例，不再规定公司股东（发起人）缴足出资的期限。一些新设企业的股东在出资额未缴足的情况下就进行了股权转让，连带将出资义务也转移给了新进入的受让方股东。

SY公司注册资本为500万元，公司账面实收资本为103万元。其中：自然人股东王某认缴450万元，股权比例为90%，实缴103万元；自然人股东徐某认缴50万元，股权比例为10%，实缴0元。2016年5月初发生股权转让，协议约定王某将其拥有的90%股权以103万元价款全部转让给HG有限公司，徐某将其拥有的10%股权以0元价款全部转让给B有限公司。2016年4月底公司账面净资产为190万元。

案例中发生股权转让的股东一位是出资部分到位，一位出资全部未到位。在计算这两位股东应纳个人所得税时，不同的理解会产生不同的结果。

案例讨论

论题：税务机关应该如何核定股权转让收入和股权原值？

甲方 按照对应的净资产份额核定股权转让收入。

根据《股权转让所得个人所得税管理办法（试行）》（国家税务总局公告2014年第67号）第十一条和第十二条的规定，王、徐两位股东申报的股权转让价格均低于股权对应的净资产份额，主管税务机关可以对王、徐两位股东的股权转让收入进行核定。

若按照每股净资产或股权对应的净资产份额核定，那么：

王某的股权转让收入=190×90%=171（万元）

徐某的股权转让收入=190×10%=19（万元）

同时，王某转让股权的原值应为103万元，徐某为0元。在不考虑其他税费的情况下，

① 根据杭州市地税局西湖分局股权转让个人所得税管理机制课题组的研究报告《股权转让个人所得税疑难案例》编写。课题组组长：王希，执笔人：王波。

本次股权转让应纳个人所得税为

王某应纳个人所得税 =（171–103）× 20% =13.6（万元）

徐某应纳个人所得税 =（19–0）× 20% =3.8（万元）

上述计算步骤，从核定转让收入到核定转让原值，都依据国家税务总局2014年第67号公告展开，每个环节都有政策规定支撑，从逻辑、依据到结论都有理有据。这种算法对已出资到位的投资者更有利。

但这种核定方法也存在着问题，即根据《中华人民共和国公司法》的规定，出资不到位的投资者实际享有的权益只有净资产增值部分，并不包括其他投资者到位的投资款。直接根据账面净资产核定转让收入，相当于将其他投资者到位的投资款按照持股比例分配到了未出资的投资者头上，使未出资到位的投资者感到虚增了收入。

乙方 个人取得的转增股本数额是否应缴纳个人所得税，要区别而论。

SY公司的账面"所得"为190–103=87万元，其中股东王某按持股比例对应的所得为87 × 90% =78.3万元，徐某按持股比例对应的所得为87 × 10% =8.7万元。在不考虑其他税费的情况下，本次股权转让应纳个人所得税为

王某应纳个人所得税 =78.3 × 20% =15.66（万元）

徐某应纳个人所得税 =8.7 × 20% =1.74（万元）

从以上结果可以看出，与第一种算法相比，税款总额未发生改变，但不同股东之间缴纳的税款金额发生了变化。本案例中因为原始股东将100%的股权都转让给了新股东，因此两种算法所得出的应纳个人所得税总额是一致的；若原始股东并非将100%的股权全部转让，假如案例中的股东王某不参与本次股权转让，仅股东徐某进行了股权转让，则算法一的应纳个人所得税总额要大于算法二的应纳个人所得税总额。

这种算法从收益分配的角度出发，结合了《中华人民共和国公司法》的相关规定及投资收益的实质内涵，也具有其合理性，更容易被大多数纳税人接受，而且对未出资到位的投资者更有利。

------------------------------ 案例导读 ------------------------------

实收资本未到位可以办理股权转让吗？

有人问：某公司注册资本金为3500万元，股东为A、B、C，分别拥有55%、15%和30%的股份。实收资本金为700万元，股东B打算把15%的股权转让给A。请问可以转

让吗？

律师回答：可以进行转让。公司已经依法成立，股东A、B、C依据章程中规定的各自所认缴的出资额比例均已取得公司相应的股权，取得的股权自然可以依法转让。因B没有完成足额缴纳出资的义务，所以出资义务一并转让给A，为了保证公司和A的权益，可以约定按照B认缴出资的股权比例（15%）评估股权价值，但股权转让款优先支付给公司作为股东出资；也可以约定按照B实际出资的股权比例评估股权价值，剩余出资由A按照章程规定的时间分期缴足。

某合资企业外国派遣员工补缴税款及滞纳金案

案例描述 [1]

某中外合资企业A公司的主要业务是设计、研制、制造和销售乘用车（包括轿车）及其零部件，并提供相应的售后服务，其B国母公司派员工提供技术指导和售后服务等工作。北京市地税局开发区分局查明，A公司的B国母公司在华构成常设机构共计51个，在华提供劳务的外国人依法补缴了税款和滞纳金共计4216.95万元。

因A公司项目需求，其B国母公司于2012年1月至2015年12月约四年间派遣多个项目的雇员到该企业提供劳务，负责技术指导、售后服务等工作。北京市地税局开发区分局发现，在整个项目中，派遣雇员累计在华劳务时间超过183天，形成多个常设机构，但常设机构中的雇员未按规定缴纳个人所得税，便约谈了A公司相关负责人。

在税务机关作了大量取证分析工作，并多次约谈企业负责人进行税法宣传和辅导后，企业最终认同了税务机关的观点，共依法补缴个人所得税3315.03万元，滞纳金901.92万元，共计4216.95万元。

🎤 案例讨论

> 论题：B国母公司派遣的员工在华停留时间不足183天，是否构成常设机构？

甲方 A公司认为，不构成常设机构，也不构成个人所得税纳税义务。

A公司认为，非居民企业的派遣人员在一个纳税年度内在华停留时间超过183天要缴纳个人所得税，但是，派遣人员在境内一个纳税年度停留不超过183天，不构成个人所得税纳税义务。

B国母公司派遣的员工在华停留时间不足183天，不构成常设机构，且员工的收入为境外发放，不需在中国缴纳个人所得税。

---

[1] 根据王秉明《常设机构税收管理存在六类问题》和张萌、张凯《某合资企业外国派遣员工补缴税款、滞纳金4000多万元》编写，原载《中国税务报》2016年10月21日和2016年10月26日。

乙方 北京市地税局开发区分局认为，已经构成常设机构，也构成个人所得税纳税义务。

北京市地税局开发区分局认为，根据中国和B国税收协定第五条，常设机构包括"缔约国一方企业通过雇员或其他人员，在缔约国另一方为同一个项目或相关联的项目提供劳务，包括咨询劳务，仅以在任何12个月中连续或累计超过6个月为限"。另外，依据中国和B国税收协定的条文解释，"同一企业从事的有商业相关性或连贯性的若干个项目应视为'同一项目或相关联的项目'"，并且"劳务活动在任何12月中连续或累计超过183天的规定"，具体计算时，"应按所有雇员为同一个项目提供劳务活动不同时期在中国境内连续或累计停留的时间来掌握"。也就是说，本案中虽然B国母公司派遣的员工在华时间不足183天，但是这些派遣员工在为同一个项目或相关联的项目提供劳务，只要劳务活动的时间在任何12个月中连续或累计超过6个月，就构成常设机构。

根据上述规定，在A企业提供劳务活动的外国员工为同一项目提供服务，且累计停留时间超过183天，该项目应被判定为常设机构。

判定非居民企业在华构成常设机构意味着，不论其雇用的外国员工在中国境内工作时间长短，也不论该员工的工资、薪金在何处支付，都应认为其在华常设机构工作期间的所得是由常设机构负担的，视为来源于中国境内的收入，中国有权就其在华期间取得的所得征税。

案例导读

常设机构一般被认为是非居民企业的分支机构，具有非法人组织的性质。而非居民企业是指依照外国（地区）法律成立且实际管理机构不在中国境内，但在中国境内设立机构、场所，或者在中国境内未设立机构、场所，但有来源于中国境内所得的企业。

常设机构的实质是外国企业在中国境内的持续经营活动，根据2016年国家工商管理总局发布的《外国（地区）企业在中国境内从事生产经营活动登记管理办法》（国家工商行政管理总局令〔1992〕第10号）的规定，常设机构需要办理工商登记。

《国家税务总局关于在中国境内无住所的个人取得工资薪金所得纳税义务问题的通知》（国税发〔1994〕148号）对外国人在华取得的收入如何计税作了明确的规定。外国企业派遣人员到中国境内企业，存在两个特点：一是入境时间短，在中国境内停留时间一般不超过183天，被派遣人员属于非居民纳税人；二是取得的薪酬一般由境外企业支付。

根据现行税法规定，个人所得税以所得人为纳税义务人，以支付所得的单位和个人为扣缴义务人。该条款在实际执行过程中存在较大的难度。对于在中国境内提供劳务构成常设机构的人员，其薪酬支付单位为境外企业。在对常设机构的实际税收征管中，税务机关很难要求境外企业对其扣缴个人所得税，通常要求管辖范围内接受服务的境内公司协助常设机构开展纳税申报。

某国公司在中国境内构成常设机构涉税案

案例描述①

江苏省南京市化工园区地税局与国税局定期进行信息交换，协同判定非居民企业是否构成常设机构。

化工园区地税局发现辖区内L公司对某国有连续多年的付汇记录，付汇项目是技术服务费。经统计，截至2015年1月，L公司已向某国A公司累计付汇2230万欧元。A公司是某国一家从事饲料添加剂研究、开发、生产、营销的公司，该项目是A公司与L公司（国内企业）签订一份技术支持和服务协议，由A公司向L公司提供针对相关项目设施（简称BANC）生产稳定性所需的管理和技术支持。该项目金额巨大，持续时间长，会不会已经构成常设机构？

于是，该地税局与同级国税局进行了沟通，查阅了L公司在国税局开具对外付汇凭证时提交的有关合同单据。服务的内容有两项：①针对BANC生产稳定性所提供的管理和技术支持；②把BANC的设计负荷从7万吨提高到14万吨。

经调查发现，L公司提供的合同为技术支持合同，涉及行业专业性内容，未明确是否有人员来华从事业务。但从业务常规来看，这两项服务内容应该有一些技术人员的现场服务。该地税局与国税局决定共同介入，协同判定是否构成常设机构。

两局税务人员首先约谈了L公司财务经理李某，面对税务机关的疑问，李某反复强调此项技术服务合同实质上是A公司为L公司的生产提供技术支持，所有劳务都是通过远程操作完成的，没有人员来华。

为了核实此项业务的实际情况，税务人员采用了三种方法：一是再次梳理纳税人提交的资料，查阅L公司历年付汇证明的附报资料，在某次的付汇资料中发现了一份中文的补充协议，其中有如下表述："由服务的供应方根据服务的类别分配人员，并且分配的人员的报酬由服务的供应方支付。"二是约谈业务部门、人事部门相关人员，交叉验证财务经理李某的答复的真实性。约谈的结果是，业务部门证实在整个工程期间，有外方专家提供现场指导，而人事相关的考勤记录表也提供了佐证。三是通过现场勘查了解到工程仍在继续，税务人员进行现场勘查，果然有某国的若干技术人员在现场提供指导。至此，税务机关掌握了A公司已构成常设机构的决定性证据。税务人员进一步要求其提供了相应人员的

---

① 根据傅斌、吕璐《国地税合作，补征非居民个税3100万元》编写，原载《中国税务报》2016年8月17日。

名单及在华停留的时间归集表，同时抽查了部分外籍人员的护照以印证企业所提供资料的真实性。

🎙 案例讨论

> **论题：** 本案例中A公司是否构成常设机构？如果A公司构成常设机构，境外劳务派遣人员个人所得税的扣缴义务人应该是A公司还是L公司？

甲方 地税局认为，A公司在华已构成常设机构。

相关资料显示，A公司派遣服务人员在华提供技术服务，根据《中华人民共和国企业所得税法实施条例》第五条的规定，"提供劳务的场所"构成了《中华人民共和国企业所得税法》第二条第三款所称的"机构、场所"。同时，根据中华人民共和国政府和某国政府关于对所得避免双重征税和防止偷税漏税的协定，A公司因在华实际提供劳务天数已达标准而构成常设机构。

国税机关据此征收非居民企业A公司所得税。因为非居民企业A公司未在境内设立账簿，无法准确核算其成本费用，故采用核定征收方式。A公司取得收入368314715.59元，其中归属于境内的收入为157124199.47元，核定征收率为15%，核定征收非居民企业所得税5892157.48元。

常设机构视同境内负担了相应人员的工资，应征收个人所得税。根据《国家税务总局关于在中国境内无住所的个人取得工资薪金所得纳税义务问题的通知》（国税发〔1994〕148号）的规定，凡是该中国境内企业、机构属于采取核定利润方法计征企业所得税或没有营业收入而不征收企业所得税的，在该中国境内企业、机构任职、受雇的个人取得的工资薪金，不论是否在中国境内企业、机构会计账簿中有记载，均应视为由其任职的中国境内企业、机构支付。A公司在华的常设机构是按核定征收方式在国税局缴纳企业所得税的，其常设机构实际为其在华的延伸，其采用核定利润方法征收应视同其境内机构负担了相应人员的工资，根据税法规定应缴纳相应人员的个人所得税。根据企业资料，2010—2014年间A公司共有13名技术人员长期在华工作，共取得2123万欧元收入。经过企业自查和税务机关审定，最终A公司在华的常设机构补扣了13名外籍技术人员2010—2014年度个人所得税3100万元。

乙方 L公司认为，A公司只是为L公司的生产提供技术支持。

L公司认为，A公司派遣的所有劳务都是通过远程操作完成的，没有人员来华。然而，税务人员采用三种方法获得了A公司已构成常设机构的决定性证据。

A公司是非居民企业，如果是在境外提供技术服务，就不用缴纳企业所得税，如果构成常设机构，就需要缴纳企业所得税。

A公司的劳务派遣人员在中国境内停留时间超过183天，因此，A公司被认定为"劳务派遣型常设机构"，需要就该所得在我国缴纳企业所得税。《中华人民共和国企业所得税法》第三十八条规定，对非居民企业在中国境内取得工程作业和劳务所得应缴纳的所得税，税务机关可以指定工程价款或者劳务费的支付人为扣缴义务人。因此，企业所得税可以由A公司自己缴纳，税务机关也可以指定L公司作为扣缴义务人。

A公司被认定为常设机构以后，A公司派遣到中国为L公司提供劳务的员工，无论其停留时间长短，均需要就技术服务所得在中国缴纳个人所得税，个人所得税的扣缴义务人应该是A公司。

案例导读

常设机构是税收协定中对境外企业在境内活动的认定，而境外企业在境内的活动往往具有短期性、临时性的特点，对常设机构的个人所得税的后续管理，是摆在税务机关面前所迫切需要解决的问题。

常设机构主要用于限制或确定所得来源国家或地区对境外企业（或非居民企业）的征税权，即按此确定在什么情况下中国税务机关可以对非居民企业来源于中国的所得征税。

常设机构可分为固定场所型常设机构（fixed place PE）、代理型常设机构（agency PE）、建筑型常设机构（construction PE）以及劳务型常设机构（service PE）四种类型。其中，"劳务型常设机构"是指根据我国对外签署的税收协定（或内地与香港、澳门签署的税收安排，以及大陆与台湾签署的税收协议），缔约一方企业派其雇员或其雇用的其他人员到缔约对方提供劳务，仅以任何12个月内这些人员为从事劳务活动在对方停留连续或累计超过6个月或183天的构成常设机构。

外籍高管不服被扣缴个人所得税案

案例描述[①]

不少在境内外资企业任职的外国人，尤其是高层管理人员，除了从境内任职企业取得收入外，还会从境外派遣（兼职）企业取得收入。

TKA（广州）公司（以下简称TKA广州）是由在美国设立的TKA国际公司（以下简称TKA国际）在广州独资注册成立的外商投资企业。广州市地税局某稽查局（以下简称被告）通过检查发现：2005—2007年，某外国自然人（以下简称原告）担任TKA广州的总裁，取得TKA广州支付的工资、薪金合计人民币617325元；同时兼任TKA国际的（国际）业务发展副总裁并为TKA国际工作，取得TKA国际支付的工资、薪金合计427063.36美元。TKA广州已就其向原告支付的工资、薪金代扣代缴个人所得税人民币77325元，但没有就TKA国际向原告支付的工资、薪金代扣代缴个人所得税。根据有关法规，被告责令TKA广州补代扣代缴原告的个人所得税658556.01元，该案于2010年3月31日执行完毕。2013年8月14日，原告不服被告的税务处理决定，向广州市地税局申请行政复议，申请撤销税务机关作出的税务处理决定，退还已查补的税款。复议机关依法维持原处理决定后，其又向法院提起行政诉讼。经审理，两级法院均驳回原告诉讼请求。

案例讨论

> 论题一：原告在TKA广州工作期间取得的由TKA国际支付的工资、薪金是否应当在我国缴纳个人所得税？

甲方 原告认为，TKA国际向其支付的工资、薪金为其境外所得。

原告作为TKA国际的员工，负责北美以外地区的业务，必须要在中国境外为TKA国际提供服务，相应获得TKA国际支付的工资、薪金，这种情况不属于《中华人民共和国个人所得税法实施条例》第五条规定的来源于中国境内的所得。

[①] 根据法轩《某外国人离职4年后起诉讨要被扣缴的个税，两审均败诉》编写，原载 http://www.sohu.com/a/125838456_479413，2017年2月9日。

乙方 被告认为，原告在中国境内工作期间取得的由TKA国际支付的工资、薪金，依法属于境内所得。

根据《中华人民共和国政府和美利坚合众国政府关于对所得避免双重征税和防止偷漏税的协定》第一条、第二条、第十四条，《中华人民共和国个人所得税法》第一条、第二条、第八条、第九条，以及《中华人民共和国个人所得税法实施条例》第二条、第三条、第四条等有关法律规定，原告在中国境内工作期间取得的由TKA国际支付的工资、薪金，依法属于来源于中国境内的所得，应当依照相关规定在我国缴纳个人所得税。

案例讨论

论题二：TKA广州是否能代扣代缴原告的个人所得税?

甲方 原告在中国境外工作期间的所得无须由TKA广州履行个人所得税代扣代缴义务。

原告认为，原告虽然是TKA广州的法定代表人兼董事长，但根据有关民事判决书确认，其与TKA广州并未建立任何雇佣关系或劳动关系，且TKA广州并未向其支付过工资、薪金等报酬。本案争议的税款是被告依据原告在中国境外工作期间所得而计算得出的。原告在中国境外所得是TKA国际依据其与原告所签署的雇用合同，为原告在中国境外提供服务而支付，与被告无关，也与TKA广州无关，无须由TKA广州履行个人所得税代扣代缴义务。

乙方 被告认为，TKA广州应依法履行原告从中国境内、境外企业取得工资、薪金个人所得税的代扣代缴义务。

原告主张"TKA广州并未向其支付过工资、薪金"，不能成立。TKA广州提供的劳动合同和账册凭证等证据材料显示，原告2005—2007年同时在中国境内、境外企业兼任职务，并从中国境内、境外企业分别取得工资、薪金。有关民事判决书虽确认原告与TKA广州之间不存在劳动关系，但并未否定双方存在雇佣关系，也未否认TKA广州向原告支付过工资、薪金等报酬。TKA广州应依法履行原告从中国境内、境外企业取得工资、薪金个人所得税的代扣代缴义务。

"来源于中国境内的所得",仅仅局限于"因任职、受雇、履约等而在中国境内提供劳务的所得",还是说"由中国境内、境外企业或个人雇主支付的,均属来源于中国境内的所得"?

该案例的背景条件不是很清晰,外国自然人如果在中国停留的时间满足了居民纳税人的条件,那毫无疑问应就境内外收入承担无限纳税义务。

本案之所以会有争议,应该是该外国人在中国境内无住所且居住不满一年,属于非居民纳税人,仅对来源于中国境内的所得缴纳个人所得税。在这个条件下,税务机关和外国自然人的争论(即从美国公司取得的报酬属不属于来源于中国的收入)才有意义。

《国家税务总局关于在中国境内无住所的个人取得工资薪金所得纳税义务问题的通知》(国税发〔1994〕148号)规定,属于来源于中国境内的工资薪金所得应为个人实际在中国境内工作期间取得的工资、薪金,即个人实际在中国境内工作期间取得的工资、薪金,不论是由中国境内还是境外企业或个人雇主支付的,均属来源于中国境内的所得;个人实际在中国境外工作期间取得的工资、薪金,不论是由中国境内还是境外企业或个人雇主支付的,均属于来源于中国境外的所得。因此,外籍高管在中国境内工作期间,由境外母公司支付的工资、薪金也属于来源于中国的所得。

《国家税务总局关于外商投资企业和外国企业对境外企业支付其雇员的工资薪金代扣代缴个人所得税问题的通知》(国税发〔1999〕241号)规定,个人在中国境内外商投资企业中任职、受雇应取得的工资、薪金,应由该外商投资企业支付。凡由于该外商投资企业与境外企业存在关联关系,本应由外商投资企业支付的工资、薪金中部分或全部由境外关联企业支付的,对该部分由境外关联企业支付的工资、薪金,境内外商投资企业仍应依照《中华人民共和国个人所得税法》的规定,据实汇集申报有关资料,负责代扣代缴个人所得税。因此,外籍高管从境外母公司取得的收入,也由境内子公司代扣代缴个人所得税。

自然人股东因投资公司减持股权涉税纠纷案

案例描述 ①

　　江苏秀强投资有限公司（以下简称投资公司）有吴新军等30名自然人股东。投资公司持有江苏秀强玻璃工艺股份有限公司（以下简称秀强玻璃）的股权。2014年8月，投资公司对其持有的秀强玻璃的股权进行减持。

　　2014年9月，投资公司就其减持所得按照25%的比例缴纳企业所得税，再按照20%的比例预留个人所得税税款后，向股东进行分配，吴新军实际收到分配款1215354.3元。

　　2015年6月23日，宿迁市宿豫区地税局第三税务分局向投资公司下发《税务事项通知书》，认为投资公司减持股份并向股东分配收益，股东应当按照"利息、股息、红利"所得缴纳个人所得税，投资公司应当履行代扣代缴义务。

　　2015年7月1日，宿豫区地税局第三税务分局向投资公司下发《限期缴纳税款通知书》，要求投资公司于2015年7月15日前缴纳2014年度个人所得税7339267.75元，该款包括吴新军应纳税款303838.58元。

　　2015年11月9日，吴新军向宿豫区人民政府提起行政复议，要求确认其通过投资公司减持的20万股股权所得无须缴纳个人所得税。宿豫区人民政府于2016年2月2日作出复议决定，维持了宿豫区地税局对吴新军从投资公司获得的利息、股息、红利所得征收个人所得税的行政行为。2016年2月5日，吴新军向法院提起行政诉讼，要求撤销宿豫区人民政府的行政复议决定和宿豫区地税局的征税行为。

案例讨论

> 论题：吴新军因投资公司减持股权而获得的收入是否应缴纳个人所得税？

甲方 因投资公司减持股权而获得的收入不应缴纳个人所得税。

　　吴新军上诉称，投资公司在2012年6月8日已经将秀强玻璃的10%的股权转让给包括他在内的30名自然人股东，该期间系秀强玻璃限售期。限售股解禁后，2014年8月，投资

---

① 根据《所得收益与出资比例不相符，需要交纳个人所得税吗？》编写，原载 http://toutiao.manqian. cn/wz_18BRFCokAjX.html，2017年6月2日。

公司减持股权，其所获1215354.3元收益实际是其转让本人股权所得。《国家税务总局关于企业转让上市公司限售股有关所得税问题的公告》（国家税务总局公告2011年第39号）规定，企业持有的限售股在解禁前已签订协议转让给受让方，但未变更股权登记、仍由企业持有的，企业实际减持该限售股的收入，缴纳企业所得税后，其余额转付给受让方的，受让方不再纳税。这说明，自己通过投资公司的减持，转让了自己所有的20万股秀强股份股权，在扣除25%企业所得税后，不应再缴纳个人所得税。

2012年投资公司已经将持有的秀强玻璃10%的股权转让给自然人股东，符合国家税务总局2011年第39号公告中第三点第（二）项的规定，应免征其个人所得税。

另外，2014年9月吴新军从投资公司所得的收益，与其在投资公司的出资比例不相符，因此，该收益不属于《中华人民共和国个人所得税法》第二条第七项规定的利息、股息、红利收入。

乙方 因投资公司减持股权而获得的收入应缴纳个人所得税。

宿豫区人民法院认为，根据《中华人民共和国个人所得税法》第二条第七项的规定，个人利息、股息、红利所得应缴纳个人所得税。本案中，投资公司系秀强玻璃的法人股东，是登记在其名下的秀强玻璃股份的权利人。吴新军作为投资公司的股东，对投资公司享有股东权利，但对登记在投资公司名下的股份不直接享有权利，并非该股份的权利人。

2014年8月，投资公司转让其持有的部分秀强玻璃股份所获得的收益，不是公司股东个人收入。投资公司在缴纳企业所得税后，将余款分配给上诉人吴新军等股东，股东因其股东身份获得的收入具有《中华人民共和国个人所得税法》第二条第七项规定的利息、股息、红利性质，就该收入各股东有缴纳个人所得税的义务。

原告不能举证证明投资公司先行将秀强玻璃10%的股权转让给自然人股东的事实，投资公司亦否认存在该股权转让的行为。

根据《中华人民共和国公司法》的规定，公司一般按照股东出资比例分配利润，但股东也可以约定不按照出资比例分配，因此，是否按照出资比例分配，不是确定股东收益性质的决定因素。

本案中，上诉人吴新军从投资公司获得收益的根本原因在于其系该公司股东。宿豫区地税局对原告所获的股权减持分配收益征收个人所得税并无不当。

税务机关征缴个人所得税的计税基础是公司向股东实际分配数额或者股东个人实际所得数额。收益应当如何分配属股东与公司之间的民事法律问题，不是税务机关依照行政法规征缴税款需要审查的内容。股东认为收益分配错误的，可以向公司或者其他股东主张。因个人实际所得调整，已缴纳税款超过应纳税额的，纳税人可以向税务机关申请退还。

---------------------- 案例导读 ----------------------

　　2006年之前的上市公司（特别是国企），有相当一部分的法人股。这些法人股跟流通股同股同权，但是成本极低（即股价波动风险全部由流通股股东承担），唯一不便的就是不能在公开市场自由买卖（即证券市场公开自由买卖）。2006年国家进行了股权分置改革，实现企业所有股份均可以自由流通买卖，法人股就变成了流通股。但为了避免大量的股份集中上市给股市带来冲击，所以对这部分股份上市时间进行了限制，即承诺在一定的时期内不上市流通或在一定的时期内不完全上市流通。取得流通权后的非流通股，由于受到以上流通期限和流通比例的限制，被称为限售股。

　　《财政部 国家税务总局 证监会关于个人转让上市公司限售股所得征收个人所得税有关问题的通知》（财税〔2009〕167号）规定，转让时需要缴纳个人所得税的限售股的范围基本包括两部分，一部分是上市公司股权分置改革完成后股票复牌日之前股东所持原非流通股股份，以及股票复牌日至解禁日期间由上述股份孳生的送、转股（统称股改限售股）；另一部分是2006年股权分置改革新老划断后，首次公开发行股票并上市的公司形成的限售股，以及上市首日至解禁日期间由上述股份孳生的送、转股（统称新股限售股）。

　　《财政部 国家税务总局 证监会关于个人转让上市公司限售股所得征收个人所得税有关问题的补充通知》（财税〔2010〕70号）第一条规定，本通知所称限售股包括：①财税〔2009〕167号文件规定的限售股；②个人从机构或其他个人受让的未解禁限售股；③个人因依法继承或家庭财产依法分割取得的限售股；④个人持有的从代办股份转让系统转到主板市场（或中小板、创业板市场）的限售股；⑤上市公司吸收合并中，个人持有的原被合并方公司限售股所转换的合并方公司股份；⑥上市公司分立中，个人持有的被分立方公司限售股所转换的分立后公司股份；⑦其他限售股。

　　《国家税务总局关于企业转让上市公司限售股有关所得税问题的公告》（国家税务总局公告2011年第39号）规定，转让限售股取得收入的企业（包括事业单位、社会团体、民办非企业单位等），为企业所得税的纳税义务人。

　　股权分置改革造成的原由个人出资而由企业代持的限售股，企业在转让时按下列规定处理：企业转让上述限售股取得的收入，应作为企业应税收入计算纳税额。以限售股转让收入扣除限售股原值和合理税费后的余额为该限售股转让所得。企业未能提供完整、真实的限售股原值凭证，不能准确计算该限售股原值的，主管税务机关一律按该限售股转让收入的15%，核定为该限售股原值和合理税费。依照本条规定完成纳税义务后的限售股转让收入余额转付给实际所有人时不再纳税。

　　自2010年1月1日起，对个人转让限售股取得的所得，按照"财产转让所得"，适用20%的比例税率征收个人所得税。个人转让限售股，以每次限售股转让收入，减除股票原值和合理税费后的余额为应纳税所得额。即应纳税所得额=限售股转让收入−（限售股原值+合理税费），应纳税额=应纳税所得额×20%。

限售股转让收入，是指转让限售股实际取得的收入。限售股原值，是指限售股买入时的买入价及按照规定缴纳的有关费用。合理税费，是指转让限售股过程中发生的印花税、佣金、过户费等与交易相关的税费。

限售股转让所得个人所得税，以限售股持有者为纳税义务人，以个人股东开户的证券机构为扣缴义务人。

《国家税务总局关于企业转让上市公司限售股有关所得税问题的公告》（国家税务总局公告2011年第39号）明确，企业代个人持有的限售股减持并缴纳企业所得税后，转交给实际所有人时不再需要缴个税。

个人股东借款未归还被判缴纳个税案

案例描述 [①]

上诉人（一审原告）黄山市博皓投资咨询有限公司（以下简称博皓公司）诉被上诉人（一审被告）黄山市地税局稽查局税务处理决定一案，不服安徽省黄山市屯溪区人民法院于2014年12月5日作出的行政判决，向黄山市中级人民法院提起上诉。黄山市中级人民法院依法组成合议庭，于2015年3月10日公开开庭审理了本案。

博皓公司（原黄山市博皓房地产开发有限公司）系由宁波博皓投资控股有限公司、苏忠合、倪宏亮、洪作南共同投资成立的有限责任公司。截止到2010年年初，博皓公司借款给其股东苏忠合300万元、倪宏亮305万元、洪作南265万元，以上共计借款870万元，在2012年5月归还，该借款未用于博皓公司的生产经营。

2013年2月28日，黄山市地税局稽查局对博皓公司涉嫌税务违法行为立案稽查，于2014年2月20日对博皓公司作出黄地税稽处（2014）5号税务处理决定，其中认定博皓公司少代扣代缴174万元个人所得税，责令博皓公司补扣、补缴。博皓公司向黄山市人民政府提出行政复议申请，黄山市人民政府作出黄政复决（2014）41号行政复议决定，维持了黄地税稽处（2014）5号税务处理决定中第（七）项第三目的决定。博皓公司不服，在法定期限内提起行政诉讼。

一审法院认为，博皓公司借款给投资者，未用于企业的生产经营的事实清楚。三名投资者的借款虽然有归还的事实，但已超出该纳税年度，符合《财政部 国家税务总局关于规范个人投资者个人所得税征收管理的通知》（财税〔2003〕158号）对个人投资者征收个人所得税的相关规定，博皓公司应履行代扣代缴义务，黄山市地税局稽查局责令其补扣、补缴并无不当。一审法院依照《中华人民共和国行政诉讼法》第五十四条第（一）项判决维持黄山市地税局稽查局的黄地税稽处（2014）5号税务处理决定中第二条第（七）项的决定。案件受理费50元由博皓公司承担。宣判后，博皓公司不服，上诉至黄山市中级人民法院，请求撤销一审法院判决和错误的税务处理决定书。

黄山市中级人民法院依法组成合议庭，终审判决结果是：博皓公司的上诉理由不能成立，依据《中华人民共和国行政诉讼法》第六十一条第（一）项的规定，驳回上诉，维持原判。二审案件受理费50元，由上诉人黄山市博皓投资咨询有限公司负担。

---

① 根据《个人股东借款超过期限 即使还了也要缴个税》编写，原载 http://www.law888.net/n6006c21.aspx，2017年2月7日。

🎙 案例讨论

论题：博皓公司借给股东870万元，在2011年年末都未归还，且此借款也未用于博皓公司经营业务，上述借款是否应视作企业对个人的红利分配？

甲方 博皓公司认为，该借款不能视作企业对投资者的红利分配。

（1）一审法院错误地理解了《财政部 国家税务总局关于规范个人投资者个人所得税征收管理的通知》（财税〔2003〕158号），投资者借款归还后，借款人已无所得，在借款人还款后仍然按借款数额征收借款者个人所得税，显然是错误的。

（2）财税〔2003〕158号并没有规定纳税年度终了后多少时间内还款，稽查时已确认三个投资者还清了所有借款，该借款不能视作企业对投资者的红利分配。

乙方 黄山市地税局稽查局认为，该借款应视作企业对投资者的红利分配。

（1）一审法院认定事实清楚，该事实博皓公司在庭审中都予以认可。根据财税〔2003〕158号第二条的规定，博皓公司借给股东870万元，在2011年年末都未归还，此借款也未用于博皓公司经营业务，因此上述借款应视作企业对个人的红利分配。

（2）答辩人在税务专项检查中发现博皓公司涉嫌税务违法，遂进行立案稽查，处理程序合法。

（3）博皓公司未履行扣缴义务人的法定义务，要求博皓公司限期补扣补缴的行政处理有法律依据。黄山市地税局稽查局请求二审法院依法维持一审法院判决。

黄山市中级人民法院认为，黄山市地税局稽查局依法实施税务稽查，查处税收违法行为，有权对博皓公司涉税事项进行检查处理。黄山市地税局稽查局查明博皓公司股东从博皓公司借款超过一个纳税年度，该借款又未用于博皓公司经营业务，黄山市地税局稽查局将博皓公司股东在超过一个纳税年度内未归还的借款视为博皓公司对个人投资者的红利分配，依照财税〔2003〕158号第二条的规定决定计征个人所得税，该决定符合财政部、国家税务总局关于个人投资者从投资的企业借款长期不还的处理问题的意见。黄山市地税局稽查局认定事实清楚，处理程序合法，责令博皓公司补扣、补缴174万元个人所得税的处理决定适当，一审法院判决维持黄山市地税局稽查局的处理决定正确。

《财政部 国家税务总局关于规范个人投资者个人所得税征收管理的通知》（财税〔2003〕158号）规定：

个人独资企业、合伙企业的个人投资者以企业资金为本人、家庭成员及其相关人员支付与企业生产经营无关的消费性支出及购买汽车、住房等财产性支出，视为企业对个人投资者的利润分配，并入投资者个人的生产经营所得，依照"个体工商户的生产经营所得"项目计征个人所得税。

除个人独资企业、合伙企业以外的其他企业的个人投资者，以企业资金为本人、家庭成员及其相关人员支付与企业生产经营无关的消费性支出及购买汽车、住房等财产性支出，视为企业对个人投资者的红利分配，依照"利息、股息、红利所得"项目计征个人所得税。

企业的上述支出不允许在所得税前扣除。

纳税年度内个人投资者从其投资企业（个人独资企业、合伙企业除外）借款，在该纳税年度终了后既不归还，又未用于企业生产经营的，其未归还的借款可视为企业对个人投资者的红利分配，依照"利息、股息、红利所得"项目计征个人所得税。

《财政部 国家税务总局关于企业为个人购买房屋或其他财产征收个人所得税问题的批复》（财税〔2008〕83号）规定：

符合以下情形的房屋或其他财产，不论所有权人是否将财产无偿或有偿交付企业使用，其实质均为企业对个人进行了实物性质的分配，应依法计征个人所得税：①企业出资购买房屋及其他财产，将所有权登记为投资者个人、投资者家庭成员或企业其他人员的；②企业投资者个人、投资者家庭成员或企业其他人员向企业借款用于购买房屋及其他财产，将所有权登记为投资者、投资者家庭成员或企业其他人员，且借款年度终了后未归还借款的。

对个人独资企业、合伙企业的个人投资者或其家庭成员取得的上述所得，视为企业对个人投资者的利润分配，按照"个体工商户的生产、经营所得"项目计征个人所得税；对除个人独资企业、合伙企业以外其他企业的个人投资者或其家庭成员取得的上述所得，视为企业对个人投资者的红利分配，按照"利息、股息、红利所得"项目计征个人所得税；对企业其他人员取得的上述所得，按照"工资薪金所得"项目计征个人所得税。

煤矿外包后资源税的纳税责任主体纠纷案

案例描述[①]

A煤矿成立于1999年2月8日,注册地址为N省Y市B乡,经营范围系原煤开采加工。自2007年年初,A煤矿分别与赵某、钱某、孙某、李某四人陆续签订了《原煤加工协议》《加工销售合同》等合作协议。在承包经营协议中,双方约定,由赵某、钱某、孙某、李某四人分别承包经营A煤矿合法持有的煤矿区的原煤开采、生产、加工和销售;承包经营期限以A煤矿采矿许可证规定的时间为准;在承包经营期间内,A煤矿负责提供原煤生产、加工区域,确保煤资源开采手续、证照合法,赵某、钱某、孙某、李某四人分别负责自己组建、购置、安装、生产、加工所需要的设备,自筹流动资金,自主经营,自负盈亏;A煤矿根据赵某、钱某、孙某、李某四人实际销售原煤的总吨数,按每吨6元的费用标准向其收取管理费。A煤矿与上述四人之间的承包经营关系自2010年年初起至2015年年底止,A煤矿已按法律规定向主管税务机关报告了承包人的有关情况。

2015年6月,A煤矿的法定代表人张某因涉嫌非法采矿罪被Y市公安机关逮捕。公安机关在调查A煤矿往年账簿资料时发现A煤矿涉嫌偷逃税款,遂将案件移交当地税务机关调查处理。

2016年4月1日,Y市国家税务局稽查局(以下简称Y市国税局稽查局)与Y市地方税务局稽查局(以下简称Y市地税局稽查局)对A煤矿涉嫌偷逃税款一案进行立案稽查。2016年5月18日,Y市国税局稽查局向A煤矿下发了《税务行政处罚事项告知书》(Y国税稽罚告〔2016〕45号),认定A煤矿在2010—2015年度少计销售收入,应补缴增值税税款71435628.31元;认定A煤矿构成偷税,对其2011年4月—2015年年底少缴增值税税款

---

① 根据刘天永、赵琳《承包经营活动中发包人的纳税义务主体及责任主体认定争议案》改编,原载 http://www.sohu.com/a/128466297_611343,2017年3月10日。

处一倍即71435628.31元的罚款。同日，Y市地税局稽查局向A煤矿下发了《税务行政处罚事项告知书》（Y地税稽罚告〔2016〕26号），认定A煤矿在2010—2015年度少计销售收入，应补缴增值税附加税费、企业所得税、资源税等税款共计32775835.52元；认定A煤矿构成偷税，对其2011年4月—2015年年底少缴上述税款处一倍即32775835.52元罚款。

A煤矿不服Y市国税局稽查局和Y市地税局稽查局下发的两份《税务行政处罚事项告知书》，于2016年5月20日向Y市国税局稽查局及Y市地税局稽查局提交了书面的《税务行政处罚听证申请书》。

案例讨论

论题：A煤矿少缴资源税是否有充分的证据？

甲方 A煤矿不是涉案销售收入的资源税纳税义务人。

A煤矿作为发包人不参与生产经营活动，涉案销售收入不归其所有。A煤矿与赵某、钱某、孙某、李某签订的《原煤加工协议》《加工销售合同》等足以证明A煤矿与赵某、钱某、孙某、李某（以下简称"承包人"）之间构成承包经营合同关系。A煤矿根据与四名承包人签署的承包经营协议的约定，只负责向承包人提供生产、加工原煤的区域，确保煤资源开采手续、证照合法、有效，只根据承包人实际销售原煤的吨数按照固定金额收取管理费用。A煤矿自始至终没有参与涉案销售收入所涉及的原煤生产、经营和销售活动，对外不以自己的名义签订购销合同，不向原煤的购货方收取任何货款，对涉案销售收入所对应的购货方、采购数量及金额均不知情。

本案中，承包人是涉案原煤的开采、生产和销售主体，是涉案销售收入的资源税纳税人，而A煤矿不是涉案销售收入的资源税纳税义务人。Y市地税局稽查局认定A煤矿少缴资源税的结论属事实不清、适用法律法规错误。

乙方 相关税收的纳税义务人为发包人（A煤矿）。

在承包经营中，以发包人名义对外经营并由发包人承担相关责任，在该情形下，公司仅将营业资产的经营权交给承包人。在法律上，仍需要由公司对外承担责任。只是对内关系上，该法律责任由承包人予以弥补。这种情况下，似乎并不复杂，相关税收的纳税义务人为发包人（A煤矿）。

至于这些购货方有没有与A煤矿签订购销协议，货物由A煤矿销售还是由承包人提供，以及这些购货方是否将相应货款直接支付给了承包人，都是企业内部的事务。

从本案所涉账面记录情况看，承包人在将自主生产的原煤向购货方销售时，部分销售采取了赊销方式处理。少数取得赊销待遇的购货方在做账时将赊销金额计为"应付账款——A煤矿",这是A煤矿少计销售收入的核心证据资料。据此可以认定,A煤矿存在少缴资源税的事实。

案例导读

如何认定"承包经营"中的纳税人?

《中华人民共和国资源税暂行条例》第一条规定,在中华人民共和国领域及管辖海域开采本条例规定的矿产品或者生产盐(以下称开采或者生产应税产品)的单位和个人,为资源税的纳税人,应当依照本条例缴纳资源税。第十一条规定,收购未税矿产品的单位为资源税的扣缴义务人。

《中华人民共和国资源税暂行条例实施细则》第十三条规定,条例第十一条把收购未税矿产品的单位规定为资源税的扣缴义务人,是为了加强资源税的征管,主要适应税源小、零散、不定期开采、易漏税等税务机关认为不易控管、由扣缴义务人在收购时代扣代缴未税矿产品资源税为宜的情况。

根据上述规定,在境内从事开采应税矿产品的单位和个人为资源税的纳税人。一些税源小、零散、不定期开采、易漏税的单位和个人在销售其矿产品时不能向收购方提供已缴纳资源税的证明,或已向当地税务机关办理纳税申报的有效凭证的,收购方应当在向矿产品销售方支付货款时履行代扣代缴资源税的扣缴义务。

另外,根据《财政部 国家税务总局关于全面推开营业税改征增值税试点的通知》(财税〔2016〕36号)附件一第二条之规定,单位以承包、承租、挂靠方式经营的,承包人、承租人、挂靠人(以下统称承包人)以发包人、出租人、被挂靠人(以下统称发包人)名义对外经营并由发包人承担相关法律责任的,以该发包人为纳税人。否则,以承包人为纳税人。

在承包经营关系中,发包人和承包人通过合同对双方权利义务进行约定。具体而言,公司作为发包方以取得承包费为代价,将公司的经营权转让给承包人。承包人利用公司的营业资产(机器设备、相关资格、无形资产等)从事经营获取收益。从承包经营本身来看,常见情形中承包费是按固定金额或比例计算的。在这种制度安排下,公司经营中所产生的责任主要应由承包方来承担,发包方取得的只是让渡某种资源的对价。但这样的安排在实践中如何执行并不清晰,因为合同安排、营业收支的现金流和发票开具等因素都可能影响交易的形式和性质确认。

城市维护建设税 $

增值税预缴条件下城市维护建设税的处理案

案例描述 ①

"营改增"前，对跨区域经营房地产业、建筑业、不动产经营租赁服务等部分应税行为，采取属地征管。"营改增"后，对上述应税行为的税收征管进行了重大调整，实行"就地预缴、机构地申报"的方式。那么，随之而来的城市维护建设税怎样处理呢？

某房地产企业2016年5月销项税额为75.31万元，进项税额为57.87万元。其中，某跨区域开发项目取得预收款1000万元。6月应在项目所在地预缴的增值税为1000÷（1+11%）×3%≈27.03万元。

这样，该企业应在机构所在地申报的增值税为75.31-57.87-27.03=-9.59万元。

该企业机构所在地适用的城市维护建设税税率为5%，项目所在地适用的城市维护建设税税率为7%。企业在预缴与申报城市维护建设税时如何处理？

案例讨论

论题：企业在预缴与申报城市维护建设税时如何处理？

甲方 在预缴增值税时，不应同时缴纳城市维护建设税。

城市维护建设税是以企业"实际缴纳"的"三税"（增值税、消费税和营业税）为计税依据的，"营改增"后，由于增值税的核算与应缴税款计算的特殊性，跨区域经营企业在项目所在地、服务提供地或销售地只是预缴增值税税款，并非企业实际应缴纳的增值税

---

① 根据胡杨林《"营改增"后如何处理城建税？》改写，原载 http://www.360doc.com/content/16/1118/07/35137848_607440470.shtml，2016年11月18日。

税款，因此，在预缴增值税时，不应同时缴纳城市维护建设税。

由于增值税具有专门的核算方法和应缴税款计算过程，跨区域经营企业在项目所在地、服务提供地或销售地按规定预缴增值税后，企业在会计处理上都作了已缴增值税处理，同时，税收政策上对预缴的增值税税款，在企业当期增值税应纳税额中抵减，抵减不完的，结转下期继续抵减。因此，企业按规定预缴的增值税，就是企业"实际缴纳"的增值税，并非一般意义上的"预缴"，城市维护建设税应当随增值税同时缴纳。

乙方 城市维护建设税的适用税率，按"机构所在地"的规定税率执行。

"营改增"后，对跨区经营房地产业、建筑业、不动产经营租赁服务等部分应税行为，由原属地征管变为"就地预缴、机构地申报"，因此，应随预缴地和申报地分别适用各自的税率，计算缴纳城市维护建设税。

"营改增"后的城市维护建设税是以企业实际应缴纳的增值税为依据的，"实际应缴纳"应指企业当期"销项减进项"后应缴的税额。由于增值税在财务会计核算上具有专门的核算方法和应缴税款计算过程，不可能也没有必要对一项业务分别核算预缴地和机构所在地应缴的增值税及计提相应的城市维护建设税；加之一些业务完成后，机构所在地通过核算有可能出现异地多预缴增值税的情况，但随之多缴的城市维护建设税该如何处理无法操作；再者，主管税务机关在对城市维护建设税实施税务稽查或检查时，若要按不同税率的区域计算确定补退更是难上加难。因此，预缴地与申报地分别适用各自的城市维护建设税税率在财务核算上不具可行性，在税务管理上更无可操作性。

实行"就地预缴、机构地申报"后，由于跨区域经营会涉及不同的城市维护建设税税率的情况，若按预缴地和申报地各自的适用税率计算预缴和申报，一方面会造成企业财务核算、管理困难；另一方面，除了增值税与城市维护建设税无法比对外，对特殊情况下的税款抵、退的处理更复杂。因此，应按机构所在地或经营地的适用税率统一计算。

《财政部关于贯彻执行〈中华人民共和国城市维护建设税暂行条例〉几个具体问题的规定》（财税字〔1985〕69号）明确，纳税单位或个人缴纳城市维护建设税的适用税率"一律按其纳税所在地"的规定税率执行。

《财政部关于城市维护建设税几个具体业务问题的补充规定》（财税字〔1985〕143号）明确，城市维护建设税的适用税率按"纳税人所在地"的规定税率执行，对下列两种情况，可按"三税"缴纳地的税率执行：①由受托方代扣代缴增值税、消费税、营业税的单位和个人；②流动经营等无固定纳税地点的单位和个人。

上述两个文件前后不一，但目前仍然有效，各地也制定了按属地税率计算纳税的规定。

在营业税制下，纳税地为项目或服务提供所在地，税款计算简单、直接，企业只需按不同区域项目或服务单独处理，城市维护建设税的计提、缴纳以及财务核算并无问题；在增值税制下，固定业户的纳税地点为机构所在地，为解决地方财政收入分配问题，实行"就地预缴、机构地申报"办法，加之就地预缴并不一定是项目的应缴，因此，分别确定适用税率不可取，只能选择机构地或项目地之其一。

综上分析，"营改增"后对实行"就地预缴、机构地申报"增值税办法的，应统一按照《财政部关于城市维护建设税几个具体业务问题的补充规定》（财税字〔1985〕143号）文件的规定，即城市维护建设税的适用税率，按"纳税人所在地"的规定税率执行。

---------------- **案例导读** ----------------

问：房地产企业"营改增"后，在项目所在地预缴3%的增值税，回机构所在地补缴2%的增值税，附征的城市维护建设税、教育费附加、地方教育附加在哪里申报？项目所在地与机构所在地城市维护建设税税率不同，是否需要在机构所在地补缴差额？

答：根据《财政部 国家税务总局关于纳税人异地预缴增值税有关城市维护建设税和教育费附加政策问题的通知》（财税〔2016〕74号）的规定，纳税人跨地区提供建筑服务、销售和出租不动产的，应在建筑服务发生地、不动产所在地预缴增值税时，以预缴增值税税额为计税依据，并按预缴增值税所在地的城市维护建设税适用税率和教育费附加征收率就地计算缴纳城市维护建设税和教育费附加。预缴增值税的纳税人在其机构所在地申报缴纳增值税时，以其实际缴纳的增值税税额为计税依据，并按机构所在地的城市维护建设税适用税率和教育费附加征收率就地计算缴纳城市维护建设税和教育费附加。

因此，纳税人所在地与缴纳增值税所在地城市维护建设税税率不一致的，以城市维护建设税实际缴纳地的适用税率为准，无须回纳税人机构所在地办理补税或退税手续。附征的城市维护建设税、教育费附加、地方教育附加随缴纳增值税的地点确定纳税地点。

旅游酒店集团租用土地缴纳城镇土地使用税纠纷案

案例描述①

1998年4月，A旅游酒店地产集团租用市郊某村一块集体用地建设高档高尔夫球馆，期限是10年，合同约定每年给村集体缴纳20万元租金。

2006年，该土地被政府征用，由市土地储备中心接管，其仍认定租赁合同有效，A集团每年将租金交给市土地储备管理中心。2008年4月合同期满，A集团没有与市土地储备中心继续签订租赁合同，但是A集团仍然按期缴纳租金。

2010年4月，市土地储备中心拟对该片土地进行拍卖，A集团志在必得，市土地储备中心考虑到该片土地一直由A集团经营使用，最后以市场评估价出让给A集团。1998年4月1日—2010年3月31日，A集团没有申报缴纳土地使用税。

2012年8月，市地方税务局要求该企业缴纳自2006年以来的土地使用税。A集团认为，该土地2006年至2010年4月是从市土地储备中心租来的，每年缴纳数目不小的租金，不应该再缴纳土地使用税。如果要缴纳，应该由市土地储备中心缴纳。而市地方税务局认为，A集团是该土地的实际使用人，是土地使用税的纳税义务人。

🎤 案例讨论

论题：土地使用权出租时，土地使用税由出租人缴纳还是由承租人缴纳？

---

① 根据吴彦儒《税险控制：土地实际使用人和土地所有人，土地使用税谁来交？》和陈依阔《土地储备机构是否应缴交土地使用税》改写，原载 http://blog.sina.com.cn/s/blog_8046a3080102uvwz.html，2014年6月27日，以及《财经界》2012年第12期。

甲方 土地使用权出租时，土地使用税由出租人缴纳。

土地使用权出租时，土地使用权仍归出租人拥有，理由有以下几点：

（1）是否拥有该地的土地使用权，可以看其是否拥有该地的土地使用权证。土地使用权出让、转让和划拨时，都要办理土地使用权过户手续，接受方是土地使用权人；而土地使用权出租时，不办理土地使用权过户手续，仅到土管部门办理出租登记手续。

（2）土地使用权出租，双方签订的是租赁合同，承租人向出租人支付的是租金，根据会计制度和会计准则的规定，承租人支付的租金应记入有关费用，而不记入"无形资产"，而土地使用权是一项无形资产，该单位不拥有此项无形资产，即不拥有该地的土地使用权。

（3）"土地实际使用人"与"拥有土地使用权的单位或个人"是两个不同的概念。本案中，出租人很明显是拥有土地使用权的单位或个人（法律规定，拥有土地使用权的单位或个人才能出租土地使用权），而承租人是土地的实际使用人。

（4）关于土地使用税的纳税义务人，应分几种情况进行确定。

①通过土地转让、出让和国家无偿划拨而得到土地的使用单位或个人，由于拥有土地使用权证书，必定是土地使用人，当然是土地使用税的纳税义务人。

②通过承租国有土地而得到土地使用权的单位或个人，很明显出租人是拥有土地使用权的单位或个人，承租人是土地的实际使用人，出租人才是土地使用税的纳税义务人。

③通过承租集体土地而得到土地使用权的单位或个人，土地使用税的纳税义务人因土地使用权流转手续是否办理而不同。在城镇土地使用税征税范围内实际使用应税集体所有建设用地但未办理土地使用权流转手续的，由实际使用集体土地的单位和个人即承租方按规定缴纳城镇土地使用税；已办理土地使用权流转手续的，由土地使用权的拥有人即土地使用证的持有者——出租方为土地使用税的纳税义务人。

④关于无偿使用土地的土地使用税的纳税义务人分为两种情况：对免税单位无偿使用纳税单位的土地（如公安、海关等单位使用铁路、民航等单位的土地），免征土地使用税；对纳税单位无偿使用免税单位的土地，纳税单位应照章缴纳土地使用税。

基于以上分析，土地使用税的纳税义务人实质是土地使用权的拥有单位或个人，而不是土地使用权的使用人。本案中，A集团租用市土地储备中心的土地，市土地储备中心是出租人，是土地使用税的纳税义务人。

乙方 市土地储备中心并不拥有土地使用权，不该缴纳土地使用税。

《土地储备管理办法》于2007年11月才正式下发，在此之前各地就已经以不同形式开展土地储备业务，土地储备机构的性质并不一致。如北京市以国土资源局下属的事业单位——北京市土地整理储备中心开展土地储备业务，上海市以市属国有企业——上海地产（集团）有限公司开展土地储备业务，重庆市以市政府直属的事业单位——重庆市地产集团开展土地储备业务，厦门市、武汉市也是以国土资源局下属的事业单位开展土地储备业务。因此，各地涉及土地使用税的处理方式也不一致：对于以国有企业开展土地储备业务的，国有企业持有的政府储备用地一般依法全额缴纳土地使用税；对于以市属或国土资源局下属事业单位开展土地储备业务的，事业单位持有的政府储备用地一般不缴纳土地使用税，或仅对用于临时利用的部分缴纳土地使用税。

对于由财政部门拨付经费、实行全额预算管理或差额预算管理的土地储备机构，其自身使用的土地可以免缴土地使用税；对于自收自支、自负盈亏的土地储备机构，其自身使用的土地应依法缴纳土地使用税。对于土地储备机构通过收储、征地拆迁、填海造地等方式取得的政府储备用地是否应缴纳土地使用税呢？

土地储备机构储备的政府储备用地并未在《中华人民共和国城镇土地使用税暂行条例》第六条规定的免税范围内，财政部和国家税务总局出台的与土地使用税相关的文件，也并未有过对政府储备用地涉及土地使用税的相关规定。

案例导读

1 土地储备中心的性质与定位

2007年国土资源部、财政部、中国人民银行联合颁行《土地储备管理办法》，对土地储备机构的定义是：市、县人民政府批准成立、具有独立的法人资格、隶属于国土资源管理部门、统一承担本行政辖区内土地储备工作的事业单位，它的职能是依法取得土地，进行前期开发、储存以备供应土地。

可见，土地储备机构是兼具了行政和民事双重职能的主体，即在行使收回、整理土地时行使政府的行政管理职能，在收购土地时作为民事主体在活动。

从土地储备机构的职能来看，其主要是代政府行使土地收储、储备和出让的职能，在储备过程中虽然将储备用地的红线办至储备机构名下，但储备机构并不具有储备用地的使用权，也不具有储备用地的处置权，政府储备用地进行征地拆迁、"七通一平"等前期开发所需资金通过财政拨款投入，土地出让收入直接缴入财政专户，不通过土地储备机构，也不作为土地储备机构的收入，土地储备机构只是提取一定比例的工作经费，因此，土地储备机构行使的是一种类似代理和中介的职能。

从政府储备用地的性质来看，储备用地在出让前并没有土地用途、容积率等具体的规划指标，储备机构也只办理地块的储备红线，一般不办理土地使用权证。即使为土地储备融资抵押需要办理了土地使用权证，但权证上注明的使用权类型为"政府储备"，批准土地用途为"储备用地"，且在备注事项中注明"该宗土地为政府储备土地，本证书仅限于办理土地抵押登记，不作他用"等字样，因此，政府储备用地在性质上有别于其他通过出让、划拨等方式取得的土地。

从政府储备用地的用途来看，一是通过公开市场或协议方式出让给开发商，作为办公、住宅、商业等非公益性项目的建设用地；二是通过划拨方式作为保障房、行政办公用房等公益性项目的建设用地。因此，政府储备用地不能直接作为建设用地使用，必须通过出让或划拨的取得方式改变使用权类型后才能作为建设用地进行开发建设。

因此，土地储备机构只是政府储备用地的名义持有单位和代管单位，其所有权和使用权实质上均归政府所有，且不能直接对储备用地进行开发建设取得收入。若要缴纳土地使用税，其资金只能是向财政部门申请，由财政部门拨款后再缴入地方财政金库，过程与手续烦琐、复杂，且并没有实质意义。

2 土地收储和供应过程中的税收规定

湖北省地方税务局于2013年7月23日发布《关于土地流转有关税收问题的通知》（鄂地税发〔2013〕97号），就土地收储和供应中的若干税收问题作了明确的规定。

（1）对被收回土地使用权单位取得的土地补偿收入不征收营业税，取得的地上建筑物及附着物补偿收入应按规定征收营业税；凡收回的土地用于城市规划及公共设施建设需要的，被收回土地使用权单位取得的全部补偿收入免征土地增值税。

（2）对土地储备中心收购土地，被收购土地使用权的单位取得的土地、地上建筑物及附着物补偿收入应按规定征收营业税、土地增值税。

（3）对土地储备中心收储的土地属农用地转用，且农用地转用审批文件中未标明建设用地人的，代政府征收、征用、收购及储备土地的单位为农用地转用的耕地占用税纳税人，应按规定征收耕地占用税。

（4）土地储备中心收储的土地属国有划拨土地，不征收契税；收储的土地属出让土地，因收储土地而发生承受土地、房屋权属的行为，应按规定征收契税。

（5）对土地储备中心收储的土地，凡未使用的，暂不征收城镇土地使用税；凡发生出租行为的，应按规定征收城镇土地使用税；收储实际使用应税集体所有建设用地，但未办理土地使用权流转手续的，对实际使用集体土地的单位和个人应按规定征收城镇土地使用税。

（6）对城投公司（包括其他类似职能的公司，下同）纳入储备且办理土地使用权证的土地，应按规定征收城镇土地使用税。

（7）对土地储备中心纳入储备的土地，通过"招、拍、挂"方式出让土地的行为，不征收营业税、土地增值税；对转让土地的行为，应按规定征收营业税、土地增值税。

（8）对城投公司纳入储备的土地，或土地储备中心收储后办理到城投公司名下的土地，其发生转出土地的行为，应按规定征收营业税、土地增值税。

（9）对具有土地收储、整理和供应及土地开发于一体的企业，在旅游景点、房地产开发、交通（城市）基础设施及工业园区建设等投资经营中，其发生转出土地的行为，应按规定征收营业税、土地增值税。

（10）对土地交易中心办理土地交易取得的手续费收入应按规定征收营业税。

签订了合同却未取得土地所涉城镇土地使用税案

案例描述 [①]

2011年，某房地产公司与某市国土资源局签订《国有建设用地使用权出让合同》。合同约定：该公司依照法定程序取得位于某县陈村的一宗土地用于房地产开发，面积为16.7万多平方米；出让人同意于2011年6月14日前将出让土地交付给该公司。签订出让合同时，该宗土地为尚未拆迁的"毛地"，合同约定，该宗土地享受政府有关优惠政策并由某房地产公司负责拆迁补偿。合同附则约定："本合同项下土地出让方案已经市人民政府批准，本合同自双方签订之日起生效。"

2011年，国务院发布《国有土地上房屋征收与补偿条例》(国务院令第590号)，其中第四条规定，市、县人民政府负责本行政区域的房屋征收与补偿工作。这样，之前双方签订出让合同约定的交付"毛地"，并由该公司负责拆迁补偿等条款，已与国务院颁布的这一法规相抵触。该房地产公司在2011年6月14日按照合同约定支付了6.6亿元土地出让金，同时缴纳了契税及印花税，但未取得拆迁许可证，也未开展拆迁工作。

为解决上述问题，该公司多次向县政府反映，县政府就此专门向市政府进行书面请示。2013年9月23日，市政府法制办公室下发书面答复："根据《某市国有土地上房屋征收与补偿暂行办法》的规定，征收主体应当是县政府，县政府应当按规定实施土地征收程序，并在征收工作完成后，将土地交给摘牌企业。"

2014年3月22日，县政府发布《关于征收陈村改造用地上房屋的通告》，明确征收范围为陈村改造所涉及的陈村范围内土地上的房屋；征收部门为县住房和城乡建设局；征收实施期限为2014年3月22日—2014年4月25日。但截至2014年4月底，县政府对陈村的拆迁仍未完成，该公司也未办理国有土地使用权证。

2014年5月，某市地税局稽查局按照检查计划对该房地产公司2011—2013年涉税情况进行税收检查，发现该公司2011年按合同取得陈村该地块时，并未缴纳城镇土地使用税。

鉴于此案存在较大的争议，该市地税局稽查局根据《税务稽查工作规程》有关规定，经初步会审后将案件提交市国税局案件审理委员会办公室。审理委员会办公室会同有关业务部门对案情进行认真审理后，作出处理决定：鉴于该房地产公司于合同约定期限后并未

① 根据王曦、冀军燕等《签订合同未取得土地是否该征土地使用税》编写，原载《中国税务报》2014年11月26日。

实际取得、占用该宗土地，因此，不征收城镇土地使用税。

案例讨论

论题：该公司是否应缴纳城镇土地使用税？

甲方 该公司应缴纳城镇土地使用税。

（1）根据《财政部 国家税务总局关于房产税城镇土地使用税有关政策的通知》（财税〔2006〕186号）规定，以出让或转让方式有偿取得土地使用权的，应由受让方从合同约定交付土地时间的次月起缴纳城镇土地使用税。本案中，该房地产公司与市国土资源局签订的《国有建设用地使用权出让合同》真实有效，按合同约定，该公司对此宗土地具有使用、收益及处置权。且该企业已缴纳了契税和印花税，其城镇土地使用税应从约定交付土地时间的次月起征收。

（2）税务机关征税的依据是税收法律法规、规章等，对企业予以减税、免税也需依照有关法规执行。国务院颁布的拆迁补偿条例，是专门针对房地产开发企业拆迁和补偿工作的具体管理规定，不能作为税务机关不征税的依据。县政府在与该公司签订的土地出让合同中，明确"由企业负责拆迁补偿"，应属企业与政府之间达成的协议，虽然合同中部分约定与国务院颁布的《国有土地上房屋征收与补偿条例》精神不符，但政府与企业在合同中已约定了土地交付日期，所以，应按税法规定向企业征收城镇土地使用税。

乙方 该公司不应缴纳城镇土地使用税。

《中华人民共和国城镇土地使用税暂行条例》第二条规定，在城市、县城、建制镇、工矿区范围内使用土地的单位和个人，为城镇土地使用税的纳税人；第三条规定，土地使用税以纳税人实际占用的土地面积为计税依据，依照规定税额计算征收。根据税法法理，该税以实际占用为纳税义务发生的前提条件。

《财政部 国家税务总局关于房产税城镇土地使用税有关政策的通知》（财税〔2006〕186号）规定的"从合同约定交付土地时间的次月起缴纳"的精神实质是，受让人实际享有了土地的占有、使用、收益或处分权即发生纳税义务。在本案中，因《国有建设用地使用权出让合同》有关土地交付条件、拆迁主体等条款存在瑕疵，明显有悖于国务院《国有土地上房屋征收与补偿条例》的规定，违反了国家法律、行政法规的强制性规定，因此合同无法履行。在这种情况下，受让人实际上并不能真正享有土地的占有、使用、收益或处分权，相应地也不应负有纳税义务。

《国有建设用地使用权出让合同》签订后，尽管双方没有签订补充协议，但是县政府请示、市政府批复、县政府征收通告等内容，实际是对合同有关土地交付条件、交付时间、拆迁主体等条款的变更和补充，即双方已重新约定为：由政府负责拆迁补偿，征收工作完成后再将土地交给某房地产公司，变更后的《国有建设用地使用权出让合同》才是合法、有效的。因此，该公司城镇土地使用税纳税义务发生时间应当为变更后的《国有建设用地使用权出让合同》约定该宗土地实际交付时间的次月。

问题是，截至检查日，该宗土地并未实际交付公司使用，该公司没有实际取得、占用该宗土地，因此不应缴纳城镇土地使用税。

案例导读

问：未取得国有土地使用证的纳税人，是否应缴纳城镇土地使用税？

答：根据《财政部 国家税务总局关于房产税城镇土地使用税有关政策的通知》（财税〔2006〕186号）规定，以出让或转让方式有偿取得土地使用权的，应由受让方从合同约定交付土地时间的次月起缴纳城镇土地使用税。

合同未约定交付土地时间的，由受让方从合同签订的次月起缴纳城镇土地使用税。

因此，不论是否取得国有土地使用证，若属于城镇土地使用税的纳税义务人，都应按税法规定缴纳城镇土地使用税。

由此可知，是否办理国有土地使用证并不是应否缴纳土地使用税的必要前提，只要是用于生产经营的坐落在城镇土地使用税征收范围内的用地，就应按有关规定缴纳土地使用税。

依据《中华人民共和国城镇土地使用税暂行条例》的精神，在尚未取得国有土地使用证的情况下，可以先自行估计土地面积（平方米），依此面积申报缴纳城镇土地使用税。等取得国有土地使用证或经国家测量机构测量后，再按实际的面积进行调整。

已取得国有土地使用证暂不能开发的土地涉税纠纷案

案例描述[①]

某地税局接到某房产开发公司(以下简称甲公司)退还已经缴纳的城镇土地使用税申请。

甲公司于2009—2014年分别以公开拍卖的方式取得了某湖湾A、B、C、D、E五宗土地,并取得了国有土地使用证,用作抵押贷款,已申报缴纳城镇土地使用税及滞纳金共计6571317.42元。

在办理开发手续的过程中,甲公司发现拍卖取得的五宗土地均为林地,且林业部门已出具相关证明。甲公司提供了五宗土地未实际交付使用的现场照片。市地税局经实地核查发现,目前五宗土地上仍是杂草和树木。此外,当地政府于2016年1月出具办公室办文单,注明截至目前无法按净地标准将土地交付给甲公司。国土部门重新出具正式补充协议延迟交地,分别延期至2016年9月30日前(A地块)、2017年5月30日前(B地块)、2017年5月30日前(C地块)、2017年5月30日前(D地块)、2017年12月30日前(E地块)。

甲公司以未实际取得交付土地且未实际使用为理由,提出原申报缴纳的城镇土地使用税属于误缴,申请退还已经缴纳的城镇土地使用税及滞纳金6571317.42元。

案例讨论

> 论题:甲公司虽然取得了国有土地使用证,却未实际取得交付土地,是否应该缴纳城镇土地使用税?

甲方 城镇土地使用税的纳税义务时间应按照延期交付时间判定。

城镇土地使用税是以开征范围内的土地为征税对象,以实际占用的土地面积为计税依据,对拥有土地使用权的单位和个人征收的一种税。城镇土地的所有权归属国家,单位和个人对占用的土地只有使用权,因此土地使用实质上是对占用土地资源或行为课税,甲公司没有按照国有土地出让合同约定的时间取得应交付的土地,也未能实际使用这些土地,所以国土部门出具了延期交付的补充协议。

《财政部 国家税务总局关于房产税城镇土地使用税有关政策的通知》(财税〔2006〕

---

① 根据季苏云、许震宇、栾方洺《暂不能开发土地如何缴纳城镇土地使用税?》编写,原载《中国税务报》2016年9月19日。

186号）规定，以出让或转让方式有偿取得土地使用权的，受让方应从合同约定交付土地时间的次月起缴纳城镇土地使用税；合同未约定交付土地时间的，受让方从合同签订的次月起缴纳城镇土地使用税。在实务操作中，国土部门承认延期交付土地并签订补充合同的，按照合同法相关规定，一般情况下，补充合同与原合同具有同等法律效力，纳税义务时间可以按照延期交付时间确定。

本案的证明材料显示，该地块并未提前使用，按照政策执行统一口径，城镇土地使用税的纳税义务时间应按照延期交付时间判定。

乙方 退税存在较大的执法风险，建议不作退税处理。

五宗土地均已办理了国有土地使用证，且都获得了银行抵押贷款，具有了排他性，实际甲公司取得了土地的抵押权。虽然未实际使用，但可以认定为实际占有并取得收益，应判定发生了纳税义务。此外，甲公司不愿意通过法律途径否定合同的效力，仍然主张自己是土地的使用权权属所有人，考虑到退税金额巨大，退税存在较大的执法风险，建议不作退税处理。

根据《土地登记办法》（国土资源部令第40号）第九条、《不动产登记暂行条例实施细则》（国土资源部令第63号）第三十四条及《国土资源部关于规范土地登记的意见》（国土资发〔2012〕134号）第三条的规定，通常办理国有土地使用证需要提供交地确认书。因此，甲公司国有建设用地办理了国有土地使用证，从法律角度来看，已经办理了土地交接手续。

《财政部 国家税务总局关于房产税城镇土地使用税有关问题的通知》（财税〔2008〕152号）第三条规定，纳税人因房产、土地的实物或权利状态发生变化而依法终止房产税、城镇土地使用税纳税义务的，其应纳税款的计算应截止到房产、土地的实物或权利状态发生变化的当月末。从中可以看出纳税义务的发生关注实物或权利两个状态。因此，纳税人取得了土地相应的权利，应成为判定纳税义务发生的重要条件。

虽然宪法规定城镇土地所有权归国家，单位和个人对城镇土地只有使用权。但从实际效用的角度来看，在城镇土地法定的使用年限内，缴纳城镇土地使用税与其所有权没有太大关联。因此，如果取得了国有土地使用证，则纳税义务应该发生。

---------------------------- 案例导读 ----------------------------

《中华人民共和国城镇土地使用税暂行条例》第二条规定，在城市、县城、建制镇、工矿区范围内使用土地的单位和个人，为城镇土地使用税的纳税人，应当依照本条例的规

定缴纳土地使用税。该条所称的"使用",指对土地实物的使用,是否包括对土地权利的使用,正是本案争议的焦点。但条例第一条规定,为了合理利用城镇土地,调节土地级差收入,提高土地使用效益,加强土地管理,制定本条例。如果只强调对土地实物使用征税,那么房地产开发企业拍得土地后一直不开发就不应缴纳城镇土地使用税,这显然与合理利用城镇土地的宗旨是相悖的。

本案从物权的角度来看,《中华人民共和国物权法》第一百三十九条规定,建设用地使用权自登记时设立。甲公司已经取得了国有土地使用证,并且占有了五宗土地。甲公司不但拥有土地升值的收益权,还获得了土地的抵押权,并向银行贷款。目前,五宗土地只是在使用权方面存在一定的瑕疵,待后期完成了相关审批手续后,就可以开发使用。当然,从纳税人的角度来看,购买土地的目的是开发房产,不能开发就达不到原有目的。从合同法角度来看,政府出让的标的物——土地存在一定的瑕疵,建议甲公司关注土地使用权出让合同中的违约责任条款。如果存在相关约定,则可以按照《中华人民共和国合同法》第一百五十五条的规定,出卖人交付的标的物不符合质量要求的,买受人可以依照本法第一百一十一条的规定要求承担违约责任,由甲公司向政府要求赔偿相应损失。

建筑装饰工程公司诉地税局稽查局案

案例描述①

青岛 A 建筑装饰工程有限公司（以下简称 A 公司）系青岛市城阳区流亭街道空港产业聚集区某块土地的使用权人，占地面积 6786 平方米。A 公司于 2003 年 2 月 26 日在青岛市地方税务局崂山分局办理了税务登记。2004 年 7 月 8 日，A 公司将该厂房、场地出租给外资企业青岛结帝金属有限公司。A 公司在经营期间向青岛市地方税务局城阳分局申报缴纳了 2010—2013 年的城镇土地使用税。

2013 年 8 月 19 日，A 公司缴纳了 2011 年度应缴纳的营业税 64942.95 元、房产税 145588.25 元、城市维护建设税 4546.01 元。但是，A 公司未缴纳 2005—2009 年的城镇土地使用税。

2013 年 6 月 20 日，青岛市地方税务局稽查局对 A 公司涉嫌税收违法行为进行了立案，决定检查 A 公司 2010 年 1 月 1 日至 2012 年 12 月 31 日的行为。6 月 24 日，青岛市地方税务局稽查局将案件稽查所属期限变更为为 2005 年 1 月 1 日至 2012 年 12 月 31 日，并办理了变更审批手续。同日，青岛市地方税务局稽查局向 A 公司送达了《税务检查通知书》。

2014 年 1 月 27 日，青岛市地方税务局稽查局作出《税务行政处罚事项告知书》，并送达 A 公司。2014 年 1 月 28 日，A 公司向青岛市地方税务局稽查局进行陈述和申辩，青岛市地方税务局稽查局未采纳。2014 年 2 月 10 日，青岛市地方税务局稽查局作出青地税稽处〔2014〕第 27 号《税务处理决定书》并送达 A 公司，责令 A 公司补缴 2005—2009 年城镇土地使用税及滞纳金。

A 公司对该处理决定不服，于 2014 年 3 月 20 日向青岛市地方税务局申请行政复议，青岛市地方税务局于 2014 年 5 月 7 日作出青地税复决字〔2014〕第 1 号《行政复议决定书》，维持了青岛市地方税务局稽查局作出的《税务处理决定书》。

🎤 案例讨论

论题：A 公司是否应为涉案城镇土地使用税的纳税人？青岛市地方税务局稽查局责令 A 公司补缴自 2012 年 1 月 16 日计算的万分之五的滞纳金是否符合法律规定？

---

① 根据段文涛《一起值得仔细品味的税务行政诉讼案例》编写，原载 https://www.wenku1.com/news/3230BD109126EB4C.html，2015 年 4 月 1 日。

甲方 A公司不应为涉案城镇土地使用税的纳税人，青岛市地方税务局稽查局责令A公司补缴滞纳金不符合法律规定。

A公司认为，承租人应为该城镇土地使用税的纳税人。因A公司未进行纳税申报，导致其未缴纳2005—2009年度的城镇土地使用税，应适用《中华人民共和国税收征收管理法》第六十四条第二款及《国家税务总局关于未申报税款追缴期限问题的批复》的规定，对A公司不缴税款的追征期限为3年。

2012年青岛市地方税务局城阳分局仅要求A公司补缴2010—2012年的城镇土地使用税，即因税务机关的责任导致A公司少缴税款，故追征期限最长为3年，特殊情况为5年。

乙方 A公司应为涉案城镇土地使用税的纳税人，青岛市地方税务局稽查局责令A公司补缴滞纳金符合法律规定。

青岛市地方税务局稽查局认为，A公司虽然将涉案厂房、场地出租给外资企业青岛结帝金属有限公司，但仍为该土地的使用权人，故应为该城镇土地使用税的纳税人。法律根据是：①《中华人民共和国城镇土地使用税暂行条例》第二条规定，在城市、县城、建制镇、工矿区范围内使用土地的单位和个人，为城镇土地使用税的纳税人，应当依照本条例的规定缴纳城镇土地使用税。②《财政部 国家税务总局关于城镇土地使用税若干具体问题的解释和暂行规定》（国税地字〔1998〕15号）第四条规定，土地使用税由拥有土地使用权的单位或者个人缴纳。③《山东省地方税务局关于房产税、城镇土地使用税若干政策规定的通知》第九条规定，纳税人将土地出租给外商投资企业的，只要其土地使用权属未发生变化，仍由该纳税人缴纳城镇土地使用税。

另外，青岛市地方税务局稽查局作出处理决定责令A公司补缴2005—2009年城镇土地使用税及滞纳金，符合法律规定。法律根据是《中华人民共和国税收征收管理法》第三十二条：纳税人未按照规定期限缴纳税款的，扣缴义务人未按照规定期限解缴税款的，税务机关除责令限期缴纳外，从滞纳税款之日起，按日加收滞纳税款万分之五的滞纳金。

根据《最高人民法院关于审理偷税抗税刑事案件具体应用法律若干问题的解释》第二条第二款的规定，具有下列情形之一的，应当认定为《中华人民共和国刑法》第二百零一条第一款规定的"经税务机关通知申报"：纳税人、扣缴义务人已经依法办理税务登记或者扣缴税款登记的"。A公司已于2003年2月26日在青岛市地方税务局崂山分局办理了税务登记，应视为已经税务机关通知申报，不符合《中华人民共和国税收征收管理法》第六十四条第二款及《国家税务总局关于未申报税款追缴期限问题的批复》规定的未进行纳税申报的情形，故对于A公司的该项主张，法院不予支持。

A公司应于2012年1月15日前申报其2011年收取租金应缴纳的营业税、房产税和城市维护建设税，至2013年8月19日，A公司才补缴上述税款，故青岛市地方税务局稽查局在《税务处理决定书》中责令A公司补缴自2012年1月16日计算的万分之五的滞纳金，符合法律规定。其法律根据是：①《中华人民共和国税收征收管理法》第三十二条规定，纳税人未按照规定期限缴纳税款的，扣缴义务人未按照规定期限解缴税款的，税务机关除责令限期缴纳外，从滞纳税款之日起，按日加收滞纳税款万分之五的滞纳金。②《中华人民共和国营业税暂行条例》第十五条第二款规定，纳税人以一个月或者一个季度为一个纳税期的，在期满之日起十五日内申报纳税。③《国家税务总局关于房产税城镇土地使用税有关政策规定的通知》第二条第三项规定，出租、出借房产之次月起计征房产税和城镇土地使用税。

案例导读

《中华人民共和国城镇土地使用税暂行条例》第二条规定，在城市、县城、建制镇、工矿区范围内使用土地的单位和个人，为城镇土地使用税的纳税人，应当依照本条例的规定缴纳土地使用税。这就是说，城镇土地使用税应当由土地实际使用人缴纳。

如果租赁的土地属于应纳城镇土地使用税的单位和个人出租土地的，那么应当由出租人缴纳城镇土地使用税。

如果租赁的土地属于土地使用权未确定或权属纠纷未解决的，由实际使用人纳税即由承租人缴纳城镇土地使用税。

如果是免税单位出租土地的，那么应当由承租人缴纳城镇土地使用税。

恒远房地产公司竞拍土地引出的耕地占用税案

案例描述①

2014年，恒远房地产公司在A市通过招标、拍卖、挂牌方式获取一宗1000亩（1亩≈666.67平方米）土地，在办理土地使用权证时，A市国土资源局、地税局要求其按照每亩1.5万元缴纳耕地占用税，计1500万元。

该公司提出疑问，公司直接从A市国土资源局拍下的建设用地，不是农用地转用审批文件中标明的建设用地人，也不具备耕地占用税的纳税义务发生时间，土地出让金都缴纳了，为什么还要缴纳耕地占用税呢？另外，缴纳了耕地占用税之后是否可以在一年之后才开始缴纳城镇土地使用税呢？

2015年1月7日，国家税务总局发布的《关于〈国家税务总局关于通过招拍挂方式取得土地缴纳城镇土地使用税问题的公告〉的解读》中有这样一段话："目前，地方土地储备中心征用耕地后，对应缴纳的耕地占用税有两种处理方式，一种方式是由地方土地储备中心缴纳，作为土地开发成本费用的一部分，体现在招拍挂的价格当中；另一种方式是由受让土地者缴纳耕地占用税。"这段话表明，地方政府收储耕地再通过招标、拍卖、挂牌方式出让，对于耕地占用税，既可以由土地储备中心缴纳，也可以由受让土地者缴纳。

如果耕地占用税的纳税人有"选择性"，则一方面违反了税收法定原则，另一方面也给基层税务机关执法带来困难。耕地占用税的纳税人应该统一、明确，只能在"土地储备中心""受让土地者"二者中选其一。那么，谁是耕地占用税的纳税人呢？

---

① 根据向方德《政府收储耕地再出让　该谁缴耕地占用税？》和张苇苇、樊剑英《关注：耕地占用税缴纳后不能免土地使用税》改写，原载《中国税务报》2015年2月4日，以及 http://www.360doc.com/content/17/0623/10/2007381_665758545.shtml，2015年1月14日。

税法案例教程

案例讨论

论题：谁应该是耕地占用税的纳税人呢？

甲方 应由土地储备中心缴纳耕地占用税。

土地储备中心是耕地收储行为的法律主体。《土地储备管理办法》（国土资发〔2007〕277号）第二条规定，本办法所称土地储备，是指市、县人民政府国土资源管理部门为实现调控土地市场、促进土地资源合理利用目标，依法取得土地，进行前期开发、储存以备供应土地的行为。土地储备工作的具体实施，由土地储备机构承担。

土地储备中心是直接负责耕地收储行为的责任主体。土地储备中心根据地方政府授权，直接负责耕地收储的具体工作。土地储备中心与耕地所属的村级集体组织、农民签订耕地征用补偿协议，负责支付安置补助费、青苗补偿费、地上附着物补偿费等费用，通过土地变更、重新登记程序，完成了土地性质的改变，将土地由农用地变为建设用地。土地储备中心完成征收手续后，负责土地的道路、供水、供电、供气、排水、通信、土地平整等基础设施建设的前期开发，完成了耕地自然形态的改变。

土地储备中心是直接改变耕地性质、耕地形态的第一参与方，是耕地占用税的纳税主体，不应由土地受让者缴纳。根据《中华人民共和国土地管理法》和《国务院关于促进节约集约用地的通知》（国发〔2008〕3号）等相关规定，土地出让前，应当完成必要的前期开发，经过前期开发的土地，才能依法由市、县人民政府国土资源部门统一组织出让。由此可以看出，通过"招、拍、挂"方式取得的土地不属于直接取得耕地。

2007年11月19日《土地储备管理办法》出台后，全国各地实行政府储备土地净地出让制度，实际上县、区级政府已成为农用地转建设用地的申请人。在耕地占用税实际征收过程中，县、区级政府作为纳税人，土地出让金作为税收来源，税收收入缴入同级国库。

2014年12月31日，国家税务总局发布《关于通过招拍挂方式取得土地缴纳城镇土地使用税问题的公告》（国家税务总局公告2014年第74号），该公告明确"通过招标、拍卖、挂牌方式取得的建设用地，不属于新征用的耕地"。土地受让者取得的国有建设土地使用权，既然不属于耕地，就不应该缴纳耕地占用税，也不应对该建设用地的前期土地性质（耕地）承担纳税责任。

本案中，恒远房地产公司在"招、拍、挂"土地之前，A市国土部门代表政府统一办理农用地转用批准文件中无法标明建设用地人。因此，应认定A市国土部门为用地申请人，即耕地占用税的纳税人。

196

乙方 应由竞得人缴纳耕地占用税。

土地收购储备机构受国土资源行政管理部门的委托对土地进行出让前期的整理工作，实现土地出让由"生地出让"转向"熟地出让"，土地储备机构不直接获得国有建设用地使用权证，不是具体的土地使用者，因此没有缴纳耕地占用税的义务。而通过招标、拍卖、挂牌出让方式获得建设用地使用权的竞得人是土地的最终使用者，获取土地的目的是占用耕地从事非农业建设，因此，竞得人是耕地占用税的缴纳主体。

《中华人民共和国耕地占用税暂行条例》第三条规定，占用耕地建房或者从事非农业建设的单位或者个人，为耕地占用税的纳税人。根据《中华人民共和国耕地占用税暂行条例实施细则》第四条的规定，经申请批准占用耕地的，纳税人为农用地转用审批文件中标明的建设用地人；农用地转用审批文件中未标明建设用地人的，纳税人为用地申请人。未经批准占用耕地的，纳税人为实际用地人。

参照《财政部 国家税务总局关于企业以售后回租方式进行融资等有关契税政策的通知》（财税〔2012〕82号）第二条"以招拍挂方式出让国有土地使用权的，纳税人为最终与土地管理部门签订出让合同的土地使用权承受人"的规定，耕地占用税应由最终的土地受让者缴纳。

案例导读

生地、熟地、毛地、净地有什么区别？

一般而言，"生地""熟地"重点着眼于建设环节，而"毛地""净地"更多着眼于出让环节。

生地：完成土地征用，但未经开发，不可直接作为建设用地的农用地或荒地等土地。也可以理解为国土资源主管部门尚未出让、拍卖、划拨土地使用权的土地。

熟地：经过国土资源主管部门出让、拍卖、划拨土地使用权的土地。也可以理解为已具备一定的供水、排水、供电、通信、通气、道路等基础设施条件和完成地上建筑物、构筑物动拆迁，已形成建设用地条件的土地，即完成"几通一平"的土地。

毛地是指在旧城区范围内，尚未经过拆迁安置补偿等土地开发过程、不具备基本建设条件的土地。从形态上看，毛地是指地上存在需要拆除的建筑物、构筑物等设施的土地。

净地是指已经完成拆除，平整，不存在需要拆除的建筑物、构筑物等设施的土地。也就是净地在使用过程中，不涉及拆迁补偿的问题，流程更为简单。

《国土资源部 住房和城乡建设部关于进一步加强房地产用地和建设管理调控的通知》（国土资发〔2010〕151号）规定，对于商品住房用地，不得以毛地出让。

农机公司付了含税的土地出让金仍需缴纳耕地占用税案

案例描述 [①]

　　某县地税局在对全县耕地占用税进行清理时发现，某农机公司所用土地中尚有部分园地未缴纳耕地占用税，于是向该农机公司发出《催缴税款通知书》，要求其在规定时限内缴纳所占用园地的耕地占用税和滞纳金。

　　农机公司收到通知书后认为，公司2009年与县政府签订的《投资协议书》中明确约定，公司一期项目50亩土地地价为5.6万元/亩（含税费），公司付清土地款后，县政府将《国有土地使用权证》办理到公司名下。公司于2012年通过挂牌出让方式取得该土地使用权，并于同年6月付清价款，其中包含耕地占用税549024元。

　　经核实，2010年3月，农机公司依据县发改委《关于县交通运输设备制造业地块拟建项目工业类型确定意见的复函》，向县国土资源局提交用地预申请。2010年5月，县建设局向县土地储备中心下发了《关于县交通运输设备制造业规划控制要求》的文件。2012年省国土资源厅向市国土资源局下达《关于县交通运输设备制造业项目用地的批复》，同意"将该块土地转为建设用地并征为国有，以挂牌方式出让，作为某县交通运输设备制造业项目用地"。在结算审批表中，可以看到在"土地成本和费用"一栏中已包含了测算的耕地占用税549024元。

　　本案的焦点在于，究竟谁是耕地占用税的纳税义务人？是占用耕地的农机公司还是申请农用地转建设用地的县国土资源局？农机公司认为，其所出具的证据资料已表明，公司在通过挂牌方式取得该土地使用权所支付的出让价款中已经包含了应该缴纳的耕地占用税，同时其在与县政府签订的协议中已约定"土地地价为5.6万元/亩（含税费）"，因此该土地应缴的耕地占用税应由县政府缴纳。县地税局则认为，耕地占用税的纳税人应为实际占用耕地的单位和个人，农机公司与县政府签订的协议不能改变税法上确定的纳税主体。

🎤 案例讨论

甲方 竞得人是耕地占用税的缴纳主体。

　　土地收购储备机构受国土资源行政管理部门的委托，对土地进行出让前期的整理工

---

① 根据《从一起税收争议案例看"招拍挂土地"耕地占用税纳税税主体的确定》编写，原载 http://blog.sina.com.cn/s/blog_668d106d0102w0i8.html，2015 年 12 月 9 日。

作，实现土地出让由"生地出让"转向"熟地出让"，土地储备机构不直接获得国有建设用地使用权证，不是具体的土地使用者，因此，没有缴纳耕地占用税的义务。

而通过招标、拍卖、挂牌出让方式获得建设用地使用权的竞得人是土地的最终使用者，竞得人获取土地的目的是占用耕地从事非农业建设，因此竞得人才是耕地占用税的缴纳主体。

乙方 从形式上来看，耕地占用税的纳税义务人应为土地储备中心。

虽然耕地占用税的实际承受主体是最终取得土地使用权的用地企业，但是，新开发农用耕地，国土资源局作为主体，以"招拍挂"方式出让其国有建设用地使用权，要向受让方收取该宗地的土地出让金，交易方能成立。如果土地出让金中已经包含了耕地占用税，那么耕地占用税的纳税义务人就应该是土地储备中心。

土地出让金是政府土地管理部门将土地使用权出让给土地使用者，按规定向受让人收取的土地出让的全部价款。土地出让金虽不是简单的地价，但由于国家土地管理部门改变农用耕地的性质，特别是采用招标、拍卖的方式，通过市场实现其交易总额，土地出让金也就成了实际地价。土地出让金中如果已经包含了耕地占用税，那么耕地占用税的纳税义务人就应该是土地储备中心。

问题的关键是，对于少缴的园地部分的耕地占用税，税务机关应该向谁去追缴？如果向公司追缴，似乎缺乏充足的法律依据；如果不向公司追缴而向国土资源局或土地储备中心追缴，那么作为行政事业单位的国土资源局或土地储备中心，均没有这笔预算资金，追缴可能不了了之。

案例导读

《中华人民共和国耕地占用税暂行条例》第三条规定，占用耕地建房或者从事非农业建设的单位或者个人，为耕地占用税的纳税人，应当依照本条例规定缴纳耕地占用税。从这条来看，农机公司是实际占用该块耕地进行建设的单位，应该是耕地占用税的纳税人。

再看《中华人民共和国耕地占用税暂行条例实施细则》第四条：经申请批准占用耕地的，纳税人为农用地转用审批文件中标明的建设用地人；农用地转用审批文件中未标明建设用地人的，纳税人为用地申请人。未经批准占用耕地的，纳税人为实际用地人。

在本案中，公司所占用耕地不属于未经批准耕地的情形，但省国土资源厅的批复中的建设用地人为"县交通运输设备制造业项目"，该项目包括众多个设备制造企业，该农机公司只是其中的一家。如果套用《中华人民共和国耕地占用税暂行条例实施细则》第四条中的"农用地转用审批文件中未标明建设用地人的，纳税人为用地申请人"，则似乎用地申请人应为提交请示的县国土资源局。

在本案中，农机公司所支付的价款中已经包含了耕地占用税的税款，只不过土地储备中心在具体测算地价时，仅计算了耕地部分应缴纳的耕地占用税，少测算了园地应缴纳的税款。

《中华人民共和国耕地占用税暂行条例实施细则》第三条规定，占用园地建房或者从事非农业建设的，视同占用耕地征收耕地占用税。所以，对于园地部分应缴纳的耕地占用税，其实际的税款承受者应该为农机公司，但法律意义上的纳税人应为县国土资源局，只不过是因为县国土资源局的测算失误，导致其地价中少计算了园地的耕地占用税。

普通住宅与非普通住宅合并清算纠纷案

土地增值税中关于普通住宅与非普通住宅核算的问题，《国家税务总局关于房地产开发企业土地增值税清算管理有关问题的通知》（国税发〔2006〕187号）规定，应分开核算，否则不能适用普通住宅之免税规定。但是在实务中，经常会碰到普通住宅的增值额为负数、非普通住宅的增值额为正数的情况。从法理上说，纳税人可以放弃免税之优惠，合并后按非普通住宅计算并缴纳土地增值税，但税务机关要求分开，不予合并抵减负数。

案例描述 [①]

海南三正实业投资有限公司（以下简称三正实业公司）开发建设"执信·海天怡心园"项目，2007年1月开工，2009年1月竣工。同年9月，三正实业公司聘请海南恩特税务师事务所有限责任公司对该项目进行土地增值税鉴证审核，并于10月22日向海口市地税局进行土地增值税清算申报。三正实业公司根据《海南省地方税务局关于土地增值税有关问题的通知》（琼地税发〔2009〕104号），在进行土地增值税清算申报时，将普通住宅与非普通住宅合并清算，申报补缴土地增值税为零。

海口市地税局依据《国家税务总局关于房地产开发企业土地增值税清算管理有关问题的通知》（国税发〔2006〕187号）第一条、《土地增值税清算管理规程》（国税发〔2009〕91号）第十七条、《海南省地方税务局关于土地增值税清算有关问题的通知》（琼地税发〔2009〕187号）第二条、《海南省地方税务局关于明确土地增值税若干问题的复函》（琼地税函〔2010〕429号）第三条的规定，认为对同一清算单位的房地产项目中同时包含普通

---

① 根据俞银琪、许乐、方敬春《土增税清算中普通住宅和非普通住宅是否可以合并计算》编写，原载 http://www.fdckj.com/thread-67334-1-1.html，2015年8月16日。

住房与非普通住房的，应分别计算普通住房与非普通住房的增值额、增值率，征收土地增值税，遂于2012年2月7日向三正实业公司发出《土地增值税清算税款缴纳通知书》，认定三正实业公司开发的该项目清算应缴土地增值税3212908.80元，已缴2893751.70元，应补缴319157.10元，限于2012年2月20日前到税务机关补缴。

三正实业公司对海口市地税局的决定表示不服，向海南省地税局申请行政复议。海南省地税局经审议作出《行政复议决定书》，维持海口市地税局的决定。三正实业公司依然表示不服，遂向海口市龙华区人民法院起诉。一审法院认为，海口市地税局针对三正实业公司开发项目中同时包含普通住宅与非普通住宅的情况，作出应分别计算土地增值税的决定，并无不当之处。2012年6月20日，龙华区人民法院作出（2012）龙行初字第73号行政判决书，三正实业公司仍然表示不服，向海口市中级人民法院提出上诉。2012年10月8日，海口市中级人民法院作出（2012）海中法行终字第85号终审判决书，维持海口市地税局普通住宅与非普通住房不得合并清算的行政处理。

案例讨论

论题：开发项目中同时包含普通住宅与非普通住宅，在清算时是否可以合并计算土地增值额？

甲方 纳税人可以选择放弃普通住宅免税优惠，不分开核算。

三正实业公司认为，税务文件仅规定未分别计算的，不得适用"增值额未超过扣除项目金额20%的，免征土地增值税"，即合并清算是可以的，只是不能适用免征20%的规定。

合并清算的主要依据是《海南省地方税务局关于土地增值税有关问题的通知》（琼地税发〔2009〕104号）（以下简称104号文），该文件规定，纳税人开发的房地产项目，同时包含普通住宅与非普通住宅的，在申报土地增值税清算时，应按普通住宅与非普通住宅的面积分别计算增值额。未分别计算的，不得适用"建造普通住宅出售，增值额未超过扣除项目金额20%的，免征土地增值税"的条款。上述规定针对的是纳税人开发的房地产项目在申报土地增值税清算时如何计算增值额，如果纳税人申报的土地增值税税款鉴证报告未分别计算增值额，并未违反上述规定。

"建造普通住宅出售，增值额未超过扣除项目金额20%的，免征土地增值税"这一条款的本意是提供税收优惠政策。既然是税收优惠，就应该保留纳税人选择的权利，由纳税人自行选择：既可以选择分开核算，享受普通住宅的免税优惠；也可以选择放弃普通住宅的免税优惠，不分开核算。

《中华人民共和国土地增值税暂行条例》《中华人民共和国土地增值税暂行条例实施细则》都没有明确规定，普通住宅与非普通住宅必须分开清算。《国家税务总局关于印发〈土地增值税清算管理规程〉的通知》（国税发〔2009〕91号文）（以下简称91号文）虽然要求税务机关审核纳税人对不同类型房地产是否分别计算增值额、增值率，缴纳土地增值税，但是，并未规定如果纳税人不分别核算，税务机关需要进行调整。

乙方 普通住宅与非普通住宅分开核算，是土地增值税清算的一项基本要求。

海口市地税局认为，104号文是海南省地税局为贯彻91号文而对土地增值税有关问题作的进一步明确。91号文第十七条规定，"清算审核时，应审核……对不同类型房地产是否分别计算增值额、增值率，缴纳土地增值税"。海口市地税局作为主管税务机关在审核纳税人提交的土地增值税税款鉴证报告时，认为纳税人申报的合并计算土地增值额的鉴证报告不符合91号文第十七条的规定，经委托鉴定部门鉴定，对普通住宅与非普通住宅分别计算增值额、增值率，计算出纳税人应缴纳土地增值税3212908.80元，扣除已缴的税款2893751.70元，应补缴税款319157.10元。依据《中华人民共和国土地增值税暂行条例》《中华人民共和国土地增值税暂行条例实施细则》及相关政策规定，向纳税人发出税款缴纳通知。海口市地税局作出的具体行政行为所认定的事实清楚，适用法律、法规正确，程序合法。

"纳税人自愿不享受免征20%的优惠政策，不分别申报就可以合并计算"，是对文件的错误理解。"建造普通住宅出售，增值额未超过扣除项目金额20%的，免征土地增值税"的立法本意是：纳税人应分别申报，纳税人不分别申报就不能享受优惠政策。但是，不论纳税人是否分别申报，税务机关都得按照91号文第十七条的规定，"分别计算增值额、增值率，缴纳土地增值税"，进行清算审核。

------------------------------------ **案例导读** ------------------------------------

《中华人民共和国土地增值税暂行条例》第八条规定，纳税人建造普通标准住宅出售，增值额未超过扣除项目金额20%的，免征土地增值税。

《中华人民共和国土地增值税暂行条例实施细则》第十一条规定，纳税人建造普通标准住宅出售，增值额未超过本细则第七条（一）、（二）、（三）、（五）、（六）项扣除项目金额之和20%的，免征土地增值税；增值额超过扣除项目金额之和20%的，应就其全部增值额按规定计税。

《财政部 国家税务总局关于土地增值税若干问题的通知》（财税〔2006〕21号）提出，

纳税人既建造普通住宅，又建造其他商品房的，应分别核算土地增值额。

《国家税务总局关于房地产开发企业土地增值税清算管理有关问题的通知》（国税发〔2006〕187号）规定，开发项目中同时包含普通住宅与非普通住宅的，应分别计算增值额。

根据国税发〔2006〕187号文第一条和国税发〔2009〕91号文第十七条的规定，同一清算单位的房地产项目中同时包含普通住房与非普通住房的，应该分别计算普通住房与非普通住房的增值额、增值率，征收土地增值税。纳税人在申报土地增值税清算时，未分别计算普通住房与非普通住房增值额、增值率的，税务机关审核时，应分别计算普通住房与非普通住房的增值额、增值率，征收土地增值税。

《财政部 国家税务总局关于土地增值税一些具体问题规定的通知》（财税字〔1995〕48号）规定，对纳税人既建普通标准住宅又搞其他房地产开发的，应分别核算增值额。不分别核算增值额或不能准确核算增值额的，其建造的普通标准住宅不能适用《中华人民共和国增值税暂行条例》第八条第（一）项的免税规定。那么，能否从这个文件中引申出"允许纳税人合并计算土地增值额"的意思呢？

答案是否定的。免税规定属于纳税人的权利，是否行使权利可由纳税人自主选择，而税法规定应分别核算增值额、增值率，"应"在法律文书上的含义是履行一定的义务或责任，也就是说"分别计算增值额、增值率"是纳税人的一项义务。对于法律主体来说，是否享受税收优惠是纳税人可以自由选择的，而分别计算增值额、增值率不是纳税人可以自由选择的，不能以放弃权利的享受来对抗应当履行的义务。因此，普通住宅的增值额与非普通住宅的增值额必须分别核算。

房地产企业是否长期拖欠巨额土地增值税纷争案

案例描述 [①]

央视"每周质量报告"栏目关注过广东等地的房地产企业在土地交易和房地产开发过程中存在的拖欠土地增值税的问题,栏目组通过各种手段对珠海一家房地产公司逃税、欠税等问题进行了调查,发现这家公司应缴未缴的土地增值税超过6亿元。然而,在进一步调查过程中,记者了解到存在逃避、拖欠土地增值税的房地产企业还有很多,而且拖欠的数额都非常大。

长期关注房地产业发展的资深律师、会计师李劲松透露,此前他根据国家统计局、财政部以及国家税务总局公布的房地产相关数据,对没有征收到位的土地增值税作了分析测算,结果发现,2005年1月1日至2012年12月31日全国各类房地产企业应该缴纳的土地增值税超过4.6万亿元,而实际上,国家征收到的土地增值税仅仅为0.8万亿元。这就意味着,全国房地产开发企业应缴未缴的土地增值税总额超过3.8万亿元。

李劲松在对国内知名的45家房地产上市公司的企业年报进行分析后发现,这些公司无一例外都有巨额应缴未缴的土地增值税,而且,有不少房地产上市公司长期未缴巨额土地增值税,只是将其挂在账上。其中,截至2012年12月31日,29家房地产上市公司应缴未缴土地增值税多达640亿元。应缴未缴土地增值税金额排名前十的房地产企业如表4所示。

表4 截至2012年12月31日应缴未缴土地增值税金额排名前十的房地产企业

企业名称	应缴未缴土地增值税金额
雅居乐地产控股有限公司	83 亿元
SOHO 中国有限公司	64 亿元
广州富力地产股份有限公司	58 亿元
万科股份有限公司	58 亿元
深圳华侨城股份有限公司	49 亿元

① 根据《央视曝房企拖欠土地增值税 或是高层对税改表态》和《央视曝土增税黑洞:万科多个项目共欠缴超40亿》改写,原载 http://business.sohu.com/20131126/n390789854.shtml,2013 年 11 月 26 日,以及 http://finance.sina.com.cn/chanjing/gsnews/20140102/211317826647.shtml?from=wap,2014 年 1 月 2 日。

续表

企业名称	应缴未缴土地增值税金额
招商局地产控股股份有限公司	44 亿元
合生创展集团有限公司	42 亿元
融创中国控股有限公司	27 亿元
金地集团股份有限公司	26 亿元
新世界中国地产有限公司	24 亿港元

案例讨论

> 论题：房地产企业为何存在巨额的应缴未缴土地增值税问题？

甲方 一些房地产企业应缴未缴土地增值税，而基层税务机关又未能及时足额地征缴。

广州富力地产股份有限公司的一名负责人声称，在年报中所列出的土地增值税不是现时义务，并不需要全部上缴，但是，这部分土地增值税又成了公司已经支出的经营成本，也就是说，这些上市的房地产公司公布的年报中，企业利润已经减掉了这部分并没有足额上缴的土地增值税。

相关专家指出，房地产公司的这种解释是站不住脚的。只要房地产公司计算出应缴土地增值税税额，并按照企业会计准则将其确认为成本计入当期负债，就应该是现时义务，换句话说，企业已经把应缴土地增值税列入了经营成本，应该及时向税务部门申报缴纳土地增值税。

那么，为什么把应缴未缴的土地增值税长期挂在自己企业的账上呢？

招商局地产控股股份有限公司投资部负责人表示，这是公司的一个策略，40多亿元存在银行里，早交或晚交一个月，利息收入差别是巨大的。

专业人士指出，消费者把包括土地增值税在内的购房款交给了开发商，开发商把所涉及的土地增值税揣在手里，获利不菲。截至2012年12月31日，SOHO中国有限公司有应缴未缴土地增值税64亿元，仅按60亿元来算，月获银行存款利息高达1500万元，每多拖一年，SOHO中国就至少可以多赚1.8亿元。

截至2012年12月31日，万科股份有限公司共计提了土地增值税清算准备金44.34亿元。也就是说，仅万科一家房地产上市企业自行清算却没有及时征缴入国库的土地增值税就超过了44亿元。但是万科公司称，经内部核实，所报道的几个项目都不符合清算条件。

其中，广州金域华庭项目，销售比例仅为49%，远未达到土地增值税清算条件。吉林万科城项目，项目毛利率仅为16%，预计清算后实际应缴纳的土地增值税少于预缴金额，属于应退税项目。广州金域蓝湾项目、柏悦湾项目，均未全部完成销售，交付时间均为2013年12月。提取土地增值税清算准备金，只是"企业会计处理程序，与企业现时纳税义务无关"，并宣称"公司不存在应缴未缴的土地增值税"。

根据我国法律规定，纳税人未按规定期限缴纳税款的，税务机关除责令其限期缴纳税款外，从滞纳税款之日起，按日加收滞纳税款的万分之五的滞纳金。企业面临的应该是数额惊人的罚款，企业负责人甚至可能需要承担刑事责任，但是，实际情况却是，房地产公司并未因此受到任何惩处，那么，问题到底出在了哪里呢？

截至2012年12月31日，广州富力地产股份有限公司有58亿元的应缴未缴土地增值税。按照税法规定，广州市地税局直接管辖广州富力地产股份有限公司。记者给广州市地税局提出了三个问题：第一，截至2012年12月31日，广州富力地产股份有限公司58亿元的应缴土地增值税，是否已经在2013年1月15日前缴纳？第二，58亿元应缴土地增值税中，有多少是2012年12月当月新增加的？第三，58亿元应缴土地增值税，若2013年1月没有缴清，至3月底分别缴纳了多少？

5月14日，广州市地税局通过电子邮件答复记者："您提供的香港上市房地产集团公司财务数据，包含该公司在中国内地范围内所有注入上市公司项目所涉土地增值税，超出我局管辖范围，我局无法核实。"这也就意味着，直接管辖广州富力地产股份有限公司的广州市地税局，无法提供这家企业的土地增值税清算征缴情况。

耐人寻味的是，房地产上市公司对自己该缴纳多少土地增值税，事实上却有本明白账。富力地产2012年年报对其应缴土地增值税，明确声明："本集团须缴纳中国土地增值税，并已计入本集团销售成本。然而，中国不同城市在实施有关税项方面各有不同，而本集团部分土地增值税尚未与各税务机关完成结算。"

无独有偶，在香港上市的碧桂园控股有限公司2012年年报披露：截至2012年12月31日，其应缴中国土地增值税及企业所得税高达72亿元；"公司在中国主要营业地址是广东省佛山市顺德区北滘镇"，也正是碧桂园集团公司的所在地。然而，当记者在佛山市顺德区对碧桂园公司土地增值税的征缴情况进行调查时，顺德区地税局的相关负责人却告诉记者，他们也没有掌握碧桂园公司有关土地增值税的数据。

从2000年以来，国家有关部门几乎年年下发有关通知，要求强化对土地增值税的清算和稽查。房地产公司在企业年报中已经算出了自己应缴未缴的土地增值税，而主管土地增值税征缴工作的各地地税部门却都无法提供这些房地产公司欠税的具体数字，这样的情况显然是不正常的。

乙方 房地产业"欠税"没有那么多，其实也谈不上欠税。

全国各类房地产企业真的"欠税"3.8万亿元吗？资深律师、会计师李劲松是怎么计算出来的？"自2005年1月1日—2012年12月31日，这8年间全国商品房销售总额超过31.2万亿元；而中国社科院2011年住房绿皮书披露，2009年全国房地产行业平均毛利率为55.72%。照此测算，全国各类房地产企业应该缴纳的土地增值税超过4.6万亿元。而实际上，这8年间国家征收到的土地增值税仅为0.8万亿元。全国房地产开发企业应缴未缴的土地增值税总额=4.6-0.8=3.8万亿元。"

该测算存在明显的重大偏差：所援引的2009年全国房地产行业平均毛利率数据55.72%显然脱离了常识。2013年的房价早已高过2009年，全国房地产平均售价=全国房地产销售额7万亿元÷全国房地产销售面积12亿平方米≈5800元/平方米。而中国指数研究院统计，2013年1—11月，全国300个城市土地出让金总额为2.7万亿元，全国300个城市各类用地楼面均价为1174元/平方米。若以平均建安成本2500元/平方米计算，全国房地产平均毛利率=（售价-地价-建安成本）÷售价=（5800-1174-2500）/5800≈37%。37%的平均毛利率是符合常识判断的。《国家税务总局关于土地增值税清算有关问题的通知》（国税函〔2010〕220号）规定，凡不能按转让房地产项目计算分摊利息支出或不能提供金融机构证明的，房地产开发费用在按"取得土地使用权所支付的金额"与"房地产开发成本"金额之和的10%以内计算扣除。假设房地产开发企业开发费用的确定选择这种情形，再考虑加计扣除20%，则土地增值率=（销售收入-扣除项目）/扣除项目=[销售收入-（土地价款+开发成本）×（1+20%+10%）-增值税税金]/[（土地价款+开发成本）×（1+20%+10%）+增值税税金]。而37%的毛利率换算成土地增值率仅为13%左右，即土地增值率=[5800-（1174+2500）×130%-5800×6%]÷[（1174+2500）×130%+5800×6%]，按30%计算税负率约为3.9%。2005年1月1日至2012年12月31日，全国商品房销售总额为31.2万亿元，应纳土地增值税不超过1.22万亿元，扣减0.8万亿元已缴的税额，全国所有房企挂账应缴土地增值税余额不超过4200亿元。

换一种方法推算：李劲松统计公布的29家上市公司中有13家名列2013年度销售排行榜前50名。这13家上市公司2013年销售额合计5375亿元，占全国房地产销售额7万亿元之比约为7.7%（市场占有率）。用李劲松统计的2012年年末"拖欠"土地增值税428亿元推算，全国房地产企业"拖欠"土地增值税数额=428/7.7%≈5558（亿元）。

------------------------------ 案例导读 ------------------------------

土地增值税实际上就是反房地产暴利税，征收土地增值税的目的，就是要加强国家对

房地产市场的调控,压缩房地产企业的利润空间,抑制房价过快增长,抑制开发商炒买炒卖土地、投机获取暴利的行为,避免国有土地收益流失,以增加国家财政收入。目前,我国土地增值税实行四级超额累进税率,对房地产企业售房收入扣除开发成本等支出后的增值部分,土地增值率高的多征,增值率低的少征,无增值的不征,房地产项目毛利率只要达到34.63%以上,都需要缴纳土地增值税。

而目前房地产商通常的操作模式下,土地增值税已经被列入了开发成本,也就是说,房地产商应向国家缴纳的土地增值税,早就已经包含在消费者的购房款中了。《国家税务总局关于房地产开发企业土地增值税清算管理有关问题的通知》(国税发〔2006〕187号)第二条规定,土地增值税的清算条件如下。

(1)符合下列情形之一的,纳税人应进行土地增值税清算:①房地产开发项目全部竣工、完成销售的;②整体转让未竣工决算房地产开发项目的;③直接转让土地使用权的。

(2)符合下列情形之一的,主管税务机关可要求纳税人进行土地增值税清算:①已竣工验收的房地产开发项目,已转让的房地产建筑面积占整个项目可售建筑面积的比例在85%以上,或该比例虽未超过85%,但剩余的可售建筑面积已经出租或自用的;②取得销售(预售)许可证满三年仍未销售完毕的;③纳税人申请注销税务登记证但未办理土地增值税清算手续的;④省税务机关规定的其他情况。

根据《中华人民共和国土地增值税暂行条例》第十条的规定,土地增值税纳税义务发生时间为房地产转让合同签订之日。

司机违法排污受罚后再缴纳环境保护税案

案例描述①

2018年1月7日上午9时，湖南省长沙市圭塘河巡河员巡查发现圭塘河某段河道存在疑似大量猪血污染水体的情况。针对此问题，圭塘河所在区的环境保护局、市政管理局、相关街道等单位组成指挥部立即开展排查。查明血水是从振东路的雨水井排入，经比亚迪路，最后由圭塘河十号排口流入圭塘河。截至7日22时，已全面切断污染源。

经初步调查，怀疑血水是从A公司排出流入圭塘河。1月8日，指挥部组织相关部门在事发河段以及A公司场内用挖掘机开挖，排查河道中是否存在暗管偷排。经挖掘查实，未发现A公司存在暗管排污行为。在与A公司进一步核实的过程中，发现A公司与B公司签订长期供应猪血的购销合同。2018年1月，由于高速公路结冰，B公司不能及时赶来，导致猪血变质。B公司联系了C清洁公司进行处理，C清洁公司派D司机开槽车拉3吨猪血到污水处理厂，结果司机图省事将猪血排放到雨水井，导致污染。

区环境保护局委托E公司对污染水体进行采样检测，检测结果显示化学需氧量、氨氮、动植物油等指标超标。

1月8日，区环境保护局对C清洁公司的D司机进行调查，其本人对违法排污事实供认不讳。区环境保护局对其违法行为进行立案，并将案件移交区公安分局处理，涉案司机被行政拘留15天。区环境保护局对C清洁公司向路边雨水管非法倾倒废弃物（生猪血水）行为处以10万元罚款，并对A公司加强监管。处理结束后，区环境保护局向税务部门发出《关于圭塘河水体污染事件的函》，说明了案情经过和处罚情况。

---

① 根据于佳曦《突发环境事件中环境保护税的征缴》编写，原载《中国税务》2018年第11期。

案例讨论

论题：个人违法排放污水被处罚后，是否可以免除相应的纳税义务？

甲方 个人违法排放污水被处罚后，不必再缴纳环境保护税。

根据《中华人民共和国环境保护税法》的规定，在中华人民共和国领域和中华人民共和国管辖的其他海域，直接向环境排放应税污染物的企业事业单位和其他生产经营者为环境保护税的纳税人，应当依照规定缴纳环境保护税。

排放生活污水和垃圾的居民个人未列入征税范围，不用缴纳环境保护税。虽然居民个人排放生活污水和垃圾对环境影响很大，但目前我国大部分市、县的生活污水和垃圾已进行集中处理，不直接向环境排放，对环境的影响得到了有效控制。同时，为顺利实施费改税，避免增加纳税人负担，所以按照《中华人民共和国环境保护税法》的规定未将排放生活污水和垃圾的居民个人列入征税范围，其不用缴纳环境保护税。

本案例中，D司机属于居民个人排放生活污水的行为，被行政拘留15天后，应该不用缴纳环境保护税。

乙方 个人违法排放污水被处罚后，并不免除相应的纳税义务。

本案例涉及A公司、B公司、C清洁公司以及D司机，谁应为环境保护税的纳税人？根据《中华人民共和国环境保护税法》第二条的规定，直接向环境排放应税污染物的企业事业单位为C清洁公司。因此，该公司在受到处罚后还应缴纳环境保护税。因此，税务部门在收到《关于圭塘河水体污染事件的函》后，应根据《中华人民共和国环境保护税法》及其实施条例，计算并征收环境保护税。

按照《中华人民共和国环境保护税法实施条例》第七条第四款的规定，通过暗管、渗井、渗坑、灌注或者稀释排放以及不正常运行防治污染设施等方式违法排放应税污染物，以其当期应税水污染物的产生量作为污染物的排放量。在本案中，应以3吨猪血排放量作为计税依据。

通过调查，偷排猪血来自屠宰车间。根据E公司检测报告数据，废水的化学需氧量为 6.57×10^3 mg/L，氨氮为746 mg/L，动植物油为142mg/L，pH值为7.03（根据《中华人民共和国环境保护税法》附表二"三、pH值、色度、大肠菌群数、余氯量水污染物污染当量值"，pH值7.03不在该表列出的征税范围内），经查《中华人民共和国环境保护税法》附表二得知，化学需氧量的污染当量值为1kg，氨氮的污染当量值为0.8kg，动植物油的污染当量值为0.16kg，据此计算应缴纳的环境保护税。

（1）计算水污染物污染当量数（kg）。污染当量数＝应税水污染物排放（产生）量×该污染物浓度值÷该污染物的污染当量值。计算时，请注意单位之间的换算，将结果统一成kg。化学需氧量污染当量数＝$3×10^3×6.57×10^3÷10^6÷1=19.71$kg，氨氮污染当量数＝$3×10^3×746÷10^6÷0.8≈2.80$（kg），动植物油污染当量数＝$3×10^3×142÷10^6÷0.16≈2.66$kg。

（2）计算排污总当量数（kg）。根据检测报告，污染物排放因子均为其他类水污染物，按照《中华人民共和国环境保护税法》，应将污染当量数由大到小排序对其前三项进行征税。本案例只涉及三项水污染物，因此，无须排序，均须征税。污染当量数合计＝$19.71+2.80+2.66=25.17$kg。

（3）计算水污染物环境保护税。湖南省应税水污染物适用税额为每污染当量3元。因此，C清洁公司应纳水污染物环境保护税＝$25.17×3=75.51$（元）。

本案中，区税务机关在接到区环境保护局《关于圭塘河水体污染事件的函》后，及时计算确认了C清洁公司的环境保护税应纳税额，并补缴入库环境保护税税款75.51元。

------------------------------ 案例导读 ------------------------------

突发环境事件在经环境保护部门处理后，税务部门在接到相关函件时，应及时跟进，征收相应的环境保护税，加强后续征收管理。

一是确定好计税依据。突发环境事件由于其紧急性和突发性，基本无自动监测数据，需专门的检测机构出具检测报告，来确定污染物指标。另外，突发环境事件基本属于违规排放，其排放量确定从严，要按照《中华人民共和国环境保护税法实施条例》第六条、第七条确定污染物的排放量。

二是按期征缴入库。根据《中华人民共和国环境保护法》第十六条的规定，环境保护税纳税义务发生时间为纳税人排放应税污染物的当日。对于突发环境事件环境保护税的征收应在环保部门传递相关函件后及时进行征缴。

三是及时传递涉税信息。税务机关应按照《中华人民共和国环境保护法》第十五条的规定，将突发环境事件涉事企业的税款缴纳情况，交送给环境保护主管部门。

云翔房地产公司涉嫌少缴房产税案

案例描述 [1]

云翔房地产开发有限公司是以开发自持型商业地产为主的商业地产集团公司，按照当地规定，从价计征时允许按减除30%后的余值征税。

云翔公司的A商业项目与客户签订租期为两年（2008年1月1日—2009年12月31日）的租赁合同，租金总额为2400万元，但前三个月免租，云翔公司从2008年4月1日起开始缴纳房产税，每月缴纳额为2400÷21×12%≈13.71万元，2008年累计缴纳额为13.71×9=123.39万元。

云翔公司的B商业项目地上建筑面积为10000平方米，土地成本为20000万元。地上建筑物由宇厦公司代建，宇厦公司迟迟未与云翔公司办理决算手续，因而云翔公司地上建筑物的账面成本为0，同时B项目已交付使用，并办出产权证。云翔公司按账面土地成本20000万元缴纳房产税，每季缴纳额为20000×（1-30%）×1.2%÷4=42万元。

云翔公司的C商业项目单独建造地下车库（非人防工程）2000平方米，地下占地面积为1000平方米，成本为2000万元，地下车库上有甲公司物业用房，占地面积为100平方米。根据《关于具备房屋功能的地下建筑征收房产税的通知》（财税〔2005〕181号）第二条之规定，云翔公司将地下建筑物建造成本的7折（即1400万元）作为房产原值缴纳房产税，每季缴纳额为2000×0.7×（1-30%）×1.2%÷4=2.94万元。

① 根据《房产税的疑难问题案例分析》改写，原载 http://www.shui5.cn/article/e3/45650.html，2015年10月23日。

案例讨论

论题一：免租期如何缴纳房产税？

甲方 税务师认为，免租期内的房产税应由客户缴纳。

《财政部 国家税务总局关于房产税若干具体问题的解释和暂行规定》（财税地字〔1986〕8号）第七条规定，纳税单位和个人无租使用房产管理部门、免税单位及纳税单位的房产，应由使用人代缴纳房产税。根据这一规定，云翔公司免租期内的房产税应由客户缴纳，云翔公司不是免租期内的纳税义务人，因而也不存在补税的问题。

乙方 税务机关认为，在免租期内云翔公司也应缴纳房产税。

对于甲公司的A商业项目，应将2400万元的租金分摊在含免租期在内的24个月内缴纳，即2008年应缴纳房产税为$2400 \div 2 \times 12\% = 144$万元，甲公司需补缴$144 - 123.39 = 20.61$万元。使用人只是"代缴纳"，真正的缴纳人应该还是出租人。

另外，依据《财政部 国家税务总局关于房产税城镇土地使用税有关问题的通知》（财税〔2009〕128号）第一条"关于无租使用其他单位房产的房产税问题"：无租使用其他单位房产的应税单位和个人，依照房产余值代缴纳房产税。也就是说，《关于房产税若干具体问题的解释和暂行规定》（财税地字〔1986〕8号）第七条自动失效。

案例讨论

论题二：未入账的房产如何缴纳房产税？

甲方 税务机关认为，云翔公司应补缴B项目的房产税。

根据《财政部 国家税务总局关于房产税城镇土地使用税有关问题的通知》（财税〔2008〕152号）第一条之规定，对依照房产原值计税的房产，不论是否记载在会计账簿固定资产科目中，均应按照房屋原价计算缴纳房产税。房屋原价应根据国家有关会计制度规定进行核算。对纳税人未按国家会计制度规定核算并记载的，应按规定予以调整或重新评估。

云翔公司没有按照国家会计制度规定核算B项目地上建筑物的成本，因而税务机关可以重新评估，要求云翔公司建筑成本按2000元/平方米的评估价计算，补缴房产税的金额为$2000 \times 10000 \times (1 - 30\%) \times 1.2\% \div 10000 = 16.8$万元。

乙方 税务师认为，云翔公司不存在补税的问题。

决算迟迟不出，地上建筑物建造成本难以确定，是经营上的一些不可控因素造成的，这是正常经营结果的反映，云翔公司没有不按国家会计制度规定核算房屋原值，因而不适用于重新评估，不存在补税的问题。

案例讨论

论题三：地下建筑物如何缴纳房产税？

甲方 税务机关认为，应将地下车库与地上建筑视为一体，从价计征房产税。

《财政部 国家税务总局关于具备房屋功能的地下建筑征收房产税的通知》（财税〔2005〕181号）第二条规定，对于与地上房屋相连的地下建筑，如房屋的地下室、地下停车场、商场的地下部分等，应将地下部分与地上房屋视为一个整体按照地上房屋建筑的有关规定计算征收房产税。

由于C商业项目的地下车库上有一些地上建筑物，因而应将地下车库与地上建筑视为一体，从价计征房产税；不得将其视为地下建筑物而在确认房产原值时对建造成本打折，应按建造成本2000万元全额确定为房产原值，应补税款为2000×0.3×（1-30%）×1.2%=5.04万元。

乙方 税务师认为，地下车库不是与地上房屋相连的地下建筑。

如何区分独立地下建筑和与地上房屋相连的地下建筑？财税〔2005〕181号第三条对"与地上房屋相连的地下建筑"进行的列举解释为"房屋的地下室、地下停车场、商场的地下部分"。

由此，可以将"与地上房屋相连的地下建筑"归纳解释为"地上建筑物的地下基础部分"。这样，C商业项目的地下车库上面虽然存在一些零星建筑（占地100平方米），但明显地下车库不是物业用房的基础部分，而是独立建造的，不能认为地下车库是与地上房屋相连的地下建筑。

案例导读

1 关于无租使用和免租期

《财政部 国家税务总局关于房产税城镇土地使用税有关问题的通知》（财税〔2009〕

128号）第一条规定，无租使用其他单位房产的应税单位和个人，依照房产余值代缴纳房产税。

《财政部 国家税务总局关于安置残疾人就业单位城镇土地使用税等政策的通知》（财税〔2010〕121号）规定，对出租房产，租赁双方签订的租赁合同约定有免收租金期限的，免收租金期间由产权所有人按照房产原值缴纳房产税。

上述两个文件对于免收租金与无租使用房产的房产税纳税义务人的判断完全不同。

一般来讲，无租使用房产视为出借，而非租赁交易行为，其明显的特征是使用人无须支付租金性质的对价。比照《中华人民共和国房产税暂行条例》中"产权所有人、承典人不在房产所在地的，或者产权未确定及租典纠纷未解决的，由房产代管人或者使用人缴纳"的规定处理，由实际使用人缴纳房产税。

而出租房产免收租金，出租方实际发生了出租行为。在租赁交易中，租赁双方约定一定时期内租金为零，从形式上可以表现为出租方根据约定在一定期限内豁免承租方租金，承租方根据租赁约定在一定的期限内应当享受免予支付租金的权利。在房产租赁行为中，免收租金期间基于发生的租赁事实，除房产产权未明确或存在未解决的租典纠纷外，房产所有人为房产税的纳税义务人，最终承担房产税。

2　关于独立地下车库

独立地下车库是指不与任何地上建筑相连的车库，也就是这种车库地面上是没有建筑物的，其也没有与附近建筑直接相通的通道。

非独立地下车库是相对于独立车库而言的，一般建立在高层、多层建筑物或别墅洋房等建筑物的正下方地面以下，用于停放车辆的车库，可以设置多层地下车库。通道可以直接通到建筑物以内，也可以直接通到地上建筑物的外边。

但是，单纯从物理上是否与其他建筑相连的依据来判定是否为独立地下车库，不是很合理，更应该从实质上来判断。

张先生遇上的车辆购置税退税案

案例描述①

2017年4月2日，张先生购买了一辆新车，并缴纳了车辆购置税，在去公安局车辆管理所注册上牌前，将车退回了汽车经销商，汽车经销商开具了退车发票。第二天，该车被卖给了李先生，李先生在缴纳车辆购置税后到车辆管理所进行注册登记。

张先生向国税局提出退税申请，国税局以该车两次缴纳税款为由，依据《中华人民共和国税收征收管理法》第五十一条批准予以退还税款。

🎤 案例讨论

论题：以"该车两次缴纳税款"为由办理退税，有没有法律依据？

甲方 退税审批没有法律依据。

《中华人民共和国车辆购置税暂行条例》第一条规定，在中华人民共和国境内购置本条例规定的车辆（简称应税车辆）的单位和个人，为车辆购置税的纳税人，应当依照本条例缴纳车辆购置税。第二条规定，本条例第一条所称购置，包括购买、进口、自产、受赠、获奖或者以其他方式取得并自用应税车辆的行为。

车辆购置税的纳税人是一个特殊的群体，特殊在这些纳税人不需要进行纳税登记。而车辆购置税纳税人的纳税义务发生必须具备"购买""并自用"应税车辆两个条件。"购

---

① 根据《买车后再转卖车辆购置税重复征收该怎么退？》改编，原载 https://wenku.baidu.com/view/f05573fe294ac850ad02de80d4d8d15abe2300a0.html，2017 年 11 月 7 日。

买"可以用购车发票作为依据予以确认，"自用"可以用挂牌（注册）作为依据。当然也有强行不上牌的车辆，也应视为自用，本案例中不讨论。

很多实际情况是：车辆还没有挂牌，该车因为种种原因被退回给经销商，也就是车辆退回了原始状态。从严格意义上讲，车辆购置税的纳税义务还没有发生，虽然"购买"了，但并没有《中华人民共和国车辆购置税暂行条例》第二条指出的"并自用"的行为的发生。

本案例中退税审批以"该车两次缴纳税款"为由办理退税显然没有法律依据，也显失公平，因为张先生是否享有申请退税的权利，与李先生没有关系。不论李先生缴税还是不缴税，张先生的权利义务都是实际存在的。

乙方 依据《中华人民共和国税收征收管理法》第五十一条退税不恰当。

《中华人民共和国税收征收管理法》第五十一条有两个关键点：第一个关键点主体应该是"纳税人"；第二个关键点是"超过应纳税额缴纳的税款"，本案中张先生是否具有纳税义务？张先生是纳税人吗？如果张先生是纳税人，他是否有"应纳税额"，是否有"超过应纳税额"的情况？

《中华人民共和国车辆购置税暂行条例》第十四条规定，纳税人应当在向公安机关车辆管理机构办理车辆登记注册前，缴纳车辆购置税。这一规定非常特殊。"特殊"表现在，还无法确认购车人是否具有纳税义务就要提前缴纳车辆购置税。

张先生是否具有主张退税的权利，《中华人民共和国税收征收管理法》并没有作出具体的规定，除车辆购置税、个人所得税的纳税人外，其他纳税人发生多缴税款情况的，一般都是不办理退税的，而是用后一纳税期的应纳税款抵扣的。车辆购置税、个人所得税的纳税人则需要通过退税来主张自己的权利。

案例导读

车辆购置税的纳税人的产生应该是随纳税义务的产生而产生的，那么车辆购置税纳税义务的发生时间怎么确定呢？

一种理解为："购买、进口、自产、受赠、获奖或者以其他方式取得"并自用。

这种理解就是指必须具备两个条件才能认定纳税义务发生。这也可以解释为什么"公安机关不予上牌，因质量问题退回的车辆"可以退回车辆购置税，理由很直观：因为车辆虽然购置了但不可能使用。比如赠与，购买车辆赠与他人，受赠方是纳税义务人，由受赠方缴税而非赠与方缴税。

按这种理解并使用《中华人民共和国税收征收管理法》第五十一条办理退税便产生了执法风险，因为《中华人民共和国税收征收管理法》是上位法，《车辆购置税征收管理办法》第二十二条"已缴车辆购置税的车辆，发生下列情形之一的，准予纳税人申请退税"的限制性规定就超越了上位法的普遍性原则。难道该办法存在问题？还是这种对纳税义务发生要件的理解是错误的呢？

另一种理解为："购买、进口、自产、受赠、获奖"或者"以其他方式取得并自用"。

这种理解也是很多书上注明的，车辆购置税纳税义务发生必须满足三个要件：一是发生了购置车辆的行为（即所谓的应税行为）；二是这种行为发生在中国境内（即所谓的征税区域）；三是所购置的车辆属于《中华人民共和国车辆购置税暂行条例》规定征税的车辆。

只有同时符合这三个条件的单位或个人，才构成车辆购置税的纳税人，否则不能构成车辆购置税纳税人。也只有这样理解才能解释《中华人民共和国车辆购置税暂行条例》第十四条的规定：纳税人应当在向公安机关车辆管理机构办理车辆登记注册前，缴纳车辆购置税。否则，申报缴纳车辆购置税就成了一种预申报、预缴税的行为。

2018年12月29日第十三届全国人民代表大会常务委员会第七次会议通过了《中华人民共和国车辆购置税法》，其中第二条已经改为"本法所称购置，是指以购买、进口、自产、受赠、获奖或者其他方式取得并自用应税车辆的行为"。

为了更好地保护消费者利益，《中华人民共和国车辆购置税法》还新增了退税条款。纳税人将已征车辆购置税的车辆退回车辆生产企业或者销售企业，可以按照有关规定向主管税务机关申请退还车辆购置税税款，应退税额不得为负数。

退税额以已缴税款为基准，自缴纳税款之日至申请退税之日，每满一年扣减10%。例如，某消费者购买了一辆12万元的车，缴纳了10619元的车辆购置税，如果在使用两年后因某种原因需要退车，还可以申请退还部分车辆购置税，退还的款项为10619×（1-2×10%）=8495.2元。

王先生的东风雪铁龙引发出车辆购置税案

案例描述 [①]

2013年5月，浙江省永康市王先生在市区汽车城买了一辆东风雪铁龙轿车，原价是12万元左右，经过一番讨价还价，最后以11.2万元成交，减了约8000元。王先生的妻子是会计，她拿着购车发票算了算感到疑问，11.2万元的买价为什么缴纳1万多元的车辆购置税呢？

王先生夫妇俩来到销售店，找到了卖车给他们的销售员小李。小李很淡定地答复，车辆购置税的计算一点问题也没有。小李的计税公式跟王太太的完全一样，他们的唯一分歧就在于车辆购置税该在什么基础上征收，王太太针对的是发票上的价格，小李却是根据汽车的原定价计算的。

案例讨论

甲方 按照成交价格计算，车辆购置税为9500多元。

王先生的妻子认为，车辆购置税计算公式是这样的：应纳税额=计税价格×税率（10%）。因为机动车销售专用发票的购车价中均含增值税税款，所以在计征车辆购置税时，必须先将17%的增值税剔除，也就是说，计税价格=支付给销售者的全部价款÷1.17。

王先生买的东风雪铁龙轿车成交价格是11.2万元，那么应该缴纳的车辆购置税是（112000÷1.17）×10%，也就是9500多元。

乙方 按照原价计算，车辆购置税是1万多元。

销售员小李说："（120000÷1.17）×10%，不是1万多元吗？"

汽车销售时，商家会有一个原厂价，车卖出去有一个成交价（发票价）。另外，为了防止偷税事件发生，国税机关还会有一个最低计税价，而且会参照车辆市场交易价格，不断对"最低计税价格"进行调整、更新，在车辆购置税征收环节进行指导。一般情况下，这一最低价不会高于出厂价、发票价。

面对这几种价格，车辆购置税的征收，依据"就高不就低"的原则，就是说，哪一个价格较高，就按哪个价格来征收。如此说来，在王先生买车这件事上，销售商按原价代收

---

① 根据金乐佳、周媛、朱浙萍、张苗《12万元的东风雪铁龙讨价还价 还交了1万多元购置税》改写，原载《钱江晚报》2013年6月3日。

1万多元税，是符合规定的。

案例导读

全国人大常委会于2018年12月29日公布并自2019年7月1日起施行的《中华人民共和国车辆购置税法》第六条规定，应税车辆的计税价格，按照下列规定确定：①纳税人购买自用应税车辆的计税价格，为纳税人实际支付给销售者的全部价款，不包括增值税税款；②纳税人进口自用应税车辆的计税价格，为关税完税价格加上关税和消费税；③纳税人自产自用应税车辆的计税价格，按照纳税人生产的同类应税车辆的销售价格确定，不包括增值税税款；④纳税人以受赠、获奖或者其他方式取得自用应税车辆的计税价格，按照购置应税车辆时相关凭证载明的价格确定，不包括增值税税款。

这就是说，不再对价外费用征收车辆购置税。过去所说的"价外费用"是指在销售价格之外向购买方收取的手续费、运输装卸费、代收款项、代垫款项等。

例如，别克英朗18T自动精英型是优惠力度较大的车型，厂家指导价为135900元，门店销售优惠额为45000元，消费者实际支付90900元。以往，消费者缴纳的车辆购置税为135900÷（1+13%）×10%≈12026元。按照《中华人民共和国车辆购置税法》，消费者应缴的车辆购置税为90900÷（1+13%）×10%≈8044元。相比之下，能够节省约3982元。

车辆购置税计税价格取决于机动车销售统一发票上注明的销售价格，那么，会不会出现发票低开偷税的情况呢？

如果经销商故意低开销售发票，存在违法风险；同时，税法的实施本身意味着税务部门的风险防控工作将更加严格。纳税人缴税后的发票金额会在金税系统内进行自动比对，并推送相关风险数据，税务部门会根据风险数据进行分析，依照《中华人民共和国税收征收管理法》进行处理。

袁女士购买的新车涉嫌多缴车辆购置税案

案例描述 [①]

北京一位车主以约20万元的价格购买了一辆新车，但在缴纳车辆购置税时被要求以约22万元计算应纳税额。车主对此表示异议，提起上诉要求法院审查国家税务总局文件《车辆购置税价格信息管理办法（试行）》的合法性。案件于2018年3月23日在北京市东城区法院一审开庭。

2017年6月24日，袁女士购买了一辆别克牌SUV昂科威，价格为205605元，随后向东城区国税局车辆购置税征收管理分局（以下简称征管分局）缴纳车辆购置税。但在具体该缴纳多少的问题上，二者发生了严重分歧。

袁女士计算出来她应缴纳的税款为 $205605 \div (1+17\%) \times 10\% \approx 17573.1$ 元。征管分局认为，袁女士申报的计税价格低于同类型应税车辆的最低计税价格，且无正当理由，应按照最低计税价格征收车辆购置税。最低计税价格是多少？其是计算机征税系统自然生成的。根据金税三期系统记载，袁女士所购买的该款轿车的最低计税价格为221000元。车辆购置税的税率为10%，这样，应纳税额为22100元。与袁女士计算出来的应缴纳税款相差4526.9元。

袁女士不服，向东城区国税局提起行政复议。东城区国税局维持了征管分局的决定。根据《中华人民共和国行政诉讼法》，袁女士将征管分局和东城区国税局一并列为被告，诉至东城区人民法院。除了要求撤销被告的"税收缴款书"，还请求法院审查上述国家税务总局红头文件是否合法。

🎤 案例讨论

论题：怎样理解纳税人申报的计税价格低于同类型应税车辆的最低计税价格有"正当理由"？

甲方 征管分局认为，袁女士申报的计税价格低于同类型应税车辆的最低计税价格，属于"无正当理由"。

无论是国务院出台的《中华人民共和国车辆购置税暂行条例》，还是国家税务总局出

---

① 根据万学忠、张维《北京车主起诉国税局 请求法院审查国家税务总局"最低计税价"文件的合法性》改写，原载《法制日报》2018年3月27日。

台的《车辆购置税征收管理办法》，都有按最低价计税的规定。《中华人民共和国车辆购置税暂行条例》第七条规定，国家税务总局参照应税车辆市场平均交易价格，规定不同类型应税车辆的最低计税价格。纳税人购买自用或者进口自用应税车辆，申报的计税价格低于同类型应税车辆的最低计税价格，又无正当理由的，按照最低计税价格征收车辆购置税。

什么是"正当理由"？自2015年2月1日起施行的《车辆购置税征收管理办法》确定为"进口旧车、因不可抗力因素导致受损的车辆、库存超过3年的车辆、行驶8万公里以上的试验车辆、国家税务总局规定的其他车辆"。

根据《中华人民共和国车辆购置税暂行条例》第七条，《车辆购置税征收管理办法》第九条第（三）项、第（六）项、第十一条及第十二条关于最低计税价格的界定，应该有几层意思：第一，最低计税价格的核定权限专属于国家税务总局；第二，最低计税价格的核定参照市场平均交易价格，但不等于市场平均交易价格；第三，纳税人申报的计税价格低于最低计税价格时，除有正当理由的情形之外，计税价格为最低计税价格。

据此，征管分局认为，袁女士申报的计税价格低于同类型应税车辆的最低计税价格，不属于上述几种情形，属于"无正当理由"。

乙方 袁女士认为，购车发票即是"正当理由"，因为发票是税务机关出具的，理当认可。

袁女士的代理人张先生在庭审中指出，购车发票即是"正当理由"，因为发票是税务机关出具的，理当认可。他还说："《车辆购置税征收管理办法》对于'正当理由'的解释，没有得到《中华人民共和国车辆购置税暂行条例》的授权，违背《中华人民共和国车辆购置税暂行条例》第七条第二款的正当理由的原义，增加了消费者义务，减少了消费者权利，不能作为法院审理案件的参照。建议法院就此条文内容如何理解，征求国务院法制办的意见。"

张先生提出了一系列质疑。在庭审中，征管分局特别提及，221000元的价格绝不会有错："在纳税人进行纳税申报时，征收机关在扫描纳税人的车辆合格证以及《车辆购置税纳税申报表》的二维条码后，系统会根据获取的配置序列号自动查找到国家税务总局核定的该车型最低计税价格，并计算应缴税款。"

对于税收征稽人员来讲，系统生成的价格确实不会错。但有一个现象让原告非常困惑："原告购买的别克牌SUV昂科威2017款的车型多达十种，厂家指导价也从20.99万元到34.99万元不等，实际零售价最低为十几万元。如何确定'同类型''最低计税价格'？"扫码得出的价格并非与车型唯一对应，将最低价定为221000元不准确。

张先生进一步质疑，国家税务总局录入系统内的"最低价"采集程序不合法。国家税务总局就如何计算"最低价"于2006年出台过一个文件，即《车辆购置税价格信息管理办法（试行）》。这个文件要求参照"出厂价格""零售价格"核定最低计税价。而《中华人民共和国车辆购置税暂行条例》第七条规定，要参照"平均交易价格"核定最低计税价。张先生认为，国家税务总局的文件明显违反《中华人民共和国车辆购置税暂行条例》的规定，应属于违反上位法。

案例导读

根据报道，此前北京市朝阳区法院也受理过两起类似案件。一起发生在2015年，原告购买奥迪2995CC轿车的发票价格为668360元，被要求按70万元计税；另一起发生在2014年，原告所购车辆不含税价格为335042.74元，被认定计税价格为376000元。另外，上海也有一起类似的案件。胡某购得小客车一辆，不含税价格为210683.76元，但被认定计税价格为235000元。这三起案件，原告均败诉。

全国人大常委会于2018年12月29日公布、自2019年7月1日起施行的《中华人民共和国车辆购置税法》，没有出现"最低计税价格"及"正当理由"的提法。第七条规定，纳税人申报的应税车辆计税价格明显偏低，又无正当理由的，由税务机关依照《中华人民共和国税收征收管理法》的规定核定其应纳税额。但是，现行国家税务总局出台的《车辆购置税征收管理办法》（国家税务总局令第33号）规定，纳税人购买自用或者进口自用应税车辆，申报的计税价格低于同类型应税车辆的最低计税价格，又无正当理由的，计税价格为国家税务总局核定的最低计税价格。

可以理解为，《中华人民共和国车辆购置税法》取消了最低计税价。以前，最低计税价格是由厂商报备，国家税务总局参照市场平均交易价格来进行核定的。每款车的最低计税价格是多少，消费者未必清楚。《中华人民共和国车辆购置税法》实施后，按照消费者买车时支付给经销商的全部价款来计算应纳税额。

例如，某消费者于2019年6月23日购买一辆奔驰CLA200轿车，厂商指导价为269800元，实际成交价为209800元，如果按照实际成交价计税，应该缴纳18566元，但消费者实际缴纳了19000元，就是因为当时成交价低于最低计税价，必须按最低计税价缴税。2019年7月1日之后，《中华人民共和国车辆购置税法》生效，取消了最低计税价，就可以按照实际成交价缴税了。

特大制售巨额假车船税完税凭证案

案例描述①

1　分析举报线索 实施车船税专项检查

安徽省肥西县地税局与公安机关携手合作，经过7个多月的艰苦调查，成功破获一起特大非法制售假车船税完税凭证案，捣毁违法分子位于深圳市龙岗区的制假窝点1处，现场查获伪造的车船税完税凭证、增值税发票及其半成品1000多份，查获赃款100余万元。

2016年7月，肥西县地税局稽查局接到匿名电话举报，称肥西县有部分保险公司和运输公司使用伪造的车船税完税凭证办理机动车交通事故责任强制保险（以下简称"交强险"），逃避缴纳税款。同期，安徽省地税局稽查局也收到了类似内容的举报信息。安徽省地税局稽查局十分重视，报请安徽省地税局同意后，决定立即对肥西县出现的伪造完税凭证情况立案调查，并将该案确定为省局督办案件。

肥西县地税局稽查局决定成立3个检查组，首先对举报信息涉及的2家保险支公司和3家运输有限公司实施调查。检查人员调查2家保险支公司2015年1月—2016年6月车船税代收情况时发现，2家保险公司对本地车辆办理交强险业务时，共使用外地车船税完税凭证943份，涉及税款43.7万多元。本地车辆办理交强险为何大量使用外地车船税凭证？这一异常现象引起了检查人员的注意。

为全面摸清肥西县车船税缴纳情况，肥西县地税局决定扩大调查范围，在全县开展车船税专项检查，抽调全县地税系统业务骨干成立6个检查组，对辖区内15家保险公司、4户运输企业实施税收检查。

---

① 根据石卫斌、张海龙、赵宜创、汪如润《巨额假车船税票大肆抛售　蛛丝马迹挖出网络"隐身人"》编写，原载《中国税务报》2017年7月18日。

2 二维码扫描 运输公司惊现78份假凭证

检查人员在对合肥R运贸有限公司实施检查时，发现该企业获取的外地车船税完税凭证左上角均印有二维码。发票上有二维码比较普遍，但税务机关很少在完税凭证上印制二维码。检查人员遂用手机对凭证上的二维码信息进行了扫描，得到了二维码中的信息："00037503税单于2016年5月5日由浦东新区税务局第二十四所代开，缴款方为汪洋"。

检查人员比对发现，二维码中信息与凭证上的编号、纳税人等信息均不符，并且其中"浦东新区税务局""代开"等称谓并不规范，检查人员认为这份完税凭证具有伪造嫌疑。为确保证据不灭失，检查小组负责人不动声色，未向企业财务人员提出疑问，迅速派一名检查人员回局开具调账通知等文书，随后依法调取了该企业的全部账簿凭证资料，带回税务机关进行进一步核查。经过核查，在该企业账簿中共发现78份可疑的完税凭证。

为进一步确认这些完税凭证的真伪，检查人员到上海市浦东新区开展外部调查。经调查，可疑完税凭证中提及的上海市浦东新区地税局第二十四所为税源管理单位，并不直接向纳税人开具完税凭证。该所确认，检查人员提供的78份车船税完税凭证均为伪造凭证。

取得证据后，检查人员约谈了R运贸有限公司负责人宋某，询问伪造车船税完税凭证的来源。宋某表示，这些假车船税完税凭证均来自一名叫"何老板"的中年男子，并向检查人员提供了"何老板"的联系电话等信息。

3 转战三地 税警携手追踪嫌疑人

鉴于案情复杂，涉案人员逐渐增多，肥西县地税局将案件线索移交公安机关，税警双方抽调人员成立调查组，对案件实施联合调查。根据地税机关提供的联系电话等相关线索，公安机关对"何老板"的身份进行了调查，最终确认涉案人员"何老板"的真实身份为何某某。

2016年11月17日，警方到何某某位于合肥市蜀山区某小区的家中对其实施抓捕。何某某拒不开门，办案民警破门而入将其抓获，并在其家中查出大量伪造的上海市浦东新区车船税完税凭证。经讯问，何某某供述其仅负责销售完税凭证，这些凭证均低价购自上海一名自称"邵总"的人。

根据何某某提供的线索，专案组通过技术手段锁定了嫌疑人"邵总"在上海的地址等信息，在上海警方的配合下，成功在浦东新区某保险公司办公地点将犯罪嫌疑人邵某某和其同伙吴某抓获，并当场查封用于网上交易联系、登记的电脑两台。犯罪嫌疑人邵某某和吴某供述，他们并不是凭证的"生产者"，假完税凭证是在网上从自称"李某某"和"付某某"的两个人处购买，双方只通过网络方式交易，并不见面，购买的"货物"通常通过快递从深圳发过来。

警方遂通过技术手段对"李某某"和"付某某"的网上信息以及活动轨迹进行调查。经调查，李某某为河南人，付某某为吉林人，均在其户籍所在地正常生活和工作，并且在犯罪嫌疑人从深圳向邵某某等人"发货"期间，二人均未到过深圳。专案组判断，两人身份证信息可能被违法分子冒用。

为进一步了解情况，专案组赴深圳开展外调。专案组在调查中发现，犯罪嫌疑人有很强的反侦察能力，频繁更换电话号码，而且多次冒用他人身份信息在网上注册社交账号开展"业务"。在此情况下，办案人员根本无法通过先前邵某某提供的网络线索，查到嫌疑人的真实身份信息和落脚地址。

4 账号追查 消费信息泄露嫌疑人踪迹

专案组重新对已有线索进行了分析，针对涉案人员邵某某和何某某之前都曾在网上向同一个银行卡转过"货款"这一情况，专案组决定转变调查方向，从嫌疑人注册网络社交账号时捆绑的银行卡的资金流向上寻找线索。经调查，这张银行卡用卡人从未在银行网点有过取现记录，也未在银行前台办理过柜面业务。经过仔细分析银行卡数据，办案人员终于发现这张银行卡在深圳的POS机上有套现记录。

经过交易信息回溯调查，专案组确定该POS机持有者为深圳市龙岗区布吉镇某古玩交易市场内一家商户。在深圳警方的配合下，专案组对该商户老板刘某进行了讯问，但刘某以交易真实和刷卡客户众多记不清等为理由，始终拒不提供持卡套现的嫌疑人信息，案件调查再次受阻。

专案组并未气馁，一边继续整理和分析前期掌握的嫌疑人之间的联系记录和银行卡交易信息等线索，一边对银行卡账户实施动态监控。功夫不负有心人。2017年4月，专案组发现，这张银行卡在深圳市某医院发生了一笔消费业务。细心的调查人员还发现，2016年年底时，犯罪嫌疑人用于作案的一个电话号码曾在这家医院连接过一次Wi-Fi。调查人员立即赴该医院调查。通过查看患者登记信息、调阅医院监控影像，办案人员确认那张涉案银行卡的使用人为张某。

专案组随即对张某的人际关系情况进行梳理调查，发现其丈夫名叫张某某，是广东省饶平县人。深圳警方调查反馈的信息显示，张某某无业，但经济状况很好，其银行卡经常有大量资金出入，并且其经常与快递公司联络收寄快递。办案人员认为，近两年来饶平地区伪造发票案件多发，而张某某老家恰好为饶平地区，综合深圳警方调查提供的张某某情况，以及前期银行卡等案件调查取得的证据，办案人员确认，张某某即是那位网上售卖假车船税票的"隐身人"。

在深圳警方的配合下，2017年4月20日晚，办案人员在深圳市某小区将张某某抓获，并在其住处搜查出大量伪造的车船税票、增值税发票和用于伪造税票的电脑、打印机、扫描仪等设备。张某某归案后，面对办案人员提供的相关证据，对其伙同他人制售假车船税完税凭证的违法行为供认不讳。张某某落网后，迫于压力，参与张某某违法活动，并用POS机为其银行卡套现洗钱的犯罪嫌疑人陈某某、钟某某相继向公安机关投案。

至此，案件水落石出。以张某某为首的犯罪嫌疑人，伪造车船税完税凭证，利用网络向安徽等地大量低价出售非法牟利。经查，2016年，其伪造的车船税完税凭证仅流入安徽省相关地区的涉税金额就达1000多万元。

✎ 案例讨论

论题：本案中，违法分子制售假车船税完税凭证为什么能够得手？

甲方 税务机关在车船税征管方面存在一定的管理漏洞。

从案发的情况看，出问题的车辆主要为异地纳税、异地交保险的车辆。车船税的纳税人以自然人为多数，目前金税三期系统在功能上尚未实现对自然人车辆进行基础信息登记，并且金税三期系统省级地税机关之间的相关数据没有实现共享，这使得本地地税机关在管理中无法检测外省的纳税人识别号等信息，跨省单位车辆的明细登记信息也无法通过金税三期系统进行校验，税务人员因此无法有效开展车船税数据比对和风险识别工作，监控效能受到了影响。

税务机关应尽快完善征管系统功能，在金税三期系统中增加自然人车辆及基础信息登记功能，并以此为基础逐步实现本地和异地车船纳税数据的共享与自动校验，以此增强车船税监控管理灵敏度，堵塞车船税征管漏洞。

乙方 保险公司代收代缴车船税的机制存在一些缺陷。

保险公司在工作中仍然存在一些问题：一是对已完税的车辆完税资料的审核不认真，个别保险机构认为被保险人只要提供完税凭证号码就视其已在地税机关缴税，而没有将完税凭证复印件附在保险单后面；二是个别保险机构仍然存在为招揽业务对个别车辆不代收代缴车船税。

各地应制定一套可操作性强的车船税代收代缴管理办法，明确保险机构和税务机关的责任。办法应规定税款的解缴方式和具体期限，保险机构申报的内容、方式和期限，代收代缴手续费的支付办法。此外，办法应明确办理交强险时对拒绝缴纳税款的纳税人如何向税务机关报告、报告方式、报告时限等内容，规范代收代缴车船税的工作流程。

------------------------------- 案例导读 -------------------------------

2011年，国家税务总局、保监会发布了《关于机动车车船税代收代缴有关事项的公告》（国家税务总局 中国保险监督管理委员会公告2011年第75号），保险机构要严格按照车船税的有关政策和相关征管规定，认真履行代收代缴车船税的法定义务，确保税款及时、足额解缴入库。2014年国家税务总局又发布《关于严格规范车船税征收管理的通知》（税总发〔2014〕100号），规定税务机关支付代收代缴车船税手续费时，以代收代缴车船税实际收入5%的标准执行。

车船税可以由保险公司代缴，那能不能到异地的保险公司办理呢？如果要到保险公司门店去办理，无法实现异地缴纳车船税。如果实在有异地缴纳车船税的需要，那就通过电话或网络投保。换句话说，如果出差到其他城市，可以打电话或者登录相关保险机构官方网站，进入网上车险页面后来缴纳车船税。

还有，本地车辆在外地保险机构缴纳车船税后，于当年度内（车辆年审前）到本地税务机关办理完税信息补录业务，之后凭保单及公安机关交通管理部门规定的其他资料便可办理年审。车主办理外地保险机构缴纳的车船税完税信息补录业务的手续可在本地税务机关官网上查看。

房子"变大"后多缴契税的纠纷案

案例描述[①]

　　2012年5月15日，陈先生代表20多位消费者向江苏省金坛市（现常州市金坛区）消费者协会投诉。他们于2010年在金坛市与某开发商签订了商品房买卖合同，合同约定的建筑面积是137.45平方米，其中公摊面积为19.9平方米。约定的交房时间为2011年12月31日。但是，直至2012年5月3日，开发商才交付房屋；而且交付时的实测建筑面积为145.5平方米。由于超过了144平方米，需缴纳的契税从1.5%提高到了3%。于是，消费者要求开发商赔偿，未果。不久，金坛市消费者协会又接到3户相同情况的投诉，共计有近30位业主进行了投诉。

　　金坛市消费者协会对上述同类投诉进行了调查。消费者投诉反映的情况基本属实，但是，在开发商与消费者的商品房买卖合同中对于房屋交付的面积与合同面积的误差有明确的规定，即约定了最终面积以房产部门的实际测量数据为准，按实测面积计算房屋价款。

　　经过多次调解，业主与开发商达成一致意见：对于延期交付的行为，开发商按合同约定支付违约金，时间以符合商品房交付条件为准（前60天按合同约定的2%，超过的时间按3%）；有关面积误差的核算金额，遵照业主与开发商所签订的商品房买卖合同中的约定，以房地产部门实测面积为准进行核算，据实结算。对于超出144平方米的业主提出的实际面积超过商品房买卖合同面积导致契税增加的损失，由开发商进行全额赔偿。最后，开发商赔偿消费者违约金及房产契税补偿近200万元。

---

① 根据《3·15楼市维权案例分析　房子"变大"多出来的契税谁埋单？》改写，原载 http://news.house365.com/gbk/czestate/system/2013/03/12/021509753_02.html，2013年3月12日。

案例讨论

甲方 面积误差比超出3%，多缴纳的那部分契税应该由开发商承担。

无正当理由而不能按约定的时间交付房屋，说明开发商有过错，应当支付违约金。本案中"前60天按合同约定的2%，超过的时间按3%"是最为常见的违约赔偿办法。如果延期交付还造成了买方的其他损失，开发商还应当予以赔偿。当然，契税与延期交付没有直接的关系，只与面积有关。但是，如果面积误差比超出3%，同样说明开发商存在一定的过错。

本案例中，假设：①房屋实测面积与原来合同约定的建筑面积一致，即为137.45平方米；②开发商销售的都是普通住房，且陈先生等20多位业主所购买的房屋都属于家庭唯一住房；③这批住房的均价是20000元/平方米。那么，每套住房应缴契税=137.45×20000×1.5%=41235元。然而，这批住房交付时的实测建筑面积为145.5平方米，由于超过了144平方米，需缴纳的契税从1.5%提高到了3%。这样，每套住房应缴契税=145.5×20000×3%=87300元。也就是说，每套住房应缴契税增加了46065元，这部分契税（46065元）应该由开发商承担。

乙方 即便面积误差比超出3%，多缴纳的契税由谁承担，取决于开发商与购房者之间的协商结果。

根据《最高人民法院关于审理商品房买卖合同纠纷案件适用法律若干问题的解释》（法释〔2003〕7号）第十四条的规定，如果房屋实际面积大于合同约定面积，且面积误差比超出3%，买受人请求解除合同、返还已付购房款及利息的，应予支持。这就是说，购房者连不买房屋都能得到法律的支持，为什么要承担多缴的契税？

但是，实际情况没有那么简单。如果住房价格一直上涨，住房供不应求，加之，该小区的住房在地段、结构、装潢、周边配套等方面非常令人满意，那么，虽然由于房屋实际面积大于合同约定面积，购房者要多承担房款，但是，这部分的"损失"与房价上涨的"得益"相比较，简直可以忽略不计。同理，增加的面积所多缴纳的契税，也是可以忽略不计的，购房者非常乐意承担。

现实中，由于住房实际面积超过商品房买卖合同预例面积导致契税增加的事例时有发生。例如，2010年11月27日，安徽省合肥市某小区的几十户业主，聚在售楼处向开发商讨要说法。原来，该小区的500多户业主与开发商签订的购房合同中写明房子的面积都在88~89平方米，不足90平方米，交房日期是12月31日。11月25日，部分业主收到开发商的短信，通知他们于11月27日、28日缴纳契税，否则后果自负。但是，部分业主了解到，房子面积肯定超过90平方米。业主们纷纷表示拒绝缴费、收房。因为当时规定，个人购买面积90平方米（不含）以下的首套房，可以享受到1%契税税率的优惠；90平方米（含）以上的，契税税率为2%。经过业主代表与开发商负责人的协商，最终开发商给出承诺：业主按照1%缴税，如果面积超过90平方米，多缴的契税将由开发商承担。

再如，陕西省大荔县东府国际小区王女士等业主，于2014年向陕西昊星置业有限公司买房，入住后办不动产权证时却被告知，实测面积比合同上的面积大，得先补齐多出面积的房款才能办证。商品房买卖合同显示，该商品房的建筑面积为114.16平方米，实测建筑面积为122.54平方米，比合同上多了8.38平方米。除了要补缴房款，契税也增加了。

那么，房屋的实测面积大于合同预测面积，契税由谁承担？

（1）面积误差比

房屋预测面积，是指在商品房期房（有预售许可证的合法项目）销售中，根据国家规定，由房地产主管机构认定具有测绘资质的房屋测量机构，主要依据施工图纸、实地考察和国家测量规范对尚未施工或竣工的房屋面积进行预先测量计算的面积，是开发商进行合法销售的面积依据。在购买期房签订预售合同时，合同上记载的往往是房屋预测面积。

房屋实测面积，是指商品房竣工验收后，工程规划相关主管部门审核合格，开发商依据国家规定委托具有测绘资质的房屋测绘机构参考图纸、预测数据及国家测绘规范之规定对楼宇进行的实地勘测、绘图、计算而得出的面积。它是开发商和业主的法律依据，是业主办理产权证、结算物业费及相关费用的最终依据。

房屋产权面积，是指产权主依法拥有房屋所有权的房屋建筑面积，房屋产权面积由直辖市、市、县房地产行政主管部门登记确权认定。房屋契税计算依据是房屋所有权证上登记的建筑面积。

面积误差比是指购买商品房时实测面积与预测面积之差和预测面积的比值。计算公式是：面积误差比=（实测面积－预测面积）÷预测面积。

《最高人民法院关于审理商品房买卖合同纠纷案件适用法律若干问题的解释》（法释〔2003〕7号）第十四条规定：出卖人交付使用的房屋套内建筑面积或者建筑面积与商品房买卖合同约定面积不符，合同有约定的，按照约定处理；合同没有约定或者约定不明确的，按照以下原则处理：

①面积误差比绝对值在3%以内（含3%），按照合同约定的价格据实计算，买受人请求解除合同的，不予支持。

②面积误差比绝对值超出3%，买受人请求解除合同、返还已付购房款及利息的，应予支持。买受人同意继续履行合同，房屋实际面积大于合同约定面积的，面积误差比在3%以内（含3%）部分的房价款由买受人按照约定的价格补足，面积误差比超出3%部分的房价款由出卖人承担，所有权归买受人；房屋实测面积小于合同约定面积的，面积误差比在3%以内（含3%）部分的房价款及利息由出卖人返还买受人，面积误差比超出3%部分的房价款由出卖人双倍返还买受人。

（2）契税税率

房屋买卖的契税适用税率为3%。但对个人购买普通住房，且该住房属于家庭（成员范围包括购房人、配偶以及未成年子女）唯一住房的，减半征收契税；对个人购买90平方米及以下普通住房，且该住房属于家庭唯一住房的，减按1%税率征收契税。

所谓"普通住房"必须同时满足以下三个条件：①住房小区建筑容积率在1.0以上；②单套建筑面积在144平方米以下；③实际成交价格低于同级别土地上住房平均交易价格1.44倍以下。

需要注意的是，自2016年2月22日起，契税征收标准发生了变化。对个人购买90平方米及以下的家庭2套以内（含2套）（家庭成员范围包括购房人、配偶以及未成年子女，下同）住房，减按1%税率征收契税；对个人购买90平方米以上的家庭唯一住房，减按1.5%税率征收契税；对个人购买90平方米以上的家庭第二套改善性住房（指已拥有一套住房的家庭，购买的家庭第二套住房），减按2%税率征收契税；对个人购买3套以上（含3套）住房的，一律按原定3%税率征收契税。商品住房以房地产主管部门契约签订时间为准，存量住房以房地产主管部门契约登记受理时间为准。

解除土地出让合同后不退还已纳契税和城镇土地使用税案

案例描述 ①

2010年8月17日，宁波市国土资源局发布《宁波市国土资源局国有建设用地使用权挂牌出让公告》，决定以挂牌方式出让宁波书城东侧1#地块，出让面积为10676平方米。

2010年9月20日，宁波太平洋恒业房地产开发有限公司（以下简称太平洋公司）竞得该地块的国有建设用地使用权，成交总价为249818400元。同日，与宁波市国土局签订国有建设用地使用权出让合同，宁波市国土局交付了上述土地，太平洋公司取得了该地块土地使用权。2010年11月4日，太平洋公司注册成立全资子公司太平洋富天投资有限公司（以下简称富天公司）。2010年11月18日，宁波市国土局与富天公司签订了改签合同，将上述土地的受让方变更为富天公司。此后，富天公司向宁波市江东地方税务局（以下简称江东地税局）缴纳了契税7494552元、城镇土地使用税627215元。

2011年4月，宁波市整体规划对受让地块的使用条件造成了影响。2014年12月4日，富天公司向宁波仲裁委员会提出仲裁申请，要求解除与宁波市国土局签订的国有建设用地使用权出让合同，返还全部土地出让金249818400元、契税7494552元、城镇土地使用税627215元。2014年12月5日，宁波仲裁委员会作出裁决书（〔2014〕甬仲裁字第210号），裁决支持富天公司的请求，由富天公司向宁波市地方税务局申请办理退税，宁波市国土局予以协助。

2015年1月12日，富天公司向江东地税局书面申请退回已缴纳的契税、城镇土地使用税。2015年1月20日，江东地税局对富天公司作出《关于宁波市太平洋富天投资有限公司退税申请的答复》（以下简称《答复》），认定解除国有建设用地使用权出让合同不影响合同解除前纳税义务的发生与履行，不属于退税事由。因此，决定不予退还富天公司已缴纳的宁波书城东侧1#地块契税和城镇土地使用税。

富天公司不服《答复》，于2015年3月4日向被告江东区政府申请行政复议，复议机关决定维持《答复》。富天公司不服，向宁波市海曙区人民法院提起行政诉讼，请求判决撤销《答复》，并判令江东地税局退还土地出让契税以及城镇土地使用税，经审理法院判决驳回富天公司的诉讼请求。富天公司不服，向宁波市中级人民法院上诉，经审理，宁波市中级人民法院判决驳回上诉，维持原判。

---

① 根据《土地出让合同解除后是否退还已缴纳的契税、土地使用税》，原载 http://blog.sina.com.cn/s/blog_73b428330102wpqd.html，2016 年 8 月 17 日。

案例讨论

> 论题：江东地税局是否应该向富天公司退回已缴纳的契税和城镇土地使用税？

甲方 富天公司认为，江东地税局应该予以退税，而且在国内已有先例。

2012年12月31日，玉林市名城置业投资有限公司与玉林市国土资源局签订国有建设用地使用权出让合同（合同编号：玉土出（2012）36号），并按合同缴纳了契税5760000.02元。后因玉东新区管理委员会未能完全处理好受让土地的拆迁问题，故该公司与玉林市国土资源局、玉东新区管理委员会签订协议、解除国有建设用地使用权出让合同，该地块由玉林市国土资源局收回。

根据《中华人民共和国契税暂行条例》第八条，"契税的纳税义务发生时间，为纳税人签订土地、房屋权属转移合同的当天，……"，领受该项土地的纳税人其纳税义务已经发生，应缴纳契税。但纳税人由于土地的拆迁问题而一直没有取得有效的土地权属证书，属于尚未取得土地权属的行为，根据《中华人民共和国契税暂行条例》第一条"在中华人民共和国境内转移土地、房屋权属，承受的单位和个人为契税的纳税人，……"规定的精神，由于纳税人最终未能取得有效的土地权属证书，所以，广西壮族自治区地方税务局作出《关于契税退税问题的批复》，对玉林市名城置业投资有限公司已经征收的契税，予以办理退税。

乙方 一审法院驳回富天公司的诉讼请求及二审法院驳回上诉，均有法律依据。

（1）解除土地出让合同，已缴纳的契税能否返还取决于受让方是否已取得土地使用权属证书。

受让方契税纳税义务产生于签订土地、房屋权属转移合同的当天，或者纳税人取得其他具有土地、房屋权属转移合同性质凭证的当天。按照法律规定，纳税人应当在纳税义务发生之日起10日内，向土地、房屋所在地的契税征收机关办理纳税申报，并在契税征收机关核定的期限内缴纳税款。

但是，在实践中，签订了土地、房屋权属转移合同之后，存在大量因为各种情况最终未进行土地、房屋权属转移登记的情形，受让方并未取得土地、房屋权属证书。而根据法律规定，这种情形下受让方并不是承受土地、房屋权属的单位和个人，不构成契税纳税义务人。因此，对于解除土地出让合同的情形，已缴纳的契税能否返还取决于在土地出让合同解除之前受让方是否已取得土地使用权属证书。这也是宁波富天公司案和广西壮族自治区地税局契税退税案关于已缴纳契税是否予以退还的判定不同的原因所在。

2010年9月，富天公司的母公司——太平洋公司取得涉案地块的土地使用权，并自2010年9月至2014年12月期间一直拥有该地块土地使用权，而后因为整体规划解除了土地出让合同。富天公司构成契税纳税人，已缴纳的契税应不予退还。而广西壮族自治区地方税务局退税案中，玉林市名城置业投资有限公司与玉林市国土资源局签订国有建设用地使用权出让合同后，因土地拆迁问题未处理妥当，最终未能取得有效的土地权属证书。玉林市名城置业投资有限公司并不是契税纳税义务人，因此，对玉林市名城置业投资有限公司已经征收的契税，应予以办理退税。

（2）解除土地出让合同，土地的实物或权利状态发生变化的次月受让方不再负有城镇土地使用税纳税义务。

受让方应从合同约定交付土地时间的次月起缴纳城镇土地使用税；合同未约定交付土地时间的，由受让方从合同签订的次月起缴纳城镇土地使用税。玉林市名城置业投资有限公司由于在土地使用权出让合同约定的交付土地时间内并未取得土地使用权，也并未实现对土地的使用，其并不负有城镇土地使用税纳税义务，因此也不存在城镇土地使用税退还问题。

而富天公司从合同约定交付土地时间的次月起产生城镇土地使用税纳税义务，而后期因土地出让合同解除，于2014年12月变更涉案地块的土地使用权。按照《财政部 国家税务总局关于房产税城镇土地使用税有关问题的通知》（财税〔2008〕152号）第三条的规定，纳税人因房产、土地的实物或权利状态发生变化而依法终止房产税、城镇土地使用税纳税义务的，其应纳税款的计算应截止到房产、土地的实物或权利状态发生变化的当月末。富天公司城镇土地使用税应纳税款的计算应截止到2014年12月末。

解除土地出让合同后，土地的实物或权利状态发生变化的次月受让方不再负有城镇土地使用税纳税义务。由于城镇土地使用税按年计算、分期缴纳，受让方缴纳的土地的实物或权利状态发生变化的当月以后月份的城镇土地使用税也应予以退还。

案例导读

国有土地出让，受让方契税、城镇土地使用税的纳税义务相关规定如下。

根据《中华人民共和国契税暂行条例》的规定，在中国境内转移土地、房屋权属，承受的单位和个人为契税的纳税人。在国有土地出让时，受让方为契税纳税人。

根据《中华人民共和国城镇土地使用税暂行条例》的规定，城镇土地使用税的纳税人为在城市、县城、建制镇、工矿区范围内使用土地的单位和个人。受让方受让国有土地使用权后，在城市、县城、建制镇、工矿区范围内使用土地的，为城镇土地使用税的纳税人。

　　根据《财政部 国家税务总局关于房产税城镇土地使用税有关政策的通知》（财税〔2006〕186号）第二条的规定，以出让或转让方式有偿取得土地使用权的，应由受让方从合同约定交付土地时间的次月起缴纳城镇土地使用税；合同未约定交付土地时间的，由受让方从合同签订的次月起缴纳城镇土地使用税。

　　《国家税务总局关于无效产权转移征收契税的批复》（国税函〔2008〕438号）规定，对经法院判决的无效产权转移行为不征收契税。法院判决撤销房屋所有权证后，已纳契税款应予退还。《国家税务总局关于办理期房退房手续后应退还已征契税的批复》（国税函〔2002〕622号）规定，购房者应在签订房屋买卖合同后、办理房屋所有权变更登记之前缴纳契税。对交易双方已签订房屋买卖合同，但由于各种原因最终未能完成交易的，如购房者已按规定缴纳契税，在办理期房退房手续后，对其已纳契税款应予以退还。

　　《财政部 国家税务总局关于购房人办理退房有关契税问题的通知》（财税〔2011〕32号）规定，对已缴纳契税的购房单位和个人，在未办理房屋权属变更登记前退房的，退还已纳契税；在办理房屋权属变更登记后退房的，不予退还已纳契税。

电子公司未申报产权转移书据印花税案

案例描述 ①

　　江苏省常州市溧阳市地税局税收风险监控人员发现一项异常信息。风险管理系统显示，某电子有限公司（以下简称A公司）于2007年3月成立，法定代表人为张某某，注册资本为500万元，经营范围是电子科技产品技术开发、技术咨询、技术转让和服务，电子产品及配件的安装、保养、维修，以及机电产品的安装和配件销售。2012年9月的纳税申报中有一条印花税记录——申报产权转移书据印花税9000余元。而在征管系统中，该公司同期并未申报与产权转移书据印花税相关的其他税费。

　　根据规定，印花税税目中的产权转移书据涉及财产所有权、版权、商标专用权、专利权和专有技术使用权共5项产权的转移。另外，土地使用权出让合同、土地使用权转让合同、商品房销售合同也按照产权转移书据征收印花税。风险监控人员分析认为，工业企业正常业务一般不会涉及产权转移书据印花税，如果涉及，从产权转移书据税目的构成来看，很可能会产生营业税等相关税费。

　　接到相关风险信息后，该局稽查部门立即启动稽查程序。

　　通过查询征管系统，稽查人员了解到，2012年9月，A公司申报城市维护建设税15437.23元、教育费附加和地方教育附加11026.59元、购销合同印花税15360.7元、产权转移书据印花税9690元。其2012年度收入总额为50112742.41元，应纳税所得额为1413756.82元，申报缴纳2012年度企业所得税353439.21元。调阅A公司2012年9月的资产负债表，稽查人员发现该企业的长期股权投资金额当月减少1938万元，这些资金被用于投资当地一家房地产开发企业（以下简称B公司）的股权，对B公司的股权占到51%。

---

① 根据李鹏华、彭小楼《一条印花税记录牵出避税秘密　巧借鉴证揭股权转让大案》改写，原载《中国税务报》2015年7月30日。

这验证了A公司2012年9月申报产权转移书据印花税9690元的事实。

根据相关政策，股权转让应不涉及流转税，但股权转让若有所得则应申报缴纳企业所得税。从A公司签订的股权转让协议来看，相关股权是以平价转让给了B公司。

"商业交易通常建立在盈利基础上，A公司为何平价转让股权？"稽查人员心生疑惑。查询征管系统，稽查人员发现，B公司注册资本为3800万元，其中A公司投资1938万元，个人股东张某投资1862万元。这表明，A公司与B公司是关联企业。

B公司的税源登记信息显示，B公司于2009年9月取得开发用地138.54亩，取得该地块的价格为21200万元，折合每亩约153万元。

"近年来，溧阳的土地价格不断上升，B公司资产的公允价值应随之上升，作为B公司的投资主体，A公司的长期股权投资公允价值也应该增加，而A公司却仍按投资原价转让其对B公司的长期股权投资，不符合常理。"稽查人员分析后作出了判断。随即，稽查人员把检查重点放在A公司与B公司的股权转让事项上。

通过调阅A公司的财务报表等涉税资料，向财务人员了解A公司的经营状况和财务核算情况，稽查人员进一步确认了A、B两关联公司之间平价转让股权的事实，断定相关转让价格明显偏低，存在人为避税的嫌疑。

面对稽查人员的质疑，A公司相关负责人解释说，近几年溧阳的土地价格是有所上升，但A公司不知道2012年B公司持有地块的市场价值是多少，为避免交易争议，就按投资原价转让了股权。

🎤 案例讨论

> 论题：2012年9月A公司转让其对B公司的股权投资时，B公司持有地块的公平市场价格是多少？相关股权的公允价值是多少？该怎样确定？

甲方 通过土地评估和资产评估等中介机构求解。

为确保股权交易价格核定客观公正，溧阳市地税局稽查局决定通过中介机构求解。该局从符合独立交易原则出发，先委托有资质的土地评估机构，按市场价格法对A公司转让股权时B公司的土地价格实施评估。在确定土地价格的基础上，再委托有资质的资产评估机构评估B公司当时的整个资产负债情况，确认其净资产。此后，根据评估出的B公司净资产确认相关股权转让的价格。

经专业评估，土地评估机构和资产评估机构确认，2012年9月16日，B公司持有土地的市场价格为3.06亿元，较2009年9月增值9400万元；资产公允价值扣除负债后的净资产为78501024.46元，扣除实收资本3800万元后，净资产增值40501024.46万元。依据《中华人民共和国税收征收管理法》第三十五条、《中华人民共和国税收征收管理法实施细则》第四十七条、《中华人民共和国企业所得税法》第四十一条、《中华人民共和国企业所得税法实施条例》第一百一十条的规定，溧阳市地税局稽查局最终核定A公司转让B公司股权的公允价值为78501024.46×51%≈40035522.47元，股权成本为1938万元，转让所得约为20655522.47元。最终，该局按规定要求A公司补缴企业所得税5163880.62元，且按规定加收了滞纳金，并处以罚款。

乙方 税务机关可以直接核定其股权交易价格。

依据《中华人民共和国企业所得税法》及《中华人民共和国企业所得税法实施条例》的规定，税务机关有权按照可比非受控价格法、再销售价格法、成本加成法、交易净利润法、利润分割法、市场法和收益法调整评估对象的价值。

根据《国家税务总局关于发布〈特别纳税调查调整及相互协商程序管理办法〉的公告》（国家税务总局公告2017年第6号）的规定，可比非受控价格法可以适用于所有类型的关联交易；再销售价格法一般适用于再销售者未对商品进行改变外形、性能、结构或者更换商标等实质性增值加工的简单加工或者单纯购销业务；成本加成法一般适用于有形资产使用权或者所有权的转让、资金融通、劳务交易等关联交易；交易净利润法一般适用于不拥有重大价值无形资产企业的有形资产使用权或者所有权的转让和受让、无形资产使用权受让以及劳务交易等关联交易；利润分割法一般适用于企业及其关联方均对利润创造具有独特贡献，业务高度整合且难以单独评估各方交易结果的关联交易；市场法适用于在市场上能找到与评估标的相同或者相似的非关联可比交易信息时的资产价值评估；收益法适用于企业整体资产和可预期未来收益的单项资产评估。

在实践中，税务机关通常采用三种方法确认股权转让的税基：一是市场法，是指将评估对象与可比上市公司或者可比交易案例进行比较，确定评估对象的价值。二是收益法，是以被评估资产未来收益能力作为价值评估的基础，将未来金额转换成单一现值的估值技术，通常涉及三个基本要素：评估对象的预期收益、折现率和取得预期收益的持续时间。该方法更适合于非上市公司的企业价值评估。三是成本法，反映当前要求重置相关资产服务能力所需金额的估值技术，它以被评估企业评估基准日的资产负债表为基础，对财务的质量有较高的要求。在实务操作中，基于成本效益原则，如果税务机关发现某项资产占总资产的比重较大且存在增值迹象，通常会锁定其作为主要调整对象，直接进行价值重估。

《中华人民共和国企业所得税法》第四十七条规定，企业实施其他不具有合理商业目的的安排而减少其应纳税收入或者所得额的，税务机关有权按照合理方法调整。《中华人民共和国企业所得税法实施条例》进一步指出，所谓不具有合理商业目的，是指以减少、免除或者推迟缴纳税款为主要目的。

《特别纳税调整实施办法（试行）》（国税发〔2009〕2号）"一般反避税管理"章节对一般反避税行为进行了规定。其中，第九十二条规定，税务机关可依《中华人民共和国企业所得税法》第四十七条及《中华人民共和国企业所得税法实施条例》第一百二十条的规定对存在以下避税安排的企业，启动一般反避税调查：①滥用税收优惠；②滥用税收协定；③滥用公司组织形式；④利用避税港避税；⑤其他不具有合理商业目的的安排。

第九十三条规定，税务机关应按照实质重于形式的原则审核企业是否存在避税安排，并综合考虑安排的以下内容：①安排的形式和实质；②安排订立的时间和执行期间；③安排实现的方式；④安排各个步骤或组成部分之间的联系；⑤安排涉及各方财务状况的变化；⑥安排的税收结果。

第九十五条规定，税务机关启动一般反避税调查时，应按照征管法及其实施细则的有关规定向企业送达《税务检查通知书》。企业应自收到通知书之日起60日内提供资料证明其安排具有合理的商业目的。企业未在规定期限内提供资料，或提供资料不能证明安排具有合理商业目的的，税务机关可根据已掌握的信息实施纳税调整，并向企业送达《特别纳税调查调整通知书》。

因此，如果企业无有效证据证明其股权平价转让的合理商业目的，税务机关可对此次交易进行调整。此外，在税务机关税收征管中，关联交易也是其重点关注的领域。关联方之间不按照独立企业之间的业务往来收取或者支付价款、费用，而减少其应纳税的收入或者所得额的，税务机关也有权进行合理调整。

股东张某变更股权未缴纳印花税案

案例描述[①]

W公司是一家未上市的股份有限公司，公司股东张某是原始股东之一，公司成立时以5000万元出资持有公司25%的股份。2012年6月张某在出国之前，将名下W公司25%的股份以1.2亿元的价格悉数转让给黄某。

地税局在对W公司的专项检查中，检查员就该转让业务进行纳税检查，结果发现公司留存文档中有张某已缴纳6万元印花税的依据，却没有黄某缴纳印花税的凭证。经询问发现，黄某未缴纳该笔印花税。税务局据此责成黄某补缴印花税6万元，并处未贴印花税50%的罚款3万元。

黄某认为，W公司是股权转让协议印花税的纳税义务人，因而未对其持有的股权转让协议贴印花税，不能接受罚款处罚。

案例讨论

论题：黄某是不是印花税的纳税人？

甲方 黄某认为，自己不必再缴一份印花税。

黄某认为，张某已经就1.2亿元的转让标的全额缴纳了印花税，自己不必再缴一份税。而且他与张某签订的股权转让协议，受让的是W公司的股权，作为W公司的股东，这笔印花税当然应该由W公司来替他支付，这是公司财务人员的错。

乙方 黄某和张某都是产权转移书据印花税的纳税义务人。

地税局认为，根据印花税相关法规规定，两方或者两方以上当事人签订并各执一份凭证的，应当由各方就所执的一份各自全额贴花，也就是张某、黄某都应分别就转让协议上的1.2亿元标的全额缴纳印花税。

相关法规规定，产权转移书据由立据人贴花，作为股权转让协议的当事人，黄某和张

---

① 根据《股权变更款未缴印花税的税务稽查案例分析》编写，原载 https://www.leshui365.com/knowledge/corpus/WJ2588339560420313.html，2014年7月25日。

某才是该产权的转移书据印花税的纳税义务人，而 W 公司并没有纳税义务。

-------------------------- 案例导读 --------------------------

《中华人民共和国印花税暂行条例》第八条规定，同一凭证，由两方或者两方以上当事人签订并各执一份的，应当由各方就所执的一份各自全额贴花。

第十三条规定，在应纳税凭证上未贴或者少贴印花税票的，税务机关除责令其补贴印花税票外，可处以应补贴印花税票金额 20 倍以下的罚款。

《中华人民共和国印花税暂行条例施行细则》第十六条规定，产权转移书据由立据人贴花，如未贴或者少贴印花，书据的持有人应负责补贴印花。所立书据以合同方式签订的，应由持有书据的各方分别按全额贴花。

煤炭运销企业印花税申报异常案

案例描述 ①

2014年5月初，陕西省神木县地税局在对行业企业涉税数据进行案头分析时发现，辖区内某煤炭运销企业印花税申报数据异常。从相关数据看，近几年来，虽然该企业印花税申报税额较大，但其印花税税额仅与主营业务收入（销售合同）应缴纳的印花税数额相符，而其煤炭产品购进环节（采购合同）印花税却并未进行纳税申报。

为查清疑点，该局安排税收管理员到企业了解具体情况。税务人员了解到，该企业是一家国有企业，是为其母公司旗下所有煤炭生产企业煤产品作统一销售的销售公司。该企业与煤炭生产企业签有框架性购销合同，采取吨煤收取3~5元服务费的方法进行统一销售，但在实际操作时，双方通过开具增值税专用发票进行煤炭价款结算，在账目处理时，双方均按照产品销售和商品购入处理。经过调查，税务人员初步认为，该企业存在对原煤购进合同未申报缴纳印花税的嫌疑，遂将其确定为专业纳税评估对象。

针对案头分析发现的疑点，神木县地税局高度重视，责成纳税评估所对该企业发起并实施专业纳税评估。纳税评估所通过案头分析、数据比对、外围调查、约谈举证、实地核查等，发现该企业2011—2013年间少申报缴纳购销合同印花税1599.73万元。

该局责令该企业对其公司设立（2009年）以来至2010年印花税纳税情况进行全面自查。经查，该企业少申报购销合同印花税511万元。2009—2014年累计少申报购销合同印花税2110.73万元。

该企业收到税务机关的处罚决定后，向其母公司如实汇报，但其母公司仍以各种理由拖延不予该企业审批补缴税款的资金，致使该企业无法按期补缴税款及滞纳金。为此，神木县地税局依法对该煤炭运销企业采取了税收保全和强制执行措施，于2014年12月8日从企业开户银行中扣缴应缴未缴印花税2110.73万元、滞纳金950.6万元。

🎤 案例讨论

论题：煤炭运销企业的行为是否属于代销行为？

---

① 根据《企业漏缴2110万印花税被查》编写，原载 http://www.360doc.com/content/15/0413/17/7835172_462934782.shtml，2015年4月13日。

甲方 企业人员认为其经营行为属于代销行为。

企业人员认为其经营行为不属于购销行为，而属于代母公司行使统一销售煤产品的代销行为，因而原煤购进环节未申报缴纳印花税，只就原煤销售环节申报缴纳了印花税。

其母公司不认同税务机关的意见，不审批资金给该企业补缴税款。

乙方 税务机关认为其经营行为不是代销行为。

地税局认为，企业在实际操作时，双方通过开具增值税专用发票进行煤炭价款结算，在账目处理时，双方均按照产品销售和商品购入处理，因此不是代销行为。

由于涉案税额较大，神木县地税局向榆林市地税局作了专题汇报，榆林市地税局专门就此案情况向陕西省地税局进行了请示，陕西省地税局财产行为税处经过慎重研究后明确："该企业的经营行为是购销行为而非代销行为，因为有增值税专用发票的流转，同时还有资金的流转，完全符合购销合同的成立要件。根据印花税暂行条例和经济合同法相关规定，以及《关于企业集团内部使用的有关凭证征收印花税问题的通知》（国税函〔2009〕9号）文件精神，该企业购入原煤应征收印花税。"

神木县地税局重大税务案件审理委员会认为，该企业未申报缴纳印花税行为事实清楚，证据确凿，稽查局拟作出的处理、处罚决定定性准确，程序合法。神木县地税局稽查局按照审委会出具的审理意见，依据《中华人民共和国税收征收管理法》《中华人民共和国印花税暂行条例》和《中华人民共和国行政处罚法》等相关法律法规，对该企业作出了补缴税款、加收滞纳金的税务处理决定，并向企业下达了《税务处理决定书》和《税务行政处罚事项告知书》。

案例导读

印花税纳税人有下列行为之一的，由税务机关根据情节轻重予以处罚：

（1）在应纳税凭证上未贴或者少贴印花税票的或者已粘贴在应税凭证上的印花税票未注销或者未划销的，由税务机关追缴其不缴或者少缴的税款、滞纳金，并处不缴或者少缴的税款50%以上5倍以下的罚款。

（2）已贴用的印花税票揭下重用造成未缴或少缴印花税的，由税务机关追缴其不缴或者少缴的税款、滞纳金，并处不缴或者少缴的税款50%以上5倍以下的罚款；构成犯罪的，依法追究刑事责任。

（3）伪造印花税票的，由税务机关责令改正，处以2000元以上1万元以下的罚款；情节严重的，处以1万元以上5万元以下的罚款；构成犯罪的，依法追究刑事责任。

（4）按期汇总缴纳印花税的纳税人，超过税务机关核定的纳税期限，未缴或少缴印花税款的，由税务机关追缴其不缴或者少缴的税款、滞纳金，并处不缴或者少缴的税款50%以上5倍以下的罚款；情节严重的，同时撤销其汇缴许可证；构成犯罪的，依法追究刑事责任。

（5）纳税人违反以下规定的，由税务机关责令限期改正，可处以2000元以下的罚款；情节严重的，处以2000元以上1万元以下的罚款。

①凡汇总缴纳印花税的凭证，应加注税务机关指定的汇缴戳记，编号并装订成册后，将已贴印花或者缴款书的一联粘附册后，盖章注销，保存备查。

②纳税人对纳税凭证应妥善保存。凭证的保存期限，凡国家已有明确规定的，按规定办；没有明确规定的其余凭证均应在履行完毕后保存1年。

（6）代售户对取得的税款逾期不缴或者挪作他用，或者违反合同将所领印花税票转托他人代售或者转至其他地区销售，或者未按规定详细提供购买印花税票情况的，税务机关可视其情节轻重，给予警告或者取消其代售资格的处罚。

企业经销的红绿胶粒堆放在哪里

案例描述①

1　企业基本情况

江苏省如皋市某橡胶厂注册类型为私营独资企业，经营范围为再生胶粒制造销售，行业分类为再生橡胶制造业，主要原材料为废橡胶皮（非废汽车轮胎），主要产品为黑胶粒（用于体育塑胶跑道及其他体育场馆铺设）。该公司为增值税一般纳税人，企业所得税由地税管辖。该厂2007年1—12月销售收入为11172995.62元，应纳增值税为287770.73元，税负率为2.58%；2008年1—5月销售收入为2410657.69元，应纳增值税为112997.52元，税负率为4.69%。该行业的全省预警税负率为5.69%，公司税负率明显低于预警税负率。

2　评估分析

评估人员从税务信息管理系统和省国税局税收监控系统中采集纳税信息和财务报表，同时要求纳税人报送了评估所属期存货收发存情况采集表和能耗情况采集表，采用对比分析和投入产出等方法对照省国税局发布的再生胶制造行业参数表进行相关疑点分析。

（1）废橡胶与黑胶粒数量投入产出分析

该厂2007年原材料与产成品的投入产出略高于单位定耗的上限，而2008年则完全控制在预警上限1.2之内。鉴于该厂使用的原材料是不含丁基的废塑胶跑道、废旧自行车内胎、橡胶鞋底等，所以对其评估不能完全对照使用汽车外胎测算的指标，评估人员认为该

---

① 根据如皋市国税局《实地核查之企业经销的红绿胶粒堆放在哪里》改编，原载 https://www.gaodun.com/guoshui/590282.html，2014 年 12 月 22 日。

公司废橡胶与黑胶粒数量的投入产出比正常。

（2）包装物与产成品的配比分析

从主要原材料与产品的配比没有看出相关疑点，于是评估人员对包装物与产成品进行配比分析。该厂各月领用的编织袋都严格按每吨40只（每袋25公斤）的定耗进行。一只不多，一只不少。评估人员从包装物与产成品的配比中没有发现任何问题。

（3）产成品物耗率分析

既然数量上不能发现问题，那么金额方面是否有问题呢？评估人员对产成品的物耗金额进行了分析。该厂原材料占产成品的物耗率每月都维持在88%~89%，没有一个月出现大起大落的现象，而且这个物耗率在该行业也基本适中。

3 评估约谈

运用手中的资料不能分析出该厂税负率偏低的原因，评估人员决定向该纳税人发出纳税评估约谈说明建议书，要求纳税人对相关问题作出合理解释。

纳税人对上述问题作出了解释。约谈中，该厂财务负责人称，增值税税负率偏低的原因，一方面是胶粒行业销售形势低迷，产品库存较多；另一方面是产品销售对象——体育用塑胶跑道铺设公司在铺设相关场地时，必须黑、红、绿胶粒按一定的比例进行配比，所以该厂还从事一些红绿胶粒的经销，增值额不高。同时该财务负责人一再表示，他和老板都非常关注税收政策的执行和账务的核算，对税务机关的管理方法也颇有研究，不存在违反税收法律、法规的问题。

4 实地核查

通过约谈，评估人员并未解除对纳税人税负率偏低这一问题存在的疑惑，于是评估人员决定按规定对该厂进行实地核查。

当评估人员来到该厂时发现，该厂产成品仓库里确实堆积满了成千上万袋黑色的胶粒，产品积压的说法基本成立。但如果想知道该厂的实际库存与其账载数量是否一致，就必须进行实地盘点。但对这样规模的库存产品，至少需要10个人花费3天时间才有可能盘点清楚。如果真的采用人工清点的办法，既耗时耗力，又影响企业的正常生产，于是核查人员放弃了盘库的念头，决定从其相关账簿凭证入手进行相关疑点剖析。

评估人员转而查看了该厂开具的销售发票和相关存货账簿，他们发现该厂确实进行了一些红绿胶粒的经销。但一连串的问号随即在评估人员脑中显现：刚才在仓库里除了黑黑的一片，并没有发现有其他颜色的胶粒，那么账面的红绿胶粒库存堆放在哪里？黑、红、绿胶粒要按一定的比例配比铺设，该厂老板描述的使用比例与其经销的红绿胶粒的数量怎么会不太一致？另外，老板介绍说黑、红、绿胶粒在质地方面没有实质性差别，只不过是颜色不同而已。既然质地一样，只是颜色不同，那么该厂有没有可能将自己生产的黑色胶粒委托其他厂家进行染色加工再销售呢？

于是评估人员提出要对红绿胶粒的库存情况进行实地核查，要求该厂对3种胶粒销售比例不相配作出解释，同时对该厂负责人进行了相关政策宣传。该厂负责人在评估人员强大的政策攻势下，不得不交代仓库里根本就没有红绿胶粒的事实，同时还承认存在将黑色胶粒加工染色直接销售的问题。

原来该厂的销售对象大多为塑胶跑道和体育场地的铺设公司，这些公司在完成相关工程后到地税部门开具施工企业发票。这些企业对原材料发票的取得不太注重，有的干脆就不要发票。所以该厂将胶粒染色直接销售和外购的一部分有色胶粒销售后一直没有开票作收入处理。

5 评估处理

通过实地核查，该厂自查出2007—2008年发出红色胶粒87吨、绿色胶粒60吨、红绿胶粉28吨、黑色胶粒102吨未作销售，合计不含税销售收入638238.71元。之后该厂主动自查补申报入库增值税108500.58元，缴纳滞纳金2495.51元。由于该厂企业所得税在地税部门缴纳，所以评估人员要求该纳税人进行了相关账务调整，并主动到地税部门进行申报纳税。

由于该厂纳税评估补充申报税款已达移送稽查标准，有关人员在履行相关手续后按规定向稽查局进行了移送。

纳税人补充申报后，其评估期内增值税税负率为3.6%。虽然与全省行业税负率有一定的差距，但评估人员认为，该公司胶粒经销的比例较大，加上使用的原材料是不含丁基的回收废胶，增值额相对较低，其增值税税负率已趋于正常。

🎤 案例讨论

论题：税务机关成功破获本案，妙诀在哪里？

甲方 预警税负是用来监控企业是否逃税的重要依据。

预警税负是指某一行业正常经营会有一个税负的区间，这个区间就是正常税负值，超过这个区间就是预警税负期间了。

预警税负是用来监控企业是否逃税的重要依据，企业可以通过关联交易控制税负，调节利润，通过预警税负就可以指导正常交易应有的税负，从而防止税款流失。

增值税税负率=｛［年度销项税额合计+免抵退货物销售额×应税货物适用税率−（年度进项税额合计−年度进项税额转出合计+年初留抵税额−年末留抵税额）］÷［年度应税货物或劳务销售额+免抵退货物销售额］｝×100%

部分行业增值税预警税负率如表5所示。

表5　部分行业增值税预警税负率

行业	预警税负率/%	行业	预警税负率/%
农副食品加工	3.50	金属制品业	2.20
食品饮料	4.50	机械交通运输设备	3.70
纺织品（化纤）	2.25	电子通信设备	2.65
纺织服装、皮革羽毛（绒）及制品	2.91	工艺品及其他制造业	5.50
造纸及纸制品业	2.00	电气机械及器材	3.70
建材产品	4.98	电力、热力的生产和供应业	4.95
化工产品	3.35	商业批发	0.90
医药制造业	8.50	商业零售	2.50
卷烟加工	12.50	其他	3.5
塑料制品业	3.50		
非金属矿物制品业	5.50		

乙方 实地盘点才是破局的奥妙所在。

当评估人员来到该厂时发现，该厂产成品仓库里确实堆积满了成千上万袋黑色的胶粒，如果想知道企业的实际库存与其账载数量是否一致，就必须进行实地盘点。但对这样规模的库存产品，至少需要10个人花费3天时间才有可能盘点清楚。核查人员放弃了盘库的念头，决定从其相关账簿凭证入手进行相关疑点剖析。

在仓库里除了黑黑的一片，并没有发现有其他颜色的胶粒，那么账面的红绿胶粒库存堆放在哪里？黑、红、绿胶粒要按一定的比例配比铺设，该厂老板描述的使用比例与其经销的红绿胶粒的数量怎么会不太一致？另外，老板介绍说黑、红、绿胶粒在质地方面没有实质性差别，只不过是颜色不同而已。既然质地一样，只是颜色不同，那么该厂有没有可能将自己生产的黑色胶粒委托其他厂家进行染色加工再销售呢？该厂负责人在评估人员强大的政策攻势下，不得不交代仓库里根本就没有红绿胶粒的事实，同时还承认存在将黑色胶粒加工染色直接销售的问题。

---------------------- 案例导读 ----------------------

国家税务总局在增值税发票系统升级版中增加了商品和服务税收分类与编码功能，并自2016年2月19日起在北京、上海、江苏和广东进行试点。

由于建立了货物与劳务的标准编码，因此纳税人投入和产出之间的关系将纳入税务机关的全面监控，在这个大数据下，税务机关的风险模型开始可以真正发挥作用。

（1）什么样的投入和什么样的产出有一定的对应关系。比如，纳税人如果进项的货物只有硬盘、机箱，但销售发票却开出电脑，则肯定存在问题。因为这种投入是不可能产生电脑的产出的。所以，建立投入—产出对应模型可很大程度监控出口骗税和虚开票问题。随着新增值税发票系统实现全覆盖，整个社会的投入—产出基本都处在了税务机关监控下，这种源头监控的效果肯定会体现出来。

（2）投入和产出之间是存在对应的数量关系的。比如，一个硬盘应该对应一台电脑，一个酒瓶就应该对应一瓶酒。现在所有生产的主料、辅料信息都标准化进入了税务机关监控下，完全可以建立更加精确的对变量的投入—产出模型监控纳税人投入、产出信息，因而纳税人隐瞒收入的难度会更大。进项税是一次认证，但产出是分期实现的，进项和销项有存货周期时滞，这里可以加入用水、用电等其他辅助信息联合建立更加优化的监控模型。标准化投入和产出的货物、劳务信息将使模型预警更加高效。

（3）后期通过要求纳税人不管销售是否对外开具发票，都要把销售或提供劳务信息录入这个系统，在整体上监控整个社会的产品和劳务流向信息，并在此基础上建立监控模型，实现真正的大数据管理。

巨额"往来款"背后的偷税案

案例描述①

舟山天合贸易有限公司（以下简称天合贸易公司），成立于2006年12月，为私营有限责任公司，公司地址：定海区解放西路263号三楼304室，法人代表：周方虎，公司会计：姚荷萍。公司注册资金：500万元，现有股东：张其华、姚荷萍，分别占股份80%和20%。公司主要经营范围：金属材料、建材、机电设备及配件等销售和投资理财咨询服务。2007—2009年，该公司账面累计营业收入5304267.33元，实现利润总额355218.29元，申报应纳税所得额389376.43元，缴纳企业所得税98136.96元。

2010年8月中旬，应中纪委"4.01"专案组的要求，舟山市国家税务局稽查局发现天合贸易公司涉嫌严重偷税，建议立案查处。2010年11月8日下达稽查任务，11月10日送达税务检查通知书。由于中纪委"4.01"专案组已调取了该公司所有的账簿、凭证、报表等涉税资料（涉税资料全部封存于专案组办案仓库），无法直接调取账簿资料，面对大量复杂的资料，稽查专案组决定职责分解，落实工作步骤。由此，天合贸易公司偷税案进入全面稽查阶段。

1 收集资料、理清脉络

2010年11月，稽查专案组进驻舟山市纪委调查组办案点——某招待所，尽管此前稽查人员已初步掌握了大量涉税疑点，但要锁定证据，必须先从堆满各种账簿、凭证、报表、资料的仓库中清理出天合贸易公司的所有涉税资料。因为之前中纪委"4.01"专案组已调取了包括天合贸易公司在内的五家被查单位的账簿、凭证等全部涉案资料，加上前期纪委、检察、审计等部门的参与，五家被查单位的资料全部堆集在一起。

在不足10平方米的仓库内，时不时飘散出阵阵难闻的霉味，堆放的是一屋子的纸箱，连房内仅有的一张破旧桌面也不放过，面对杂乱堆放的大大小小的四五十个纸箱，稽查人员先找出账册，再根据账册找凭证，顺着凭证找附件，一捆捆一堆堆，一本本一张张，有条不紊，耐心细致。虽已入秋，但两名稽查人员挤在狭小的仓库间，身上没有一天是干的，常常一不小心好不容易找到的书证就被额头淌下的汗水所沾湿，那种沮丧非亲历不能

---

① 根据《巨额"往来款"显真容 舟山天合贸易有限公司偷税案实录》编写，原载 http://china.zjol. com.cn/system/2015/01/04/020445429.shtml，2015 年 1 月 4 日。

体会；当然，从一堆杂乱无序的废旧资料中寻得关键证据的欣喜也非他人所能理解。

经过近半个月的整理，稽查人员终于理清了该公司原有的账本、凭证，并按年度分序排列，又将中纪委专案组提供的前一阶段相关当事人的笔录、从银行打印的一些个人存款账户进出记录等材料分门归类。

从零乱的数据资料中抽丝剥茧、剖析归纳、查找出蛛丝马迹的线索，需要稽查人员有高超的业务技能和丰富的稽查经验。通过审查大量的数据，层层审核报表、账簿、凭证，稽查人员发现疑点有四：①公司的"其他应收款""其他应付款"数额巨大，2007—2009年间累计进出资金近7亿元；②公司"短期投资"金额变化不大，但每年却有数百万元的投资收益；③公司没有增值税应税收入，比照登记在册的经营内容、经营范围存在较大疑问；④公司近三年的营业收入只有利息收入，没有销售收入。

所有的疑问似乎都在告诉稽查人员那是一家"不务正业"的公司，大额资金的进出记录内容主要为"往来款"和"委托贷款"，公司的营业收入只有利息收入，公司的成本支出也只有利息支出。

收集完资料，整理出疑问，专案组按照工作步骤，根据清理出的数据和发现的疑点进行集中交流汇报、分析案情理清脉络，通过大量的数据统计和逻辑比对，所有疑问的焦点愈来愈集中在"往来款"上。专案组已基本认定，舟山天合贸易有限公司是一家借货物贸易为名，实为从事资金拆借、从中赚取利息差价的借贷公司。

2 确定目标、重点突破

通常，资金拆借公司款项往来大多采用现金结算，这样既方便逃税又可躲过金融监管。根据多年稽查经验，稽查人员隐约觉得：要完全搞清楚其资金流向和利息收付情况，取证难度很大。从财务费用账上没有发现利息收支的异常，难道这些往来款是"名正言顺"的？难道既定的稽查目标不对？案件一时陷入困境，但凭着丰富的稽查经验，专案组始终对浮在账面的这些往来款心存敏锐的职业"嗅觉"，那背后究竟有没有不为人知的真相？专案组决定分三路同时对公司法定代表人周方虎、大股东张其华及小股东兼公司会计姚荷萍展开外围调查。

经过三路稽查人员历时一个多月的调查，终于查实，天合贸易公司法定代表人周方虎系张群力姐夫、张其华系张群力父亲，在公司纯属挂名，对公司的经营事项和财务情况毫不知情，天合贸易公司实际经营人张群力因"4.01"专案涉嫌犯罪已被羁押于杭州。张群力原承包的是舟山华力创投公司，该公司由舟山市水务集团投资，主要从事金融、资金拆借业务，因公司经营规模、经营效益可观，张群力遂起私心，想把公司收入转入个人腰包。2006年12月，张群力借其姐夫、父亲之名登记注册了舟山天合贸易有限公司，把华力创投公司的经营资金、经营业务逐步转移到舟山天合贸易有限公司，从事大量的资金拆借业务，从中赚取利息差价。

张群力被羁押后，只有会计姚荷萍对公司的经营情况有些了解，承认公司主要从事资金拆借业务，但对资金来源和利息收支等事项始终支支吾吾。稽查人员抓住巨额往来款步步深入，要其指明款项来龙去脉。在层层压力之下，姚荷萍终于承认公司确有短期投资业务，并一再声明投资收益的核算是真实可信的，同时也承认公司存在资金拆借但都是按银行利率结算的，而且公司已按税法要求足额纳税，不存在"账外账"问题。

虽然姚荷萍百般抵赖和狡辩，但专案组决定，从"短期投资"不合常规入手，重点突破姚荷萍。经多番较量，姚荷萍不得不向检查组提供了一份投资合作协议。该协议于2008年12月签订，对方单位为浙江浩驰疏浚有限公司，协议约定天合贸易公司出资5600万元，合作建造航道疏浚船只。稽查人员问其财务账上为什么不进行长期对外投资核算，而要在短期投资上反映。姚荷萍交代，投资之事系张群力一人经办，协议也由张群力亲自签订，张群力向其交代此投资款每年都有固定回报，而且双方还口头约定公司可以随时收回此投资款，因而公司暂作"短期投资"处理。这样的解释听似合理，但当事人焦躁不安、吞吞吐吐的神情没有逃过稽查人员的眼睛。

于是，专案组迅速派人到被投资单位——浙江浩驰疏浚有限公司进行查证。针对投资协议书，被投资单位明确表示，双方曾有投资合作意向，并签有投资协议草案，但后来因有些重要的事项未谈妥，最终由投资变成了借款，并约定按月利率2%支付利息。取得了被投资单位的证言后，稽查人员再次约谈姚荷萍。在证据和事实面前，姚荷萍终于交代了实情，投资协议实际上从未履行过，公司财务上的"短期投资"其实就是公司出借的资金，所谓的投资收益其实就是利息收入。同时，姚荷萍还指证，天合贸易公司其实就是张群力一人的公司，张其华系张群力之父，仅是名义股东，400万元出资款均由张群力本人出资，周方虎系张群力姐夫，公司成立时曾出资100万元。2007年4月，周方虎为了逃避债务，转由姚荷萍代持其股份，姚荷萍根本没有出资，也不参与股利分配，而周方虎也只是一个挂名的法定代表人，从不参与公司的经营管理。自公司成立以来，公司一直在从事资金拆借业务，从中赚取差价，除公司过账的息差外，还有大量未入账的资金息差都落入了张群力个人的腰包。姚荷萍还交代，账外利息由张群力跟借款人事先商定，在借款期内对方分期或一次性通过银行转账打到张群力个人、张群力父亲张其华或张群力岳母方雅丽的账户（账户都由张群力本人掌握），也有很多账外利息是对方直接以现金支付给张群力的，还有由会计姚荷萍先代收后再转交张群力本人的。姚荷萍向专案组提供了记录有经其手再转交给张群力本人的资金往来及利息收付情况的"袖珍日记账"。看着日记账上触目惊心的数据，专案组人员既为案件的突破感到兴奋，又为巨额税款的流失感到沉重。

3　内查外调、艰难取证

姚荷萍的突破对案件的侦破起到了关键作用，专案组遂对公司的资金进出及财务核算情况重新进行了分析、整理、比对，发现该公司资金来源大部分是从华力创投公司借入，还有部分资金是从当地的典当行、拍卖公司等单位以银行同期贷款利率借入。公司出借业务按两种方式操作：一是公司直接出借资金给各单位或个人，二是公司通过银行委托贷款方式出借资金。由于该公司的资金来源明确，且都在公司账内反映，因此，该公司真实的利息支出都在账内得到反映，这为专案组全面核实该公司的利息收付情况提供了较好的基础，使得稽查工作的重心完全落在利息收入方面。

专案组人员协同纪委、检察、审计等部门人员制定了分三步走的取证方案。第一步，根据公司账面记录情况制作"出借资金情况清单"；第二步，以有无账外利息为标准对借款对象进行区分；第三步，对有账外利息的单位和个人，以追踪资金流为主线，进行逐一核实。经过新一轮的查找、归类、登记、统计，最后清理出39户单位和个人的出借资金清单，稽查人员以此为基础展开调查取证，经过核实调查，涉及账外利息的单位和个人共20户，无账外利息的单位和个人共19户，而对这19户无账外利息的单位和个人的取证是专案组取证工作的难点和重点。

2010年10月至2011年11月，前后历时13个月的取证之路，涉及的调查对象有近百户次，借款合同、银行汇款（转账）单据、收条、利息结算单、个人银行账户进出记录等难以数计，制作谈话笔录20余份，取得证人证言材料30余份，复印取证资料2000多份，制订案卷12本，其间的酸甜苦辣非亲尝不能深刻体会，犹以浙江海洋港务工程有限公司（以下简称海港公司）400多万元的账外利息证据的锁定为甚。

海港公司的负责人乐海波跟张群力是多年的朋友，乐海波因工程款结算滞后平时需大量的周转资金，受限于银行信用额度，乐海波自2007年开始通过往来款和委托贷款方式向张群力的天合贸易公司累计借款近1亿元，除少部分利息在双方账上反映外，大量的利息支付都在账外操作。稽查人员曾两次上门都未见上乐海波，电话联系推脱人在外出差，分管财务的公司副总阮虹萍虽答应对账上的款项往来和利息付出记录进行复印，但对其他付息情况一概推作不知，必须找乐海波本人。万般无奈，稽查人员只得通过公安机关约乐海波，乐海波答应三天后去公司找他。谁知等到约定日期，稽查人员在海港公司还是没能见到乐海波，公司副总推托说乐海波又出差了，到哪里不知道。

正当稽查人员心灰意冷之际，匆匆跑来报账的采购员冒出"乐总又到虾峙去了"的信息，不经意间说出的一句话让大家如获至宝，赶紧掉转方向直扑虾峙岛。虾峙岛是位于舟山市普陀区的一个比较偏远的小岛，一天往返的船班只有两趟，当稽查人员到达时，船班刚开走，下一班则在午后，如果等上两小时恐怕又要错过与乐海波的碰面，稽查人员当即决定搭乘装载食品、蔬菜和日用品的渔民小舢板马上出发。时值隆冬，海面上呼啸的北风直透胸背，三名稽查人员坐在露天的甲板上"抱头取暖"，船身溅起的海水扑打着人体，不一会儿全身上下全都湿透。每个浪打过来，船便要大幅度地摇晃一番，左右摇晃加上上下颠簸，连续的没有规则的摇晃折腾得稽查人员阵阵恶心，但肆虐的风浪并没有击垮稽查人员的斗志。

经过2个多小时的摇晃颠簸，当灰头土脸的稽查人员出现在工地上，乐海波惊呆了，连说了三遍"我配合"。功夫不负有心人，专案组终于拿到了记载有约定利率、利息支付方式、转账汇款情况的详细记录，捏着千辛万苦得来的书证，稽查人员如释重负，虽然返回的船一如去时的摇晃，但稽查人员早已忘了这一路的颠簸和疲惫。

经专案组初步查实：天合贸易公司在2007年至2009年期间，共取得账外利息收入30047143.29元，其中通过银行委托贷款方式共向8家单位累计出借资金1.7亿元，收取账外利息14627977.29元，通过公司直接出借方式共向13家单位和个人累计出借资金4亿元，收取账外利息15419166元。

4 四上杭州、夯实证据

天合贸易公司实际出资人也是实际经营者张群力，已于2010年4月被中纪委隔离审查，羁押于杭州某宾馆。2010年10月，因涉嫌贪污罪被舟山市检察院决定监视居住，同年12月被刑事拘留，2011年1月被逮捕，羁押于杭州市拱墅区看守所。2012年1月，舟山市定海区人民法院以挪用公款罪和非法经营罪判处张群力有期徒刑7年。由此，稽查人员一路艰辛四上杭州，以获取张群力本人对案件的认同证据。

2010年10月，稽查人员第一次去杭州证实存于纪委仓库的资料是否属实。张群力的态度极其冷漠，认为税收事小，比不得纪委、检察院的查处事项，对稽查人员提出的调查要求置若罔闻，摆出一副死猪不怕开水烫的样子，虽然承认天合贸易公司存在资金拆借业务，但不肯提供具体的单位和数据，对一些细节问题，老是说"间隔时间太长、记不太清楚了"，不愿意多说话。无奈，稽查人员无功而返。

2011年1月，稽查人员在姚荷萍这里取得大量调查证据后再上杭州，与张群力进行数据核对。当张群力见到稽查人员时开口就说："你们又来了，我无话可说。"让稽查人员感到欣慰的是，他说话的语气，显然比第一次缓和了许多，稽查人员不失时机地向他政策攻心，让其在绝望中看到一丝希望。张群力不再完全拒绝了，说"把银行对账单、合同、利息结算清单等资料让我看一下、核一核"。于是，稽查人员将复印件资料交给了他。次日，稽查人员再次与其核对，他说，利息没有这么多，但也记不清楚利息到底是多少，需要好好回忆回忆，而且需要时间。稽查人员认为他的请求是合情合理的。于是，在办妥手续、交代好任务后返回舟山。

2011年7月，稽查人员通过内查外调已基本查实该公司的偷税事实后决定三上杭州。此时的张群力已初判获罪，为了在二审中减轻罪行他显得更加配合调查。他说，他以前是从事银行工作的，对数据比较敏感，虽然事隔多年，但静下心来看银行对账单和借款协议等，大部分内容还是可以回忆起来的，并将厚厚一叠资料交了出来。稽查人员经核对，与外围取证数据总体上已相差不大，只有部分现金收付的利息，双方尚存一些差异。为确保数据准确，稽查人员没有要求张群力进行现场确认，并接受了张群力提出的再核实要求，当天返回舟山。

2011年11月，专案组在取得了借款单位出具的付息情况记录之后，决定四上杭州固定证据。当稽查人员将付息单位及相关经办人员的笔录、付息情况记录等摆在张群力面前时，他长长地叹了口气，低头在税务稽查工作底稿和签证单上签字画押。面对3000多万元未入账的利息收入，张群力连用了三个"想不到"：想不到你们这么认真，想不到查到的数据这么大，想不到这几年我错得如此离谱。

5 多方协调、确认收入

由于本案来源于中纪委，为慎重起见，在正式定案前，专案组将查处的情况分别向舟山市纪委、舟山市人民检察院、舟山市人民法院进行了交流通报。尽管三部门对国税稽查工作以充分的肯定和高度的赞赏，但对该公司超出经营范围通过"往来款"形式擅自直接向13家单位和个人出借资金收取15419166元利息的行为是否作偷税处理存在不同意见。尤其是舟山市人民法院明确表示，这部分出借资金既认定为非法经营，其所取得的利息收入也认定为非法收入所得并由法院作没收处理，税务不应另作处理。经多次沟通协商，专案组提请了重大税务案件审理，并根据舟山市国税局审理委员会的意见，仅将天合贸易公司2007—2009年通过银行"委托贷款"出借资金所取得的账外利息收入14627977.29元确认为查补应纳税所得额。

6 曲折艰辛、追缴税款

经酷暑、历寒冬，近两年的侦破之路，经过一系列稽查程序，在专案组全体人员忘我奋战之下，天合贸易公司"往来款"背后的真相终于被揭开。经过初步计算，查实天合贸易公司账外营业收入达3000多万元，应补缴企业所得税800万元以上。

2011年12月，案件经过稽查局内部集体初审、案审委集体审理后，进入执行阶段。专案组查看当时天合贸易公司账上的资产，发现该公司已无银行存款和现金以及其他可变现的有价证券和短期投资。如果说税款无法入库，那么专案组所有的付出都将付之东流。

专案组决定再查看账目，看有没有其他办法。经过反复查阅，专案组发现该公司"其他应收款"账上有3000多万元余额，涉及的单位是浙江浩驰疏浚有限公司和浙江海洋港务工程有限公司。专案组电话约谈天合贸易公司法定代表人周方虎和大股东张其华（张群力的父亲），促其主动提供纳税保证，可无论对他们讲政策还是论利弊，他们都避而不答。随后又几番约谈都没有结果。

专案组决定再找纪委、检察部门协调。在检察院的协调下，再次约谈周方虎和张其华，检察院办案人员对其表示，如能结清税款对张群力的量刑有帮助。在劝导和压力之下，当事人终于表示如能帮忙讨来欠款一定先来办理税款预缴。2011年2月，再次通过检察院协调，专案组请来了浙江浩驰疏浚有限公司的董事长王红霞，跟她进行了充分的沟通和交流，讲明张群力目前所面临的经济和司法压力，请她念在多年朋友的面上及早安排借款归还，王红霞最后表示自己公司愿意配合检查组的工作，并当即写下"归还天合贸易有限公司借款承诺书"，初步约定分月还款的具体时间和金额。

在专案组和检察部门的协调下，2011年3月28日，天合贸易公司预缴税款300万元，5月4日预缴税款500万元，两次共预缴税款800万元。

7 案件结果

经审理认定，天合贸易公司在2007年1月至2009年12月期间，以"委托贷款"形式出借资金给浙江海洋港务工程有限公司、舟山海泰水产公司等8家单位，共委托银行放贷17300万元，除入账申报的利息收入外，尚有14627977.29元未进行申报纳税，少申报缴纳企业所得税3908008.75元，其中2007年度1887852.24元、2008年度750895.24元、2009年度1269261.27元，根据《中华人民共和国税收征收管理法》第六十三条第一款，其2007年度、2008年度少缴税款行为已构成偷税。

2013年4月2日，舟山市国家税务局对天合贸易公司作出如下税务处理、处罚决定：①追缴2007年度企业所得税偷税款1887852.24元，并依法加收滞纳金；②追缴2008年度企业所得税偷税款750895.24元，并依法加收滞纳金；③补缴2009年度企业所得税1269261.27元，并依法加收滞纳金；④对2007年、2008年所偷企业所得税税款2638747.48元处以50%的罚款，计1319373.74元。

本案已执行完毕，应缴税款3908008.75元，罚款1319373.74元，滞纳金1457861.27元，已全部入库。同时，本案的主要责任人张群力也已于2012年1月由法院对其犯罪行为进行了司法审判。

案例讨论

论题：此税案的发生，关键是哪个环节出了问题？

甲方 会计人员税法意识淡薄是本案发生的根本原因。

本案主要责任人张群力见舟山华力创投公司经营规模、经营效益可观，遂起私心，想把公司收入转入个人腰包，于是借其姐夫、父亲之名登记注册了舟山天合贸易有限公司，把华力创投公司的经营资金、经营业务逐步转移到舟山天合贸易有限公司，从事大量的资金拆借业务，从中赚取利息差价。

如果天合贸易公司会计姚荷萍及时制止或者向税务部门反映，就不会造成严重的后果。天合贸易公司与浙江浩驰疏浚有限公司于2008年12月签订的协议，约定天合贸易公司出资5600万元，合作建造航道疏浚船只。但后来因有些重要的事项未谈妥，最终由投资变成了借款，并约定按月利率2%支付利息。投资协议实际上从未履行过，公司财务上的"短期投资"其实就是公司出借的资金，所谓的投资收益其实就是利息收入。姚荷萍对这个情况了如指掌，可是没有意识到有偷税的嫌疑，或者她是明知故犯，与张群力沆瀣一气。

幸亏稽查人员对天合贸易公司的财务账上不进行长期对外投资核算，而要在短期投资反映表示怀疑，并且专门派人到被投资单位——浙江浩驰疏浚有限公司进行查证，才使案情水落石出。取得了被投资单位证言之后，稽查人员再次约谈姚荷萍，在证据和事实面前，姚荷萍终于交代了实情，可惜已经为时已晚。

乙方 问题的关键是在往来账款上。

往来账是两个具有资金往来关系单位之间的会计账目，表示两个单位之间债权债务的大小，一般涉及的会计科目有应收账款、预收账款、应付账款、预付账款、其他应收款和其他应付款等。利用往来账隐藏收入、分解收入、转移收入是不少不法企业偷逃税的常用手段。

一般说来，利用往来款偷税，其偷税金额都较大，所以，可以将往来款项中所反映的金额较大的项目初步确定为查账的重点对象。可从以下四点入手：第一，往来账没设明细科目；第二，往来科目所涉及的企业，跟本单位并无经济联系；第三，长期挂账的往来款项；第四，与本单位经营无关的往来款项。

本案中，稽查人员在不足10平方米的仓库内，面对杂乱堆放的大大小小的四五十个纸箱，先找出账册，再根据账册找凭证，顺着凭证找附件，一捆捆一堆堆，一本本一张张，历时近半个月，终于理清了该公司原有的账本、凭证，并按年度分序排列，发现了疑点。这种检查方法是非常可取的。

---------------------------------- 案例导读 ----------------------------------

甄别利用往来账偷税的行为。

往来账是企业财务核算中的过渡账户，常常被企业用来隐匿收入、调节财务指标、转移利润等。要想甄别利用往来账偷税的行为，必须清楚利用往来账隐匿收入的方式。

（1）收入直接挂账。如企业收回销货款时，借记"银行存款"，贷记"预收账款（其他应付款）"。后期企业再通过往来账户进行调账，将预收账款冲减应收账款，借记"预收账款（其他应付款）"，贷记"应收账款"。这样一来，企业就可延迟确认收入，达到偷逃企业所得税的目的。

（2）通过往来账户虚构业务。如企业为了使收入的现金不按销售收入入账，往往通过往来账虚构一笔采购业务，分期计入成本，通过虚增产品成本的方式，达到影响企业利润和纳税额的目的。

其虚构步骤及账务处理如下：第一步虚构业务员借款，借记"其他应收款"，贷记"现金"；第二步虚构原料入库（附自制入库单），借记"原材料"，贷记"应付账款"；第三步虚构业务员冲账，借记"应付账款"，贷记"其他应收款"；第四步虚构生产领用材料（附材料出库单及有关人员的签字），借记"生产成本"，贷记"原材料"。至此，这笔虚构的采购业务完成，并在不同期间分别进入成本。

要甄别上述第二类假账，就要了解企业的经营情况、成本核算的增减变动情况，以及其他应收款的形成时间、过程等。

税务人员在实施检查时，应该把握以下三大要素：

一是将纳税人的"应收账款""应付账款""其他应收款"等往来账户的内容与有关会计凭证和产品销售合同相核对，审查纳税人有没有将已实现的销售收入长期挂账，不及时申报纳税。

二是审查往来账户的动向，特别要关注往来发生而又无实际业务的款项，必要时可发协查函或直接至对方单位调查。

三是审查往来结算账户的账面记录，如果应付款项长期挂账，或应收款账户出现贷方余额又长期未作处理，应审查应付款形成的原因，分析其性质，是多提费用结余，还是无须支付的款项。

高新技术企业资格被取消补缴税款诉讼案

案例描述①

2015年12月，A市稽查局对Z公司2013年度的涉税情况进行检查，检查结果认定，Z公司在没有真实交易的情况下通过支付开票费的方式从Y公司购入增值税专用发票进行抵扣。A市稽查局作出《税务处理决定书》及《税务行政处罚决定书》，决定追缴Z公司增值税、企业所得税，并对其接受虚开发票行为及偷税行为处以罚款共计10万元。Z公司对该处罚未提起行政复议及行政诉讼。

根据科技部、财政部、国家税务总局发布的《高新技术企业认定管理办法》（国科发火〔2008〕172号）第十五条的规定，2017年年初，A市科学技术委员会、A市财政局、A市国家税务局及A市地方税务局发布《关于取消××公司等高新技术企业资格的公告》，取消了包括Z公司在内的数家企业2013—2015年度高新技术企业资格。

2017年，A市Z公司的主管税务机关依据《国家税务总局关于实施高新技术企业所得税优惠有关问题的通知》（国税函〔2009〕203号）第六条的规定，发出××号税务事项通知书，要求Z公司在规定时限补缴2013—2015年已减免企业所得税。

Z公司在收到税务事项通知书并补缴税款300万元及滞纳金95万元后申请行政复议，行政复议维持对该税务事项通知书的决定，Z公司不服，在规定时限内向A市人民法院提起行政诉讼。

案例讨论

> 论题：Z公司被取消高新技术企业资格并补缴税款，是否有法理依据？

甲方 Z公司认为，不应被取消高新技术企业资格并补缴税款。

1 税务事项通知书样式不符合规定、未告知救济途径

原告Z公司认为诉争的税务事项通知书不符合国家税务总局制定的统一税收执法文书

---

① 节选自赵婧洁《高新技术企业资格被取消补缴税款诉讼案剖析》，原载《税务研究》2018年第3期。

样式的要求，文中未有落款，形式上不符合法律的规定。在发出税务事项通知书过程中，税务机关未按照《中华人民共和国税收征收管理法》的规定告知原告陈述申辩等救济途径，故程序违法，应予以撤销。

2 是否应当加收滞纳金

（1）Z公司已按照法律规定足额申报纳税，不存在未按期缴纳税款的行为。Z公司在2013—2015年间获得高新技术企业税收优惠政策，并按照实际税率15%足额申报缴纳企业所得税并取得主管税务机关出具的完税凭证，已完成按期缴纳税款的义务，不存在未按期缴纳税款的行为。

（2）主管税务机关在执行税收优惠过程中，发现企业不具备高新技术企业资格时未提请认定机构进行复核。依据《高新技术企业认定管理办法》第九条第二款之规定，主管税务机关在执行税收优惠过程中，发现企业不具备高新技术企业资格的，应提请认定机构复核。但税务机关并未在2015年处罚时向认定机构提请复核，由此推断税务机关并未将原告的行为认定为不应继续享受高新技术企业税收优惠的行为。

（3）认定事实不清，不符合《中华人民共和国税收征收管理法实施细则》中关于加收滞纳金的规定。《中华人民共和国税收征收管理法实施细则》第七十五条规定，《中华人民共和国税收征收管理法》第三十二条规定的加收滞纳金的起止时间，为法律、行政法规规定或者税务机关依照法律、行政法规的规定确定的税款缴纳期限届满次日起至纳税人、扣缴义务人实际缴纳或者解缴税款之日止。因此，Z公司认为其缴纳义务应当自领取税务事项通知书之日发生，对税款确定之前的滞纳金没有法律依据，同时，被诉税务事项通知书没有明确滞纳金的起算时间和截止日期，属于认定事实不清，应予以返还。

3 追征期适用期限

Z公司认为要求其补缴2013—2015年度企业所得税及滞纳金已过追征期限。根据《中华人民共和国税收征收管理法》第五十二条的规定，因税务机关的责任，致使纳税人、扣缴义务人未缴或者少缴税款的，税务机关在三年内可以要求纳税人、扣缴义务人补缴税款，但不得加收滞纳金。因纳税人、扣缴义务人计算错误等失误，未缴或少缴税款的，税务机关在三年内可以追征税款、滞纳金；有特殊情况的，追征期可以延长到五年。对偷税、抗税、骗税的，税务机关追征其未缴或者少缴的税款、滞纳金或者所骗取的税款，不受前款规定期限的限制。被诉税务事项通知书并未将Z公司认定为偷税、抗税、骗税的情形，也未存在纳税人计算错误等特别情形，因此，税款的追征期应适用三年的规定。

乙方 主管税务机关认为，应当取消Z公司的高新技术企业资格，并要求其补缴税款。

1 税务事项通知书有瑕疵，但不影响其法律效力

××号税务事项通知书的样式与国家税务总局制定的统一税收执法文书样式相符合，在税务事项通知书中有明确的出具日期，虽未有落款，但加盖A市国家税务局主管税务所的公章，并依法取得送达回证，该税务事项通知书具备法律效力。《国家税务总局关于印发全国统一税收执法文书式样的通知》（国税发〔2005〕179号）规定，通知纳税人、扣缴义务人、纳税担保人缴纳税款、滞纳金的，应告知被通知人：如对本通知不服，可自收到本通知之日起六十日内按照本通知要求缴纳税款、滞纳金，然后依法向税务机关申请行政复议；其他通知事项需要告知被通知人申请行政复议或者提起行政诉讼权利的，应告知被通知人：如对本通知不服，可自收到本通知之日起六十日内依法向税务机关申请行政复议，或者自收到本通知之日起三个月内依法向人民法院起诉。告知税务行政复议的，应写明税务复议机关名称。本案所涉及的税务事项通知书仅就Z公司高新企业资格被取消进行通知，未书面告知其享受行政复议及诉讼的权利，属于通知内容上的瑕疵，而非严重的问题，根据《中华人民共和国行政诉讼法》第七十四条的规定，对行政行为程序轻微违法，但对原告权利不产生实际影响的，人民法院判决确认违法，但不撤销行政行为。本案中，A市主管税务机关在送达税务事项通知书时口头告知Z公司若存在异议可提起行政复议及诉讼，之后Z公司也确实履行了自己所享受的法律救济，因此，税务机关未书面告知原告救济途径并未实际影响其正当的权利。

2 加收滞纳金是对占用国家税款承担的经济赔偿责任

《国家税务总局关于偷税税款加收滞纳金问题的批复》（国税函发〔1998〕291号）中明确规定，根据《中华人民共和国税收征收管理法》及其实施细则的规定，滞纳金不是处罚，而是纳税人或者扣缴义务人因占用国家税金而应缴纳的一种补偿。依据《高新技术企业认定管理办法》（国科发火〔2008〕172号）第十五条第一款第（二）项之规定，已认定的高新技术企业有偷、骗税等行为的，应取消其资格。Z公司因偷税行为被A市稽查局作出处理及处罚，且Z公司并未通过行政复议或行政诉讼对处理处罚提出异议，故Z公司因偷税未依法履行纳税义务、给国家税收收入造成损失的事实是客观存在的，应当就占用的税款对国家作出补偿，并以滞纳金的形式向国家承担经济赔偿责任。另外，对于加收滞纳金的起止时间，结合《中华人民共和国税收征收管理法》第三十二条"从滞纳税款之日起，按日加收滞纳税款万分之五的滞纳金"、《中华人民共和国税收征收管理法实施细则》

第七十五条"加收滞纳金的起止时间，为法律、行政法规规定或者税务机关依照法律、行政法规的规定确定的税款缴纳期限届满次日起至纳税人、扣缴义务人实际缴纳或者解缴税款之日止"、《中华人民共和国企业所得税法》第五十四条"企业应当自年度终了之日起五个月内，向税务机关报送年度企业所得税纳税申报表，并汇算清缴，结清应缴应退税款"的有关规定，Z公司因高新技术企业资格被取消而导致少缴的企业所得税税款滞纳金起算时间为年度终了之日起五个月后，即次年6月1日。Z公司所主张的其缴纳义务应当自领取税务事项通知书之日发生并无相关的法律支撑。

案例导读

本案不适用三年追征期。

目前，税法对于追征期的规定有三年、五年、无限期三种，分别适用纳税人或扣缴义务人计算错误等失误，因计算错误累计金额达到10万元以上，偷税、抗税、骗税等三种情况。

关于Z公司认为其补缴税款应适用三年追征期的主张，人民法院认为目前未有相关法律法规对其所涉及的高新技术企业资格被取消后税款追征期有明确规定，且本案情形与《中华人民共和国税收征收管理法》第五十二条中适用三年追征期的情况不相符，所以本案不适用Z公司所主张的三年追征期。

参照《中华人民共和国税收征收管理法》第五十二条"有特殊情况的，追征期可以延长到五年"以及《中华人民共和国税收征收管理法实施细则》第八十二条"税收征收管理法第五十二条所称的特殊情况，是指纳税人或者扣缴义务人因计算错误等失误，未缴或者少缴、未扣或者少扣、未收或者少收税款，累计数额在10万元以上的"的规定，纳税人因计算错误累计10万元以上的适用五年追征期。

本案中Z公司因偷税致使以前年度高新企业资格被取消，进而补缴已减免的税款金额达300万元，从案情性质与累计金额两方面看，均比《中华人民共和国税收征收管理法》规定的适用五年追征期的情形更为严重，故本案适用五年追征期符合立法精神。

化工有限公司以多种手段少缴税款案

案例描述 [1]

　　某化工有限公司是中外合资经营企业（以下称为A企业），主要生产化工产品，其产品存放于某油仓有限公司（以下称为B企业）和某仓储公司。A企业是增值税一般纳税人，其所得税已进入正常征税期。2005年4月报送的2004年度所得税纳税申报表中反映亏损100万元。B企业也是中外合资经营企业，主营化工产品的仓储，尚未进入获利年度，是甲企业的关联企业。

　　2005年6月某市国家税务局稽查局在对A、B两企业进行2004年度所得税汇缴复查时发现以下情况：

　　（1）A企业5月份销售货物56.16万元（不含税价为48万元），由B企业代其开具销售发票。账簿上没有记载销售收入（以下简称手段一），而销售成本已结转。

　　（2）A企业将同样的产品存放于B企业，支付的仓储费、码头设施费明显高于仓储公司，按与独立企业仓储公司之间业务往来作价，每月多向B企业支付仓储费、码头设施费6万元（以下简称手段二），全年应调增应纳税所得额72万元。两项合计应调增2004年应纳税所得额120万元。

　　对于上述事实，稽查局内部在将A企业少缴增值税8.16万元（48万元×17%）的事实定性为偷税、对B企业另案处理等问题上意见一致，但是在能否定性为甲企业少缴企业所得税5万元[（120万元−100万元）×25%]上产生了分歧。

案例讨论

　　论题：手段一属于《中华人民共和国税收征收管理法》列举的违法行为；手段二不属于《中华人民共和国税收征收管理法》列举的违法行为，所调增应纳税所得额72万元是稽查局根据《中华人民共和国税收征收管理法》的相关规定进行的合理调整。少缴税款的结果与上述两种手段都有关系，对其如何定性？

---

① 根据鲍崇军《对多种手段共同造成少缴税款的定性处理》改写，原载《税务研究》2006年第6期。

甲方 5万元不应被认定为偷税数额。

应将A企业采用的手段一定性为偷税。《中华人民共和国税收征收管理法》第六十三条规定，纳税人伪造、变造、隐匿、擅自销毁账簿、记账凭证，或者在账簿上多列支出或者不列、少列收入，或者经税务机关通知申报而拒不申报或者进行虚假的纳税申报，不缴或者少缴应纳税款的，是偷税，由税务机关追缴税款、滞纳金，并处少缴的税款百分之五十以上五倍以下的罚款。甲企业少缴税款5万元的结果是实施手段二后造成的，即未按独立企业之间业务往来向关联企业支付费用。既然手段二是非偷税手段，那就不应将5万元认定为偷税数额。

乙方 应区分偷税和非偷税两类手段，并依据一定的比例划清责任。

A企业2004年如果没有亏损100万元，则手段一造成的少缴企业所得税12万元（48万元×25%），应被认定为偷税数额；手段二造成的少缴税款18万元（72万元×25%），不应被认定为偷税数额，两者比较容易区分。但上述案例中甲企业2004年亏损了100万元，两种手段虽然造成少计应纳税所得额120万元，但是按规定弥补亏损后实际只造成少缴税款5万元。因此，如何定性处理，关键要看这一结果是由哪种手段造成的，在分清因果关系的基础上才能准确定性。

税法规定，企业所得税是按年计算、分季预缴的，其计税依据是一个年度的应纳税所得额。手段一和手段二发生在同一年度内，因此，少缴税款5万元的结果是两种手段共同造成的。按照两种手段在一个年度内实施的时间顺序来确定少缴税款5万元是由哪种手段造成的。

根据企业所得税计征的基本规定，本案中少缴税款5万元的结果，是由在账上少列收入的偷税手段和未按独立企业之间业务往来向关联企业支付费用的非偷税手段共同造成的。对这一结果性质的认定要在区分两种手段各自所起作用的基础上，按照"过罚相当"的原则进行。对其中偷税数额的认定，应该根据偷税手段造成应纳税所得额减少的数额占偷税及非偷税手段造成应纳税所得额减少的总数额的比例进行分摊。因此，本案少缴的5万元税款中应该认定为偷税的数额是5×[48÷（48+72）]=5×40%=2万元，其余3万元不认定为偷税数额。

对采取手段一所偷的2万元税款，根据《中华人民共和国税收征收管理法》第六十三条的规定，由税务机关追缴税款、滞纳金，并处少缴的税款百分之五十以上五倍以下的罚款；对手段二造成的少缴3万元税款，依法追缴，不进行处罚。

少缴税款未必就是偷税。

少缴税款，顾名思义就是纳税人存在应缴未缴税款的情形，从构成少缴税款的原因分析，并不是所有的少缴税款情形都构成偷税，偷税只是少缴税款的形式之一，少缴税款的一般情形包括：①偷税。②因税务机关的责任，致使纳税人未缴或者少缴税款。《中华人民共和国税收征收管理法》规定，因税务机关适用税收法律、行政法规不当或者执法行为违法，致使纳税人未缴或者少缴税款，税务机关在三年内可以要求纳税人补缴税款，但是不得加收滞纳金。③因纳税人计算错误等失误，未缴或者少缴税款。《中华人民共和国税收征收管理法》规定，因纳税人非主观故意的计算公式运用错误以及明显的笔误，未缴或者少缴税款，税务机关在三年内可以追征税款、滞纳金；有特殊情况的，追征期可以延长到五年。④企业所得税是采取按年计算、分期预缴、年终汇算清缴的办法征收的，预缴是为了保证税款均衡入库的一种手段。因此，企业在预缴中少缴的税款，不应作为偷税处理。

《中华人民共和国税收征收管理法》对偷税行为的确认，强调"四种手段、一个结果"。四种手段包括：①伪造、变造、隐匿、擅自销毁账簿、记账凭证。伪造、变造账簿、记账凭证，是指纳税人违反《中华人民共和国会计法》和国家的统一会计制度，根据伪造或变造的虚假会计凭证填制会计账簿或者以虚假的经济业务或资金往来为前提，填写、制作记账凭证的行为；隐匿、擅自销毁账簿、记账凭证，是指纳税人故意转移、隐藏或者销毁正在使用中或尚在保存期的账簿、记账凭证等涉税资料。②在账簿上多列支出或者不列、少列收入。该手段是指根据会计制度、准则，应确认为收入或支出，而未确认为收入或支出，影响计税依据，少缴税款的行为。③税务机关通知申报而拒不申报。④进行虚假的纳税申报。纳税申报是依法纳税的前提，纳税人必须在法定时间内办理纳税申报，如实报送纳税申报表、财务会计报表以及税务机关要求的其他纳税资料。行为人往往通过对生产规模、盈亏情况、收入状况等内容作虚假申报，来达到偷税目的。"一个结果"是指通过以上手段，必须要实际造成不缴或者少缴税款。

刘雷在司法拍卖网络平台中竞得的房屋涉税案

案例描述[①]

2014年5月5日,原告刘雷在乐清市人民法院淘宝网司法拍卖网络平台上竞得被执行人邹松有所有的坐落于乐清市柳市镇柳市大厦A2幢304室的房产。之后,原告到乐清市地方税务局柳市分局办理涉案房产转让相关税费的缴纳手续。

柳市分局于2014年6月5日出具税收缴款书两份,其中载明纳税人均为邹松有。同月12日,原告向被告乐清市人民政府申请行政复议,请求"撤销乐清市地方税务局作出的税收缴款书(浙地现04928447、浙地现04928448),退还刘雷缴纳的涉案税费"。

同月16日,被告作出乐政复决字〔2014〕39号不予受理行政复议申请决定,主要内容为:申请人刘雷不服被申请人乐清市地方税务局向邹松有征收房屋转让所得的个人所得税27900元、营业税28009.1元、城市维护建设税1400.46元、教育费附加840.27元、地方教育附加560.18元,向乐清市人民政府申请行政复议。乐清市人民政府经审查认为,被申请人向邹松有征收税费,与申请人并无利害关系,申请人申请行政复议主体不适格。根据《中华人民共和国行政复议法》第十七条第一款的规定,乐清市人民政府决定不予受理。被告于同日向原告邮寄该决定书,原告于同月18日收到该决定书。

原告不服该决定,于2014年6月30日向温州市中级人民法院提起诉讼,温州市中级人民法院于2014年9月22日作出〔2014〕浙温行初字第54号行政判决。刘雷不服,向浙江省高级人民法院提出上诉。

浙江省高级人民法院于2014年10月28日立案受理,并于2014年11月26日公开开庭审理了此案。依照《中华人民共和国行政诉讼法》第六十一条第(一)项之规定,判决如下:驳回上诉,维持原判。二审案件受理费人民币50元,由上诉人刘雷负担。

🎤 案例讨论

> 论题:房屋司法拍卖中的税费由谁承担?

甲方 上诉人刘雷称:一审法院没有查清案件事实,规避涉案税费的实际缴纳

[①] 根据《房屋司法拍卖中税费承担问题》编写,原载 http://blog.sina.com.cn/s/blog_b36ef72c0102x6sz.html,2017 年 8 月 23 日。

人，且适用错误的法律关系。

（1）上诉人在起诉状和庭审中已多次说明，上诉人在乐清市地税局柳市分局地税窗口缴纳税费时，原房东邹松有并没有到现场，其房产因被法院强制拍卖，也不可能配合上诉人到现场，更不可能缴纳税费。乐清市地税局是向上诉人征的税，让上诉人签邹松有的名字，此行为有上诉人提交的现场录音和通话录音为证。这些证据都能证明，乐清市地税局是向上诉人征收营业税和个人所得税，并让上诉人签邹松有的名字。

（2）上诉人在一审时，提出申请证人支某出庭作证，且上诉人提交的现场录音的被录音对象也是支某，根据《最高人民法院关于行政诉讼证据若干问题的规定》（法释〔2002〕21号）第四十一条的规定，非因法定事由且经人民法院允许，证人应当出庭作证，不得提交书面证言。一审法院简单认为支某知晓的事实和案件审理不相关，不准许上诉人的出庭作证申请，也并未让支某对案件的事实提交书面证言，又没有查清案件中税费实际上由谁缴纳之类的事实，程序严重违法，且证据不足。

（3）乐清市地税局柳市分局向上诉人征收营业税和个人所得税时，上诉人当场提出异议，认为根据《国家税务总局关于人民法院强制执行被执行人财产有关税收问题的复函》（国税函〔2005〕869号），该两项税费应当由地税部门从拍卖款中征收，但乐清市地税局柳市分局的窗口工作人员一直给上诉人错误的指引，称上诉人先缴纳税费，如果是他们征税征错了，他们会退的。

（4）上诉人在乐清市地税局柳市分局窗口办理过户的时候，是上诉人一个人到现场的，原房东邹松有并没有到现场，营业税和个人所得税是上诉人缴纳的，并且是工作人员支某让上诉人在营业税和个人所得税的税单上签邹松有的名字。

综上所述，一审认定事实不清，证据不足，适用法律、法规错误，导致作出不公正、不合法的判决。请求二审法院撤销原判，发回重审或者依法改判；由被上诉人承担本案的诉讼费用。

乙方 浙江省高级人民法院认为，原审判决认定事实清楚，适用法律正确，审判程序合法，依法应予维持。

温州市中级人民法院判决认为，根据《中华人民共和国行政复议法实施条例》第二十八条第（二）项的规定，行政复议受理的条件之一是申请人与具体行政行为有利害关系。本案中，原告刘雷向被告乐清市人民政府申请行政复议，要求撤销税收缴款书（浙地现04928447、浙地现04928448）及退还其缴纳的涉案税费。该税收缴款书中纳税人为邹松有，即其所载明的是乐清市地方税务局向邹松有征收涉案税费的行为。即使涉案税费款项实际上由原告向乐清市地方税务局缴纳，也属于原告与邹松有之间的民事法律关系，其与上述税收缴款书所载明的征收税费的行政行为也无法律上的利害关系。故被告认为原告与被申请复议的行政行为没有法律上的利害关系而决定不受理复议申请，并无不当。原告刘雷起诉请求撤销被诉不予受理决定及判令被告受理其行政复议申请，缺乏事实和法律依据，不予支持。据此，依照《中华人民共和国行政诉讼法》第五十四条第（一）项的规定，判决维持被告乐清市人民政府于2014年6月16日作出的乐政复决字〔2014〕39号不予受理行政复议申请决定。

浙江省高级人民法院对原审判决认定的案件事实予以确认。本案系因上诉人刘雷不服被上诉人乐清市人民政府不予受理其行政复议申请提起的诉讼。该被诉不予受理行政复议决定认为，行政复议被申请人向案外人邹松友征收税费与上诉人并无利害关系，上诉人申请行政复议的主体不适格，故依法决定不予受理。根据《中华人民共和国行政复议法》第二条的规定，公民、法人或者其他组织认为具体行政行为侵犯其合法权益的，可以向行政机关提出行政复议申请。《中华人民共和国行政复议法》第六条、《中华人民共和国行政复议法实施条例》第二十八条分别就行政复议范围及受理条件作出明确规定。本案中，上诉人申请复议的事项为请求"撤销被申请人（乐清市地税局）作出的税收缴款书（浙地现04928447、浙地现04928448），退还申请人缴纳的个人所得税27900元及营业税等30810.01元，总计58710.01元"。但由于上述税收缴款凭证所载明的缴款人均为案外人"邹松友"，且上诉人在行政复议申请书中虽有"2014年6月5日，申请人在乐清市地税局柳市分局缴纳税费时，柳市分局工作人员让申请人签署邹松友应缴纳的个人所得税和营业税单（工作人员让申请人签邹松友的名字），申请人认为该具体行政行为缺乏法律依据，依法应予撤销并退还申请人所缴纳的税款"的复议申请主张，但其除提供两份"邹松友"的税收缴款凭证外，并未提交支持其复议申请事项的证据或者依据。故被上诉人认为上诉人以案外人邹松友的税收缴款凭证为依据申请行政复议的主体不适格，并据此决定不予受理其行政复议申请，具备事实和法律依据。原审判决据此维持该行政复议决定，认定事实清楚，适用法律正确，审判程序合法，依法应予维持。上诉人提出的上诉理由均缺乏事实和法律依据，依法不予采信。

案例导读

随着涉税经济案件的增多，通过法院强制执行拍卖、变卖被执行人资产的数量也逐年增长，拍卖环节中的税款征收问题逐渐显现，其中以不动产拍卖中的税款承担争议最为突出。

不动产转让通常涉及增值税、土地增值税、所得税、契税等多个税种，综合税负相对其他财产转让更加繁重。买受人在对不动产进行竞拍时，往往对税费的承担方式和金额缺乏明确的认知和估计，以致在办理过户时才感觉自己承担的本应由卖方缴纳的税费过于繁重，从而希望通过行政诉讼等方式促使税务局向卖方即税法规定的纳税义务人征缴税款，以减少自己一方的经济负担，然而法院的判决往往使买受方难以实现预期目标。

这样的案例时有所见。例如，无锡市中级人民法院在淘宝网司法拍卖无锡大创物业有限责任公司（以下简称大创公司）的房屋，竞买人钱宏亮以最高价竞得涉案房屋，后与无锡市中级人民法院签订拍卖成交确认书，成交确认书第四条载明拍卖标的物的过户费用、其他所涉税费等一切费用由买受方承担。钱宏亮以大创公司未按规定缴纳拍卖涉案房屋的税款，无锡市中级人民法院未按相关文件规定协助征收本应由卖方承担的税款为由，先后提起行政复议和行政诉讼。最终，二审法院认为拍卖公告以及拍卖成交确认书中均注明拍卖所产生的所有税费由买受方承担。

令人欣喜的是，2016年8月2日，最高人民法院发布《关于人民法院网络司法拍卖若干问题的规定》（法释〔2016〕18号），该规定自2017年1月1日起实施，其第三十条规定，因网络司法拍卖本身形成的税费，应当依照相关法律、行政法规的规定，由相应主体承担；没有规定或者规定不明的，人民法院可以根据法律原则和案件实际情况确定税费承担的相关主体、数额。

随后，各地法院、税务机关也纷纷出台相关举措。例如，江苏省高级人民法院发布《关于正确适用〈关于人民法院网络司法拍卖若干问题的规定〉的通知》，该通知第四条规定，因网络司法拍卖产生的税费，按照网拍规定第三十条的规定，由相应主体承担。在法律、行政法规对税费负担主体有明确规定的情况下，人民法院不得在拍卖公告中规定一律由买受人承担。

江苏省常州市地方税务局统一政策口径，对未约定由买受人承担转让环节税费缴纳义务的契税纳税人，可持人民法院执行裁定书原件及相关材料办理契税纳税申报，办税服务厅受理后制作涉税事项联系单，告知基础管理分局向原产权人征缴税款。

市国税局穿透"导管公司"追缴巨额税款案

案例描述 [1]

2015年12月10日，贵阳市某区国税局在日常管理中发现其所辖的贵阳X公司所做广告中，公司名称发生了变化，但其工商登记和税务登记信息均无变更。

税务人员上网查询，发现了一条与贵阳X公司相关的境外股权交易信息：贵阳X公司的香港关联公司X（HK）公司已将其持有的S公司的100%股权转让给Y公司。S公司和Y公司的注册地都是英属维尔京群岛（The British Virgin Islands，以下简称BVI）。职业敏感让税务人员立即将此风险信息上报给了贵阳市国税局国际税收管理办公室。

贵阳市国税局国际税收管理办公室要求贵阳X公司提供其上层控股公司股权转让交易信息及相关财务报表。他们分析财务报表发现，S公司注册资本折合人民币仅有7万元，股权转让成交价格却高达50多亿元。S公司100%控股的G公司是贵阳X公司的全资持有者。由此判断，此次发生在境外的股权转让价值很有可能是来源于中国境内的应税财产，存在避税嫌疑，有必要进行深入调查。

鉴于上述疑点，2016年1月16日，贵州省国税局、贵阳市国税局迅速组织成立专案组。

专案组约谈了贵阳X公司负责人，分析其关联企业S公司和G公司交易信息、财务报表和各年度经营情况。他们初步查明，G公司注册地在香港，注册资本仅为1港元，是S公司的全资子公司。S公司和G公司常年无工作人员及实质商业行为。专案组认为，S公司和G公司均有"导管公司"的嫌疑，X（HK）公司很可能通过对S公司进行股权转让，将原本直接转让中国境内应税财产的行为变为在境外间接转让，利用BVI避税地规避在中国境内的纳税义务。

掌握了以上信息后，专案组报经国家税务总局批准，对S公司股权转让一事立案调查。

专案组人员多次约谈企业授权的会计师事务所人员，不断与其电函邮件交流，最终说服其接受了税务机关的观点。企业方认可中国税务机关拥有对此次股权间接转让所得的征税权，同意就此次股权转让纳税。根据相关规定，X（HK）公司按股权转让价减除股权成本价后的差额补缴预提所得税1.44亿元。

---

① 根据刘霜、颜红宇、朱泓、王寅、周挺《非居民间接转让股权案例：穿透"导管"公司，追缴入库税款1.44亿元》编写，原载《中国税务报》2016年12月7日。

案例讨论

论题：如何界定企业的商业目的是否合理？这次交易在中国境内该不该承担纳税义务？

甲方 税务机关将S公司与G公司认定为"导管公司"缺乏实际依据。

专案组的调查惊动了S公司的母公司X（HK）公司，他们聘请了某全球知名会计师事务所与税务机关接洽。

企业方提出，此次股权转让发生在中国境外，标的物S公司也设立在中国境外，无须在中国缴纳任何税。他们认为，X（HK）公司设立S公司和G公司，是为了履行境外融资功能，具有充足的商业目的，并非为了规避在中国的纳税义务。因此，X（HK）公司认为税务机关将S公司与G公司认定为"导管公司"缺乏实际依据。

乙方 税务机关认定，这次间接股权转让应直接认定为不具有合理的商业目的的情形。

专案组经过一系列调查取证，发现X（HK）公司转让S公司取得的收益，与S公司和G公司的实际注册资本、资产总额、生产经营状况、收入和现金流都明显不匹配。

调查人员分析了S公司、G公司和贵阳X公司2013—2014年的财务报告，证实S公司与G公司除了间接和直接持有贵阳X公司的股权外，没有其他不动产、无形资产、存货和设备等有价值的资产，S公司的股权价值99%以上来自贵阳X公司。S公司与G公司均无积极经营行为，其中，G公司2013年和2014年分别向银行贷款5亿港元和3.55亿港元给贵阳X公司，融资比例仅占G公司年度总债权的10.85%和7.7%，两笔贷款均由X（HK）公司提供担保，G公司承担的风险极其有限。

2013年和2014年，S公司没有收入，G公司的收入100%来自贵阳X公司的利息。

综合种种事实，再考虑到本次交易在BVI不需缴纳资本利得税或其他与财产转让有关的税，税务机关认定，这次间接股权转让的商业目的不合理。

经过历时半年的反复调查取证、谈判博弈，2016年8月，专案组认定，本次交易完全符合《国家税务总局关于非居民企业间接转让财产企业所得税若干问题的公告》（国家税务总局公告2015年第7号）中"应直接认定为不具有合理的商业目的的情形"所列举的条件，应按照《中华人民共和国企业所得税法》规定，重新定性该间接转让交易，确认为直接转让中国居民企业贵阳X公司的财产。

问：我公司是一家在香港上市的企业，在香港注册了相应的全资子公司，再通过子公司在内地注册了10余家全资公司。香港公司负责向香港联交所等机构提交资料，作为一个上市融资管理平台无其他业务收入。内地公司负责生产、销售并向香港公司分配股利。上述行为是否可以认为香港公司具有融资管理性，不应该按《国家税务总局关于如何理解和认定税收协定中"受益所有人"的通知》（国税函〔2009〕601号）的规定，认定为"导管公司"？

答：《国家税务总局关于如何理解和认定税收协定中"受益所有人"的通知》（国税函〔2009〕601号）第九条规定，"受益所有人"是指对所得或所得据以产生的权利或财产具有所有权和支配权的人。"受益所有人"一般从事实质性的经营活动，可以是个人、公司或其他任何团体。代理人、"导管公司"等不属于"受益所有人"。"导管公司"是指通常以逃避或减少税收、转移或累积利润等为目的而设立的公司。这类公司仅在所在国（或地区）登记注册，以满足法律所要求的组织形式，而不从事制造、经销、管理等实质性经营活动。

依据上述规定，按照"实质重于形式"的原则，在香港注册子公司负责向香港联交所等机构提交资料，作为上市融资管理平台无其他业务收入，虽在所在国（或地区）登记注册，以满足法律所要求的组织形式，并不从事制造、经销、管理等实质性经营活动。但此公司不是以逃避或减少税收、转移或累积利润等为目的，不属于"导管公司"。

重新确认香港公司受益所有人身份案

案例描述[①]

A香港公司系A集团在中国香港特别行政区注册的全资子公司，投资方包括A荷兰公司、A开曼群岛公司。截至2010年12月31日，A香港公司在华的全资控股公司包括B公司、C公司、D公司。

设在青岛的B公司系A香港公司100%投资企业。该公司于2009年和2010年间三次召开利润分配董事会，决定向公司股东A香港公司分配利润。此后，B公司分别向主管税务机关办理了非居民享受税收协定待遇审批手续。A香港公司据此享受《内地和香港特别行政区关于对所得避免双重征税和防止偷漏税的安排》第十条规定的股息预提税适用税率优惠政策。

2015年春节前，青岛市国税局稽查局办案人员接到办案任务，成立由案源科、检查科和执行科等科室的6名工作人员组成的临时办案小组。他们加班加点、精心准备，与外方代表多次谈判，重新确认了该企业的非受益所有人身份。

为了核实A香港公司受益所有人身份，办案人员围绕"实际控制权"这一主线，分别从公司高管任职及获取报酬、公司经营所得是否有控制权或处置权及风险承担、股息分配及处置、员工人数及与所得配比等多个维度提取、分析信息。

办案人员李杰端坐在电脑前，利用软件取数工具调取和分析着在别人看来枯燥乏味、晦涩难懂的电脑数据。随着光标的不断闪烁，一组A香港公司的收入来源数据映入李杰的眼帘，他激动地差点跳了起来。从中可以看出，A香港公司中积极所得占比较少，基本为消极所得。该公司很可能不符合受益所有人身份。

A香港公司驻上海亚太总部的代表张丽最终承认，公司确实存在一些客观因素，不符合中国税法规定的受益所有人身份的条件，并愿接受主管国税机关的新的身份认定。同时，该公司同意，就2009年和2010年的股息收入，补缴5%预提所得税。鉴于B公司已将前述税后应支付股息全额支付境外股东，即A香港公司，因此，本次检查确定的补缴少缴企业所得税，由非居民企业A香港公司补缴，合计479万元。因受外汇管制的规定，A香港公司无法在境内直接缴纳税款，只能自境外汇入外币并按规定汇兑成人民币后用于缴纳。

[①] 根据胡海啸、苗宏伟、高文涛、李杰《受益所有人案例：青岛国税查结首例受益所有人案》，原载《中国税务报》2015年5月27日。

2015年2月27日，青岛市国税局稽查局办案人员接到上海方面的通知，一笔巨款从香港的汇丰银行汇入青岛市某银行，要求该局办案人员与银行方面核实确认。28日中午时分，税款到账。

🎙 案例讨论

论题：A香港公司是否具有受益所有人身份？

甲方 A香港公司代表认为，该公司是受益所有人，可以享受股息预提税适用税率优惠的政策。

中国政府对外签署的关于对所得避免双重征税的协定（含内地与香港、澳门签署的税收安排，以下统称税收协定）的有关规定，就缔约对方居民申请享受股息、利息和特许权使用费等条款规定的税收协定待遇时，如何认定申请人的受益所有人身份作了具体规定。

受益所有人，是指对所得或所得据以产生的权利或财产具有所有权和支配权的人。

A香港公司驻上海亚太总部的代表张丽认为，公司是理所当然的受益所有人，按照中国有关法律法规向主管国税局申请办理了非居民享受税收协定待遇审批手续，并得到书面确认，据此可以享受《内地和香港特别行政区关于对所得避免双重征税和防止偷漏税的安排》第十条规定的股息预提税适用税率优惠政策。

乙方 办案人员认为，A香港公司不符合受益所有人条件，对其已享受的非居民企业股息预提税适用税率税收优惠问题应予纠正。

（1）该公司高管及员工均未在该公司有实质性任职，员工人数与资产规模、所得数额不相匹配。

截至2010年12月31日，A香港公司共有三位董事，而三位董事均不任职于A香港公司及其设在大陆的任何控股公司。历年董事会报告均反映，"在整个年度期间，公司董事从未且未来也不会因其为公司所做的工作而收到任何费用或报酬"。也就是说，A香港公司董事会的各种决策要受制于A集团，据此可以判定，该公司不属于完整的实体公司。

同时，A香港公司仅有的两名员工，当时分别为A公司亚太区人力资源总监和大中华区售后、培训经理，均未从事与投资业务直接相关的工作。相对于6亿多元的注册资本及每年数千万元的所得，其人员配置较少，与所得数额难以匹配。

（2）该公司对于所得或所得据以产生的财产或权利缺乏实质控制权或处置权，基本不承担经营风险。

自2009年以来，A香港公司三次董事会决议均将从B公司获得的股息全部作为该公司股息发放给各股东，未有任何留存。并且，A香港公司作为投资公司，未有将所分得的股息用于项目投资、配股、转增股本、企业合并、收购及风险投资等资本运作活动。此外，2011年1月3日，A金融服务公司与A香港公司在比利时布鲁塞尔签订的借款协议修正书显示，A金融服务公司将承担给附属公司贷款的货币风险及其他风险。这表明，A香港公司与A金融服务公司存在的是一种委托—代理关系，但同时免除了A香港公司的贷款风险。

（3）A香港公司中积极所得占比较少，基本为消极所得。

A香港公司除持有所得据以产生的财产或权利外，没有或几乎没有其他经营活动。

（4）法律管辖权与登记注册地不相应。

A香港公司为在香港登记注册的居民法人，但对外签订的多份经营合同或协议却适用远在欧洲的某国法律。如2008年8月20日和2012年7月11日A香港公司与B公司在比利时布鲁塞尔签订的借款协议中，"依据的法律与服从的管辖"部分注明"本协议在所有方面的建构、效力与执行均在比利时王国的法律管辖之下"。A集团的资金管理中心等多设立在比利时，适用该国法律管辖令人对A香港公司的实际控制权产生疑虑。

案例导读

什么是"受益所有人"？

受益所有人（beneficial owner）是英美法中的概念，是指对所得或所得据以产生的权利或财产具有所有权和支配权的人，是与名义或法律所有人相对的概念。

"受益所有人"在税收协定中经常出现，符合条件的非居民企业（个人），才有资格享受我国与特定国家（地区）签订的税收协定（安排）中规定的享受股息、利息和特许权使用费等条款规定的税收协定待遇。受益所有人一般从事实质性的经营活动，可以是个人、公司或其他任何团体。代理人、"导管公司"等并不属于受益所有人。

国家税务总局曾发布《国家税务总局关于如何理解和认定税收协定中"受益所有人"的通知》（国税函〔2009〕601号）、《国家税务总局关于认定税收协定中"受益所有人"的公告》（国家税务总局公告2012年第30号）。2018年2月3日，国家税务总局发布《国家税务总局关于税收协定中"受益所有人"有关问题的公告》（国家税务总局公告2018年第9号），就税收协定股息、利息、特许权使用费条款中"受益所有人"身份判定有关问题作出规定。

（1）判定需要享受税收协定待遇的缔约对方居民（以下简称"申请人"）"受益所有

人"身份时，应根据本条所列因素，结合具体案例的实际情况进行综合分析。

一般来说，下列因素不利于对申请人"受益所有人"身份的判定：①申请人有义务在收到所得的12个月内将所得的50%以上支付给第三国（地区）居民，"有义务"包括约定义务和虽未约定义务但已形成支付事实的情形。②申请人从事的经营活动不构成实质性经营活动。实质性经营活动包括具有实质性的制造、经销、管理等活动。申请人从事的经营活动是否具有实质性，应根据其实际履行的功能及承担的风险进行判定。申请人从事的具有实质性的投资控股管理活动，可以构成实质性经营活动；申请人从事不构成实质性经营活动的投资控股管理活动，同时从事其他经营活动的，如果其他经营活动不够显著，不构成实质性经营活动。③缔约对方国家（地区）对有关所得不征税或免税，或征税但实际税率极低。④在利息据以产生和支付的贷款合同之外，存在债权人与第三人之间在数额、利率和签订时间等方面相近的其他贷款或存款合同。⑤在特许权使用费据以产生和支付的版权、专利、技术等使用权转让合同之外，存在申请人与第三人之间在有关版权、专利、技术等的使用权或所有权方面的转让合同。

（2）申请人从中国取得的所得为股息时，申请人虽不符合"受益所有人"条件，但直接或间接持有申请人100%股份的人符合"受益所有人"条件，并且属于以下两种情形之一的，应认为申请人具有"受益所有人"身份：①上述符合"受益所有人"条件的人为申请人所属居民国（地区）居民；②上述符合"受益所有人"条件的人虽不为申请人所属居民国（地区）居民，但该人和间接持有股份情形下的中间层均为符合条件的人。

"符合条件的人"从中国取得的所得为股息时，根据中国与其所属居民国（地区）签署的税收协定可享受的税收协定待遇和申请人可享受的税收协定待遇相同或更为优惠。

（3）代理人或指定收款人等（以下统称"代理人"）不属于"受益所有人"。申请人通过代理人代为收取所得的，无论代理人是否属于缔约对方居民，都不应据此影响对申请人"受益所有人"身份的判定。股东基于持有股份取得股息，债权人基于持有债权取得利息，特许权授予人基于授予特许权取得特许权使用费，不属于本条所称的"代为收取所得"。

（4）判定"受益所有人"身份时，可区分不同所得类型通过公司章程、公司财务报表、资金流向记录、董事会会议记录、董事会决议、人力和物力配备情况、相关费用支出、职能和风险承担情况、贷款合同、特许权使用合同或转让合同、专利注册证书、版权所属证明等资料进行综合分析；判断是否为"代理人代为收取所得"情形时，应根据代理合同或指定收款合同等资料进行分析。

大型企业集团内部资金融通反避税案

案例描述 ①

A集团是集煤炭生产加工、煤电、煤化工、机械制造、建筑建材、家用电器、生物工程、铁路运输、医疗、教学等于一体，跨行业、跨国界、跨所有制的大型企业集团，中国500强、山东省百强企业，企业所得税归地税部门管理。

2011年A集团实现地方税费收入13.78亿元，2012年实现地方税费收入10.42亿元，2013年实现地方税费收入6.01亿元，连续三年地方税费收入以每年3亿多元至4亿多元的速度下降，引起反避税人员的关注。

A集团所属生产经营单位为16个分支机构、10家全资子公司、16家控股子公司、20家参股公司以及实际控制或管理的公司98家，共计160个单位。除分支机构外，其他所有全资子公司、控股子公司、达到参股比例的子公司构成关联企业，部分关联企业相互间存在关联业务，主要包括商品购销、融通资金、建筑安装劳务、设备租赁等。根据《国家税务总局关于印发〈中华人民共和国企业年度关联业务往来报告表〉的通知》（国税发〔2008〕114号），反避税人员要求企业进行关联交易申报。通过审核发现，集团公司确实存在利用自有资金向其控股、参股的子公司提供资金借贷，以及通过商业银行以委托贷款的形式向其子公司发放贷款资金的情况，而且不收取利息或收取利息明显偏低，存在避税的嫌疑。

按照重点税源扁平化管理的要求和《国家税务总局关于印发〈特别纳税调整实施办法（试行）〉的通知》（国税发〔2009〕2号）的规定，反避税人员对该集团内部2011—2013年度资金融通情况进行反避税调查。截至2014年10月底，A集团公司已补缴税款4000万元并全部入库。

通过对A集团公司财务报表及相关子公司账务情况的审查，税务机关发现以下避税疑点。

1 内部资金借贷

该集团通过内部机构资金结算中心和其关联企业（法人单位）签订内部借款合同（借

---

① 根据郝杰、袁瑛、段培真、谢承进《房地产借鉴：集团内部资金融通反避税案例分析》编写，原载《国际税收》2015年第3期。

款期限一般为一年），提供资金使用，按月收取利息。对全资子公司和分公司按照年利率3.72%收取利息，对全资子公司和分公司以外的控股、参股企业按照年利率5.31%收取利息，逾期借款按照年利率6.9%收取利息，部分借款单位长期占用资金，未向集团公司支付相应利息。

2 委托银行贷款

A集团公司委托商业银行向19家关联企业（法人单位）办理贷款业务。集团公司与银行签订代理委托贷款协议书，明确发放贷款的对象、金额、期限、利率，并规定银行向集团按照贷款余额的0.5‰在贷款期限内一次性收取手续费。银行与各借款方签订委托贷款合同，办理委托贷款业务，委托贷款期限一般为一年，利率按中国人民银行公布的同期基准贷款利率执行，到期后签订展期合同，部分借款方长期占用资金，且未向银行支付相应的利息。

通过对以上两个方面的分析，税务人员认为，A集团公司与其关联企业之间以资金借贷的形式存在长期资金占用，有不收取利息或收取利息明显偏低的情况，违背了独立交易原则，有向关联企业转移利润规避税收的嫌疑。

税务机关及时对A集团2011—2013年财务账簿、凭证进行汇总审查，对集团公司与各子公司签订的内部借款合同及集团与银行、银行与各借款方签订的委托贷款合同进行核查，并对主要的关联企业及该委托贷款银行进行实际调查，了解企业的资金往来、利率及支付方法等。税务机关调查前向企业下达了《税务事项通知书》。

通过对掌握的情况进行分析，税务机关认为集团公司通过内部贷款为其22家子公司提供资金，签订贷款合同，应该按照独立交易原则收取利息并就利息收入缴纳营业税，对借款企业未缴或少缴利息按照同期银行贷款利率进行调整，并对造成国家总体税负减少的部分进行调整。在委托贷款方面，税务机关认为集团公司通过商业银行发放委托贷款与实际意义上的委托贷款有一定的差别，实际意义上的委托贷款是出资方、银行、委贷方三方签订合同，由银行统一进行发放贷款及利息资金的回收，银行占主体地位，但是A集团实行的是集团公司与银行签订委托贷款协议，银行与委托贷款单位签订贷款合同，贷款的利率、时限、回收资金的责任都是由集团公司负责，银行的主要作用是利息划转及按照要求出具利息单据，对于不偿还利息的单位，不负有催缴责任，发放委托贷款的主体是集团公司。

案例讨论

论题：A集团公司是否通过内部资金融通进行避税？

甲方 A集团公司认为，公司内部资金融通是正常的经营活动，没有避税的动机。

（1）根据《山东省地方税务局关于发布〈山东省地方税务局民间借贷税收管理办法（试行）〉的公告》（山东省地方税务局公告2011年第4号），是否"有偿取得"利息收入是确定是否计征营业税和企业所得税的前提，集团所属企业间虽然因为经济业务往来等存在相互占用资金情况，但并未取得利息收入，不应缴纳营业税。

（2）根据《国家税务总局关于金融企业贷款利息收入确认问题的公告》（国家税务总局公告2010年第23号），金融企业已确认为利息收入的应收利息，逾期90天仍未收回，且会计上已冲减了当期利息收入的，准予抵扣当期应纳税所得额。各委托贷款单位并未在账面上确认逾期以后的利息收入，也未实际收到，按照以上政策规定，不需确认利息收入，不需要缴纳营业税和企业所得税。

（3）A集团公司并没有向集团公司外部单位进行贷款，在纳税调整的依据上，没有可比非受控价格参照。而且，A集团公司不是金融机构，调整依据不能以银行业同期贷款利率进行调整。

乙方 税务机关认为，A集团公司存在通过内部资金融通进行避税的嫌疑。

（1）企业虽然不是金融企业，但是发生了资金借贷的行为。集团公司和所属各子公司虽然是平等的法律关系，但是存在关联关系，而且发生了关联交易。《中华人民共和国税收征收管理法实施细则》第五十四条规定，纳税人与其关联企业之间融通资金所支付或者收取的利息超过或者低于没有关联关系的企业之间所能同意的数额，或者利率超过或者低于同类业务的正常利率，税务机关可以调整其应纳税额。

（2）反避税是一个管理环节的问题，按照税法规定，税务机关可以自该业务往来发生的纳税年度起3年内进行调整；有特殊情况的，可以自该业务往来发生的纳税年度起10年内进行调整。

（3）对企业提出的为何要按照同期银行贷款利率进行调整，税务机关认为，在企业没有第三方可比非受控价格的情况下，国家规定的银行同期贷款利率是独立第三方标准，不受企业和税务机关控制，是作为调整最为合适的依据。况且，企业自己也无法给出一个合理利率。

1 营业税

（1）如果资金来源是自有资金，拆借给关联企业的，需要缴纳营业税。依据《营业税问题解答（之一）》（国税函发〔1995〕156号）第十条的规定，不论金融机构还是其他单位，只要是发生将资金贷与他人使用的行为，均应视为发生贷款行为，按"金融保险业"税目征收营业税。即使关联方之间没有发生利息往来，由于涉及融资转让定价，税务机关有权按同期同类贷款利率计算出借方的利息收入，作为营业税的计税基础。

（2）如果资金来源是从银行等金融机构借入后分借给关联企业的，则满足一定条件的时候，可以免交营业税。依据《财政部 国家税务总局关于非金融机构统借统还业务征收营业税问题的通知》（财税字〔2000〕7号）的规定，对企业主管部门或企业集团中的核心企业等单位（简称统借方）向金融机构借款后，将所借资金分拨给下属单位（包括独立核算单位和非独立核算单位），并按支付给金融机构的借款利率水平向下属单位收取用于归还金融机构的利息不征收营业税。另外《国家税务总局关于贷款业务征收营业税问题的通知（国税发〔2002〕13号）又规定，企业集团或集团内的核心企业（简称企业集团）委托企业集团所属财务公司代理统借统还贷款业务，从财务公司取得的用于归还金融机构的利息不征收营业税；财务公司承担此项统借统还委托贷款业务，从贷款企业收取贷款利息不代扣代缴营业税。

2 企业所得税

根据《中华人民共和国企业所得税法》的立法精神，各关联方之间应该按照独立公平的原则实施交易，不能以转移定价等非正常的手段来实现避税，因此，《中华人民共和国企业所得税法》对关联企业资金的拆借进行了一些限制。

（1）出借方

出借方按取得的利息收入计征企业所得税。无偿出借资金的，按同期同类贷款利率计算利息收入。依据是《中华人民共和国税收征收管理法》第三十六条规定，企业或者外国企业在中国境内设立的从事生产、经营的机构、场所与其关联企业之间的业务往来，应当按照独立企业之间的业务往来收取或者支付价款、费用；不按照独立企业之间的业务往来收取或者支付价款、费用，而减少其应纳税的收入或者所得额的，税务机关有权进行合理调整。

因此，如若借贷双方存在关联关系，税务机关有权核定其利息收入并缴纳营业税和企业所得税。

（2）借入方

一般情况下，按照《中华人民共和国企业所得税法》第四十六条的规定，企业从其关联方接受的债权性投资与权益性投资的比例超过规定标准而发生的利息支出，不得在计算应纳税所得额时扣除。根据《财政部 国家税务总局关于企业关联方利息支出税前扣除标准有关税收政策问题的通知》（财税〔2008〕121号）的规定，非金融机构接受关联方债权性投资与其权益性投资比例为2∶1，金融企业为5∶1。债权性投资与其权益性投资比例按各月月末账面金额加权平均确定。也就是说，一般情况下，企业可税前列支的关联方利息支出，上限为权益性投资×2×同期同类贷款利率，超过部分不能列支。

如果借入资金是关联方从银行等金融机构借入后分借给企业的，在满足一定条件的时候可以全额扣除，不受资本弱化的调整。

金冠公司因被加收的滞纳金超税金而状告税务局案

案例描述[①]

2006年11月29日，广东省国家税务局稽查局对佛山市顺德区金冠涂料集团有限公司（以下简称金冠公司）作出《税务处理决定书》（某国税稽处〔2006〕1号），认定金冠公司在2002年1月—2003年7月期间设立内账进行核算，开设账外银行账户收取货款，隐瞒销售收入，未向税务机关申报纳税，决定对金冠公司补征少缴的增值税1149862.61元，并按少缴税款征收从滞纳之日起按日加收万分之五的滞纳金，并以涉嫌偷税罪将金冠公司移送公安机关立案侦查。

2007年4月29日，佛山市三水区人民检察院以原告涉嫌偷税罪向三水区人民法院提起公诉。三水区人民法院于2007年9月18日作出刑事判决，判决认定指控原告金冠公司偷税所依据的证据不足、事实不清、程序违法，依法判决原告无罪。2007年11月18日，佛山市中级人民法院以刑事判决维持三水区人民法院的判决。至此，被告广东省国家税务局作出具体行政行为的事实和依据均被生效的判决书推翻。

2012年11月29日，被告广东省国家税务局作出粤国税稽强扣〔2012〕2号《税收强制执行决定书》，主要内容为：根据《中华人民共和国税收征收管理法》第四十条的规定，决定自2012年11月29日起，从金冠公司在农行某支行的存款账户中扣缴税款2214.86元和滞纳金3763.04元，合计5977.90元。

原告金冠公司认为，被告广东省国家税务局以粤国税稽强扣〔2012〕2号《税收强制执行决定书》强制从原告银行账户扣划5977.9元的行为缺乏事实和法律依据，请求撤销被告作出的粤国税稽强扣〔2012〕2号《税收强制执行决定书》，并由被告承担本案全部诉讼费用。

🎤 案例讨论

甲方 广东省国家税务局认为，金冠公司涉嫌偷税罪，对该公司作出强制执行的决定合法有效。

（1）作出强制执行决定的依据合法有效。2006年11月29日，广东省国家税务局稽

---

① 根据《全国第一起滞纳金超税金致税局败诉案》编写，原载 http://www.taxlawyerchina.com/dianxinganli/index.htm，2016 年 7 月 26 日。

查局经过检查，对原告金冠公司的税务违法行为作出了税务处理决定，并于2006年11月30日向原告送达了《税务处理决定书》。原告金冠公司既没有按照法律规定的期限申请行政复议或者提起行政诉讼，又没有在法定期限内履行《税务处理决定书》规定的义务。因此，广东省国家税务局稽查局作出的决定是已生效的法律文书，具有依法强制执行的效力。

（2）依法具有强制执行的权力。根据《中华人民共和国税收征收管理法》第四十条的规定，广东省国家税务局稽查局有权依法采取书面通知相关金融机构扣缴税款的强制执行措施。在采取强制执行措施时，对纳税人、扣缴义务人、纳税担保人未缴纳的滞纳金同时强制执行。

（3）作出强制执行决定程序合法，适用法律正确。根据相关法律法规，广东省国家税务局稽查局于2012年6月20日依法向原告金冠公司送达了《税务事项通知书》进行催告催缴。原告在文书规定的期限内仍拒不履行缴纳税款和滞纳金。2012年11月29日，广东省国家税务局稽查局依法作出税收强制执行决定，并在原告开户银行扣缴了其银行存款5977.90元抵缴了原告欠缴的部分税款和滞纳金。

乙方 法院认为，金冠公司无罪，加收滞纳金的数额超出了金钱给付义务的数额，明显违反法律的强制性规定，应予以撤销。

2007年9月18日，三水区人民法院作出刑事判决，判决金冠公司无罪。2007年11月18日，佛山市中级人民法院作出刑事判决，维持了一审刑事判决，即金冠公司无罪。理由如下：

（1）虽有证据证实金冠公司为少缴税款设立内外两套账，但稽查和侦查人员在采取强制措施时未能取得金冠公司在涉案时间内的全部内账账册材料，只找到金冠公司部分经营费用的凭证，没有系统的记载销售实现、收付款的银行、现金、经营管理费用、成本等相关凭证和账簿，以至于本案的证据未能真实反映金冠公司的实际销售情况。

（2）税务机关对于金冠公司的税务稽查的方法不是根据金冠公司的账册材料进行核查，而是通过发函全国各地的税务机关，以复函的数据为基础，从中采用能够反映金冠公司在涉案期间销售货物不开发票、在账簿上少列收入，进行虚假纳税申报的复函作为稽查结果的依据，这样一种稽查方法导致了稽查结论存在以下缺陷：①客户的证言证实向金冠公司购买货物已支付货款，但未收到发票，金冠公司的工作人员也证实公司存在销售过程中不开发票的情况，但比较笼统，不能确定具体是哪一批货物、哪一笔款项没有开发票，另外，客户没有收到发票，也不能证实金冠公司没有开发票。②金冠公司和具有独立法人资格的联邦涂料有限公司实际上是一套人马、两个牌子的运行模式，两个公司都有独立的纳税人资格，但根据金冠公司的供述和证人证言证实，两个公司在销售货物的时候都采用了金冠公司的产品调拨单，税务部门调查回来的资料也显示部分以金冠公司的调拨单销售出去的货物金额实际上是联邦涂料有限公司销售的金额包含在内的情况，导致了数据不准确。③证据中缺少金冠公司收取货款明细的证据，不能将客户已经证实支付货款的销售额与之印证，实质上存在孤证。④金冠公司客户的证言，在形式上存在缺陷，以致其证明力值得怀疑。广东省国家税务局稽查局在对金冠公司进行稽查的时候，通过对客户询问等方式，取得客户的证言证实金冠公司没有开具发票等事实，但在案件移交公安机关侦查的时候，侦查部门对该部分被国税部门在稽查中采信的证人证言并没有全部进行证据形式的转化，仅找了其中的一部分人进行问话，因此，用于认定金冠公司销售情况的证人证言大部分存在形式上的缺陷。

（3）广东省国税局稽查局在对金冠公司稽查的过程中，程序存在缺陷。2003年10月11日，金冠公司涉嫌偷税一案已由广东省公安厅经侦总队移送佛山市公安局经侦支队，佛山市公安局于2003年10月14日立案侦查。根据《广东省国家税务系统重大税务案件审理办法（试行）》第五条第（二）项的规定，因偷税、骗税、逃避追缴欠税需移送司法机关追究刑事责任的案件，无论涉案税额大小，均作为重大税务案件，由各级审理委员会进行审理。金冠公司一案属于重大税务案件，稽查局在2006年11月15日稽查结束以后，应当将案件移交广东省国税局审理委员会审理，以确定其稽查的程序、方法是否合法、恰当，但广东省国税局稽查局并没有将案件移交广东省国税局审理委员会审理，其稽查的结论实际上未得到广东省国家税务局的确认。

（4）虽然金冠公司法定代表人周某某于2006年11月28日在广东省国税局稽查局对金冠公司的稽查工作底稿签名认为"无意见"，但周某某当时已在押，既无法核实金冠公司偷税的实际情况，也不能以其签名确认认定其代表了被告单位金冠公司的意思表示。所以，周某某的签名确认并不能证实金冠公司偷税的事实和数额。

《中华人民共和国行政强制法》自2012年1月1日起施行，被上诉人于2012年11月29日作出被诉税收强制执行决定应符合该法的规定。但是，被诉税收强制执行决定从原告的存款账户中扣缴税款2214.86元和滞纳金3763.04元，加处滞纳金的数额超出了金钱给付义务的数额，明显违反上述法律的强制性规定，应予以撤销。

最终结果是，撤销被告广东省国家税务局于2012年11月29日作出的粤国税稽强扣〔2012〕2号《税收强制执行决定书》。一审案件受理费50元由被告广东省国家税务局负担。

案例导读

税收强制执行决定是否违反《中华人民共和国行政强制法》的强制性规定？

2015年4月24日，第十二届全国人民代表大会常务委员会第十四次会议修正的《中华人民共和国税收征收管理法》第三十二条规定，纳税人未按照规定期限缴纳税款的，扣缴义务人未按照规定期限解缴税款的，税务机关除责令限期缴纳外，从滞纳税款之日起，按日加收滞纳税款万分之五的滞纳金。

而《中华人民共和国行政强制法》第四十五条规定，行政机关依法作出金钱给付义务的行政决定，当事人逾期不履行的，行政机关可以依法加处罚款或者滞纳金。加处罚款或者滞纳金的标准应当告知当事人。加处罚款或者滞纳金的数额不得超出金钱给付义务的数额。

从以上两则条款可以看出，《中华人民共和国税收征收管理法》规定了税款滞纳金的加收标准，但并没有《中华人民共和国行政强制法》中关于滞纳金加收限额的规定。

滞纳金是指行政机关对不按期限履行金钱给付义务的相对人，使其履行新的金钱给付义务的方法，目的是促使其尽快履行义务，属于行政强制执行中执行罚的一种具体形式。特征是：①适用于义务人负有金钱给付义务；②义务人超过规定期限不履行义务；③可以反复为之，具体表现为按日加收。如按照税法有关规定，税务机关对不按规定期限缴纳税款的单位和个人，就其拖欠税款，依法按日加征一定比例的罚金。主要适用于税收领域，但不限于此。

也就是说，加收滞纳金不是一种行政处罚方式，而是一种督促方法，不是针对非法行为的制裁，而是强制实施将来行为的手段。税款滞纳金作为在税收征管中因税款的滞纳而产生的滞纳金，应具有滞纳金的一般特点，其目的不是对义务人进行处罚，而是督促并强制其履行纳税义务，尽快依法上缴迟延缴纳的税款。因此，《中华人民共和国税收征收管理法》第三十二条关于税收滞纳金的规定，出现在《中华人民共和国税收征收管理法》（2015年修正）的第三章即"税款征收"中，而不在第五章"法律责任"中。这足以说明，滞纳金是一种对义务人的督促，不是处罚。

但是，《中华人民共和国税收征收管理法》第五十二条第三款规定，对偷税、抗税、骗税的，税务机关追征其未缴或者少缴的税款、滞纳金或者所骗取的税款，不受前款规定期限的限制。该条款规定表明，对于偷税、抗税、骗税行为，税务机关可以无限期追征，也就是说，有形成"天价"滞纳金的可能。在这种情况下，行为人将面临沉重的经济负担，这种税款和滞纳金不成比例的情形，无疑对行为人的财产权利造成了过度的影响。因此，设定税款滞纳金时应规定加处滞纳金的上限。

《中华人民共和国行政强制法》第四十五条第三款规定，加处罚款或者滞纳金的数额不得超出金钱给付义务的数额。这一规定体现了比例原则。所谓比例原则，是指行政主体实施行政行为应兼顾行政目标的实现和保护相对人的权益，如果行政目标的实现可能对相对人的权益造成不利影响，则这种不利影响应被限制在尽可能小的范围和限度之内，保持二者处于适度的比例。

晨阳公司诉县地税局稽查局越权处罚案

案例描述 ①

　　合肥晨阳橡塑有限公司（以下简称晨阳公司）成立于2003年5月22日，注册地在安徽省合肥市长丰县岗集镇，注册资本为100万元，股东为周某和张某。截至2008年5月12日止，股东周某和张某以货币新增出资270万元，资本公积转增股本500万元。2008年5月16日，安徽嘉华会计师事务所为晨阳公司出具了验资报告。2008年5月22日，长丰县工商局核准了晨阳公司注册资本的变更登记。

　　2011年，长丰县地税局稽查局根据合肥市地税局、长丰县地税局联合发布的《关于开展2011年税收专项检查的通知》，于2011年8月9日向晨阳公司送达了《税务检查通知书》和《税务阳光稽查告知书》，并对晨阳公司2008—2010年度的纳税情况进行检查。

　　通过检查，长丰县地税局发现晨阳公司存在以下问题：①2008—2010年累计少缴纳城镇土地使用税234683.77元；②2009—2010年未按规定代扣代缴工资、薪金所得个人所得税73412.5元；③2009—2010年未按规定申报缴纳已代扣的工资、薪金所得个人所得税10253.06元；④2008年5月以资本公积500万元转增股本，未按规定代扣代缴500万元股息、红利所得个人所得税100万元。

　　2012年9月3日，晨阳公司补缴了2008—2010年城镇土地使用税234683.77元及滞纳金131440.21元。

　　2013年12月12日，长丰县地税局稽查局向晨阳公司送达了《税务处理决定书》及《税务行政处罚事项告知书》。2013年12月19日，长丰县地税局稽查局向晨阳公司作出了长地税稽罚〔2013〕4号《税务行政处罚决定书》，对晨阳公司上述②至④项违法行为分别处以税务行政罚款。2014年1月10日，晨阳公司缴纳了2009—2010年未按规定申报缴纳已代扣的工资、薪金所得个人所得税10253.06元及罚款5126.53元，同日缴纳了2009—2010年未按规定代扣代缴的工资、薪金所得个人所得税73412.15元及罚款36706.08元。

　　晨阳公司不服长地税稽罚〔2013〕4号《税务行政处罚决定书》对晨阳公司因未代扣代缴股息、红利所得个人所得税而作出的罚款决定，以及晨阳公司2008—2010年少缴纳城镇土地使用税而作出的罚款决定，向长丰县人民法院（简称"一审法院"）提起行政诉讼，请求撤销长地税稽罚〔2013〕4号《税务行政处罚决定书》。

---

① 根据《税局越权处罚导致败诉》编写，原载 http://blog.sina.com.cn/s/blog_4530f0210102vkbo.html，2015 年 5 月 11 日。

一审法院经审理认为，长丰县地税局稽查局作出的长地税稽罚〔2013〕4号《税务行政处罚决定书》依据的事实清楚，证据充分，并且符合其法定职权，适用法律正确，判决驳回晨阳公司的诉讼请求。

晨阳公司不服一审法院作出的一审判决，向合肥市中级人民法院（简称"二审法院"）提请上诉。二审法院经审理认为，根据《中华人民共和国税收征收管理法》《中华人民共和国税收征收管理法实施细则》的规定，税务局稽查局专司偷税、逃避追缴欠税、骗税、抗税案件的查处，长丰县地税局稽查局作出长地税稽罚〔2013〕4号《税务行政处罚决定书》的处罚内容不属于稽查局的法定职责，因此，其行为属于超越职权，判决撤销一审判决，并撤销长地税稽罚〔2013〕4号《税务行政处罚决定书》。

案例讨论

> 论题：长丰县地税局稽查局是否有权对晨阳公司少申报缴纳税款以及未履行个人所得税代扣代缴义务的行为作出税务行政处罚？

甲方 长丰县地税局稽查局有权对晨阳公司少申报缴纳税款以及未履行个人所得税代扣代缴义务的行为作出税务行政处罚。

一审法院经审理认为，长丰县地税局稽查局作出的长地税稽罚〔2013〕4号《税务行政处罚决定书》依据的事实清楚，证据充分，并且符合其法定职权，适用法律正确。

乙方 二审法院经审理认为，长丰县地税局稽查局的税务行政处罚属越权执法。

1 晨阳公司的违法行为不属于偷税、逃避追缴欠税、骗税以及抗税

首先，晨阳公司2009—2010年未按规定申报缴纳已代扣的工资、薪金所得个人所得税10253.06元的行为，属于违反了《中华人民共和国税收征收管理法》第六十八条的规定：纳税人、扣缴义务人在规定期限内不缴或者少缴应纳或者应解缴的税款，经税务机关责令限期缴纳，逾期仍未缴纳的，税务机关除依照本法第四十条的规定采取强制执行措施追缴其不缴或者少缴的税款外，可以处不缴或者少缴的税款百分之五十以上五倍以下的罚款。

其次，晨阳公司2009—2010年未按规定代扣代缴工资、薪金所得个人所得税73412.5元以及2008年5月以资本公积500万元转增股本未按规定代扣代缴500万元股息、红利所得个人所得税100万元的行为，属于违反了《中华人民共和国税收征收管理法》第六十九

条的规定：扣缴义务人应扣未扣、应收而不收税款的，由税务机关向纳税人追缴税款，对扣缴义务人处应扣未扣、应收未收税款百分之五十以上三倍以下的罚款。

因此，晨阳公司受长地税稽罚〔2013〕4号《税务行政处罚决定书》处罚的税收违法行为均不属于偷税、逃避追缴欠税、骗税以及抗税行为。

2 长丰县地税局稽查局越权实施行政处罚

《中华人民共和国税收征收管理法实施细则》第九条明确规定，稽查局专司偷税、逃避追缴欠税、骗税以及抗税的查处。偷税、逃避追缴欠税、骗税以及抗税分别由《中华人民共和国税收征收管理法》第六十三条、第六十五条、第六十六条和第六十七条加以规定。

晨阳公司的上述税收违法行为，为违反《中华人民共和国税收征收管理法》第六十八条、第六十九条规定的税收违法行为，应当由非稽查局的税务机关实施税务处理并进行税务行政处罚。长丰县地税局稽查局对晨阳公司上述行为实施的税务行政处罚属于明显地超越职权，依照《中华人民共和国行政诉讼法》第五十四条的规定，对行政机关作出的具体行政行为属于超越职权的，应当判决撤销。

------------------------------- 案例导读 -------------------------------

这一案例涉及两个问题：稽查局是否是行政执法主体？稽查局的执法权限和范围是什么？

1 稽查局是独立的税务行政执法主体

自1997年4月国家税务总局稽查局成立，我国开始在各级税务局设立专门的税务稽查机构，但截至2001年5月，各级税务稽查局只是税务局的内设机构，不具备法定的执法主体地位。

2001年5月《中华人民共和国税收征收管理法》修订以及2002年9月《中华人民共和国税收征收管理法实施细则》实施后，稽查局取得了独立的法定执法主体地位，成为可以以自己名义独立行使税收执法权、承担相应责任的税务机关。

2 稽查局的法定执法权限

（1）《中华人民共和国税收征收管理法》及其实施细则的权限设定

《中华人民共和国税收征收管理法》第十四条规定，本法所称税务机关是指各级税务局、税务分局、税务所和按照国务院规定设立的并向社会公告的税务机构。《中华人民共和国税收征收管理法实施细则》第九条规定，《中华人民共和国税收征收管理法》第十四条所称按照国务院规定设立的并向社会公告的税务机构，是指省以下税务局的稽查局。稽查局专司偷税、逃避追缴欠税、骗税、抗税案件的查处。

上述规定不仅赋予了税务稽查局的法定执法主体资格，而且限定了税务稽查局的执法权限和范围，稽查局的执法权限是专门对偷税、逃避追缴欠税、骗税以及抗税案件进行税务稽查和税务处理。

（2）国家税务总局规范性文件的权限执行

2003年2月，国家税务总局发布的《关于稽查局职责问题的通知》（国税函〔2003〕140号）规定，稽查局的现行职责是稽查业务管理、税务检查和税收违法案件查处；凡需要对纳税人、扣缴义务人进行账证检查或者调查取证，并对其税收违法行为进行税务行政处理（处罚）的执法活动，仍由各级稽查局负责。

国税函〔2003〕140号文作为国家税务总局颁布的部门规范性文件，将稽查局从"专司偷税、逃避追缴欠税、骗税、抗税案件的查处"扩大至"对税收违法行为进行税务行政处理（处罚）"。

2009年12月，国家税务总局发布了《税务稽查工作规程》（国税发〔2009〕157号），其第二条规定，稽查局具体职责由国家税务总局依照《中华人民共和国税收征收管理法》《中华人民共和国税收征收管理法实施细则》的有关规定确定。该条规定又明确，应当依据《中华人民共和国税收征收管理法》及其实施细则确定稽查局的权限。

德发房产公司诉市地税局稽查局处罚不当案

案例描述①

2004年11月30日，广州德发房产建设有限公司（以下简称德发公司）与广州穗和拍卖行有限公司（以下简称穗和拍卖行）签订委托拍卖合同，委托穗和拍卖行拍卖其自有的位于广州市人民中路555号"美国银行中心"的房产。

委托拍卖的房产包括地下负一层至负四层的车库（199个），面积为13022.4678平方米；首层至第三层的商铺，面积为7936.7478平方米；四至九层、十一至十三层、十六至十七层、二十至二十八层部分单位的写字楼，面积共计42285.5788平方米。

德发公司在委托拍卖合同中写明对上述总面积为63244.7944平方米的房产估值金额为530769427.08港元。2004年12月2日，穗和拍卖行在《信息时报》C16版刊登拍卖公告，公布将于2004年12月9日举行拍卖会。穗和拍卖行根据委托拍卖合同的约定，在拍卖公告中明确竞投者须在拍卖前将拍卖保证金6800万港元转到德发公司指定的银行账户内。2004年12月19日，盛丰实业有限公司（香港公司）通过拍卖，以底价1.3亿港元（按当时的银行汇率，兑换人民币为1.38255亿元）竞买了上述部分房产，面积为59907.0921平方米。

上述房产拍卖后，德发公司按1.38255亿元的拍卖成交价格，先后向税务部门缴纳了营业税6912750元及堤围防护费124429.5元，并取得了由广州市荔湾区地税局出具的完税凭证。

2006年间，广州市地税局第一稽查局（以下简称广州税稽一局）检查德发公司2004—2005年地方税费的缴纳情况。经向广州市国土资源和房屋管理局调取德发公司委托拍卖房产所在的周边房产的交易价格情况进行分析，广州税稽一局得出当时德发公司委托拍卖房产的周边房产的交易价格，其中写字楼为5500~20001元/平方米，商铺为10984~40205元/平方米，地下停车位为89000~242159元/个。因此，广州税稽一局认为德发公司以1.38255亿元出售上述房产，拍卖成交单价格仅为2300元/平方米，不及市场价的一半，价格严重偏低，遂于2009年8月11日根据《中华人民共和国税收征收管理法》第三十五条及《中华人民共和国税收征收管理法实施细则》第四十七条的规定，作出税务检查情况核对意见书，以停车位85000元/个、商铺10500元/平方米、写字楼5000元/

---

① 根据谢德明《最高法税务行政诉讼第一案》编写，原载 http://blog.sina.com.cn/s/blog_62083e2c0102x54c.html，2017年4月18日。

平方米的价格计算，核定德发公司委托拍卖的房产的交易价格为311678775元[停车位收入85000（元/个）×199个+商铺收入10500（元/平方米）×7936.75平方米+写字楼收入 5000（元/平方米）×42285.58平方米]，并以311678775元为标准核定应缴纳的营业税及堤围防护费。德发公司应缴纳营业税15583938.75元（311678775元×5%），扣除已缴纳的6912750元，应补缴8671188.75元；应缴纳堤围防护费280510.90元，扣除已缴纳的124429.50元，应补缴156081.40元。该意见书同时载明了广州税稽一局将按规定加收滞纳金及罚款的情况。

德发公司于2009年8月12日收到上述税务检查情况核对意见书后，于同月17日向广州税稽一局提交了复函，认为广州税稽一局对其委托拍卖的房产价值核准为311678775元缺乏依据。

广州税稽一局没有采纳德发公司的陈述意见。2009年9月14日，广州税稽一局作出穗地税稽一处〔2009〕66号税务处理决定，认为德发公司存在违法违章行为并决定：

（1）根据《中华人民共和国税收征收管理法》第三十五条，《中华人民共和国税收征收管理法实施细则》第四十七条，《中华人民共和国营业税暂行条例》第一条、第二条、第四条的规定，核定德发公司于2004年12月取得的拍卖收入应申报缴纳营业税15583938.75元，已申报缴纳6912750元，少申报缴纳8671188.75元，决定追缴德发公司未缴纳的营业税8671188.75元，并根据《中华人民共和国税收征收管理法》第三十二条的规定，对德发公司应补缴的营业税加收滞纳金2805129.56元。

（2）根据广州市人民政府《广州市市区防洪工程维护费征收、使用和管理试行办法》（穗府〔1990〕88号）第二条、第三条、第七条及广州市财政局、广州市地方税务局、广州市水利局《关于征收广州市市区堤围防护费有关问题的补充通知》（财农〔1998〕413号）第一条的规定，核定德发公司2004年12月取得的计费收入应缴纳堤围防护费280510.90元，已申报缴纳124429.50元，少申报缴纳156081.40元，决定追缴少申报的156081.40元，并加收滞纳金48619.36元。

德发公司不服广州税稽一局的处理决定，向广州市地方税务局申请行政复议。广州市地方税务局经复议后于2010年2月8日作出穗地税行复字〔2009〕8号行政复议决定，维持了广州税稽一局的处理决定。

德发公司对这一税务处理决定不服，并在广州市中级人民法院作出审理后又向广东省高级人民法院、最高人民法院申请再审。请求：①依法撤销广州市天河区人民法院〔2010〕天法行初字第26号行政判决和广州市中级人民法院〔2010〕穗中法行终字第564号行政判决；②依法撤销被申请人于2009年9月14日作出的穗地税稽一处〔2009〕66号《税务处理决定书》；③判令被申请人退回违法征收的申请人营业税8671188.75元及滞纳金2805129.56元，退回违法征收的申请人堤围防护费156081.40元及滞纳金人民币48619.36元，以及上述款项从缴纳之日起至实际返还之日止按同期银行贷款利率计算的利息。

2014年12月25日，最高人民法院决定提审此案。

2015年6月29日，最高人民法院公开开庭审理本案，认为：广州税稽一局核定德发公司应纳税额，追缴8671188.75元税款，符合《中华人民共和国税收征收管理法》第三十五条、《中华人民共和国税收征收管理法实施细则》第四十七条的规定；追缴156081.40元堤围防护费，符合《广州市市区防洪工程维护费征收、使用和管理试行办法》的规定。不过，广州税稽一局认定德发公司存在违法违章行为没有事实和法律依据；责令德发公司补缴上述税费产生的滞纳金属于认定事实不清且无法律依据。

2017年4月7日，最高人民法院就德发公司与广州税稽一局再审案作出判决：①撤销广州市中级人民法院〔2010〕穗中法行终字第564号行政判决和广州市天河区人民法院〔2010〕天法行初字第26号行政判决；②撤销广州税稽一局穗地税稽一处〔2009〕66号税务处理决定中对德发公司征收营业税滞纳金2805129.56元和堤围防护费滞纳金48619.36元的决定；③责令广州税稽一局在本判决生效之日起三十日内返还已经征收的营业税滞纳金2805129.56元和堤围防护费滞纳金48619.36元，并按照同期中国人民银行公布的一年期人民币整存整取定期存款基准利率支付相应利息；④驳回德发公司其他诉讼请求。一、二审案件受理费100元，由德发公司和广州税稽一局各负担50元。

🎤 案例讨论

> **论题：** 德发公司将涉案房产拍卖形成的拍卖成交价格作为计税依据纳税后，广州税稽一局在税务检查过程中能否以计税依据价格明显偏低且无正当理由为由重新核定应纳税额补征税款并加收滞纳金？

甲方 德发公司请求最高人民法院再审的理由。

（1）广州税稽一局作为行政主体不适格。1999年10月21日最高人民法院对福建省高级人民法院《关于福建省地方税务局稽查分局是否具有行政主体资格的请示报告》的答复意见认为，地方税务局稽查分局以自己的名义对外作出行政处理决定缺乏法律依据。根据上述意见，广州税稽一局并非独立行政主体，自然不能作为本案的诉讼主体。

（2）广州税稽一局超越职权，无权核定纳税人的应纳税额。《中华人民共和国税收征收管理法实施细则》第九条第一款规定，稽查局专司偷税、逃避追缴欠税、骗税、抗税案件的查处。本案不属于"偷税、逃避追缴欠税、骗税、抗税"的情形，不属于稽查局的职权范围，广州税稽一局无权对再审申请人拍卖收入核定应纳税额。被诉税务处理决定超出被申请人的职权范围，应属无效决定。

（3）被诉税务处理决定认定德发公司申报纳税存在"申报的计税依据明显偏低"和

"无正当理由"的证据明显不足。本案中从委托拍卖合同签订到刊登拍卖公告，再到竞买人现场竞得并签署成交确认单，整个过程均依《中华人民共和国拍卖法》进行，成交价格1.3亿港元亦未低于拍卖保留价。拍卖价格是市场需求与拍卖物本身价值互相作用的结果。拍卖前，再审申请人银行债务1.3亿港元已全部到期，银行已多次发出律师函追收，本案拍卖是再审申请人为挽救公司而不得已采取的措施。但拍卖遵循的是市场规律，成交价的高低完全不是再审申请人所能控制，本案拍卖成交价虽然不尽如人意，但不影响拍卖效力，再审申请人只能也只应以拍卖成交价作为应纳税额申报缴纳税款。

（4）德发公司已经按照拍卖成交价足额申报纳税并取得主管税务机关出具的完税凭证，没有任何税法违法违章行为，广州税稽一局无权重新核定应纳税额。本案物业拍卖成交后，2005年3月至7月，德发公司按照1.3亿港元即全部拍卖收入申报和缴纳营业税6912750元以及堤围防护费124429.5元，并取得荔湾区地方税务局出具的完税凭证。其间，主管税务机关从未提出过核定应纳税额，德发公司不可能知晓税务机关会对拍卖价进行何种调整，只能也只应按照全部拍卖成交价纳税。在缴纳上述税款后，德发公司的纳税义务已全部完成，不存在被诉税务处理决定和原审判决认定的"未按税法规定足额申报缴纳营业税"和"未足额申报缴纳堤围防护费"等所谓"违法违章行为"。

（5）即使德发公司存在"申报的计税依据明显偏低"和"无正当理由"的情况，广州税稽一局也应当依照《中华人民共和国税收征收管理法》第五十二条行使职权，其在德发公司申报纳税四年多后进行追征税款和滞纳金，超过了《中华人民共和国税收征收管理法》第五十二条关于税款和滞纳金追征期限的规定。税务机关追征税款和滞纳金，除法定的其他前提条件外，需受到三年追征期限的限制。本案没有认定德发公司有偷税、抗税、骗税的情形，没有认定有编造虚假计税依据的情形，也没有认定有计算错误等情形，如果追征税款，也必须在四年以内即2008年1月15日以前提出处理意见，并不得加收滞纳金，而不能没有任何理由将追征期限无限制延长，或者延长至五年。本案即使存在少缴税款的情形，也是广州税稽一局和主管税务机关违法不作为及适用法律不当造成的。

乙方 广州税稽一局认为，〔2009〕66号《税务处理决定书》是正确的。

（1）广州税稽一局具有独立的执法主体资格。2001年修订后的《中华人民共和国税收征收管理法》第十四条规定，本法所称税务机关是指各级税务局、税务分局、税务所和按照国务院规定设立的并向社会公告的税务机构。2002年起施行的《中华人民共和国税收征收管理法实施细则》第九条进一步明确规定，《中华人民共和国税收征收管理法》第十四条所称按照国务院规定设立的并向社会公告的税务机构，是指省以下税务局的稽查局。据此，相关法律和行政法规已经明确了省以下税务局所辖稽查局的法律地位，省级以下税务局的稽查局具有行政主体资格。广州税稽一局作为广州市地方税务局所辖的稽查局，具有独立的执法主体资格。

（2）广州税稽一局行使《中华人民共和国税收征收管理法》第三十五条规定的应纳税额核定权没有超越职权。稽查局在查处涉嫌税务违法行为时，依据《中华人民共和国税收征收管理法》第三十五条的规定，核定应纳税额是其职权的内在要求和必要延伸，符合《国家税务总局关于稽查局职责问题的通知》中关于税务局和稽查局的职权范围划分的精神。因此，德发公司认为广州税稽一局无权核定德发公司应纳税额、税务处理决定超出职权范围的理由不能成立。

（3）广州税稽一局核定应纳税款后追征税款和加征滞纳金是合法的。本案核定应纳税款之前的纳税义务发生在2005年1月，广州税稽一局自2006年对涉案纳税行为进行检查，虽经三年多调查后，未查出德发公司存在偷税、骗税、抗税等违法行为，但依法启动的调查程序期间应当予以扣除，因而广州税稽一局2009年9月重新核定应纳税款并作出被诉税务处理决定，并不违反上述有关追征期限的规定。

案例导读

德发公司以涉案房产的拍卖成交价格作为计税依据申报纳税，是否存在"计税依据明显偏低，又无正当理由"？

拍卖价格的形成机制较为复杂，因受到诸多不确定因素的影响，相同商品的拍卖价格可能会出现较大差异。依照法定程序进行的拍卖活动，由于经过公开、公平的竞价，不论拍卖成交价格的高低，都是充分竞争的结果，较之一般的销售方式更能客观地反映商品价格，可以视为市场的公允价格。

如果没有法定机构依法认定拍卖行为无效或者违反拍卖法的禁止性规定，原则上税务机关应当尊重作为计税依据的拍卖成交价格，不能以拍卖成交价格明显偏低为由行使核定征收权。

广州市地方税务局2013年修订后的《存量房交易计税价格异议处理办法》就明确规定，通过具有合法资质的拍卖机构依法公开拍卖的房屋权属转移，以拍卖对价为计税价格的，可以作为税务机关认定的正当理由。

因此，对于一个明显偏低的计税依据，并不必然需要税务机关重新核定，尤其是该计税依据是通过拍卖方式形成时，税务机关一般应予认可和尊重，不宜轻易启动核定程序，以行政认定取代市场竞争形成的计税依据。

本案的关键在于，在没有法定机构认定涉案拍卖行为无效，也没有充分证据证明涉案拍卖行为违反拍卖法的禁止性规定，涉案拍卖行为仍然有效的情况下，税务机关能否以涉案拍卖行为只有一个竞买人参加竞买即一人竞拍为由，不认可拍卖形成的价格作为计税依据，直接核定应纳税额。

一人竞拍的法律问题较为特殊和复杂，拍卖法虽然强调拍卖的公开竞价原则，但并未明确禁止一人竞拍行为，在法律或委托拍卖合同对竞买人数量没有作出限制性规定的情况下，否定一人竞买的效力尚无明确法律依据。但对于拍卖活动中未实现充分竞价的一人竞拍，在拍卖成交价格明显偏低的情况下，即使拍卖当事人对拍卖效力不持异议，因涉及国家税收利益，该拍卖成交价格作为计税依据并非绝对不能质疑。

广州税稽一局认定涉案拍卖行为存在一人竞拍、保留底价偏低的情形，拍卖成交价格不能反映正常的市场价格，且德发公司未能合理说明上述情形并未对拍卖活动的竞价产生影响的情况下，广州税稽一局行使核定权，依法核定德发公司的应纳税款，并未违反法律规定。

能源科技有限公司诉市地税局稽查局对关键事实未复核案

案例描述①

被告济南市地方税务局稽查局收到检举信，反映原告山东基能能源科技有限公司（以下简称A公司）自2011年起，假借其他公司资质承接大量市政热力工程，隐匿收入，在账簿上不列收入，进行虚假的纳税申报。

被告在调查中发现，原告在2011年度共取得采暖工程收入24011600元，其中收取济南市洪楼实业总公司15500000元，收取济南市历城区洪家楼街道七里堡社区居民委员会8511600元。该收入除有2511600元挂"预收账款——七里堡"科目外，其余均未入账，以上收入均未申报缴纳营业税、城市维护建设税、教育费附加，该年度取得的采暖工程收入24011600元未计入营业收入，未申报缴纳企业所得税。

2012年度，原告共取得采暖工程收入20033037.14元，其中收取济南市洪楼实业总公司12500000元，收取济南市历城区洪家楼街道七里堡社区居民委员会7533037.14元，以上收入中有14733037.14元未入账，未申报缴纳营业税、城市维护建设税、教育费附加，未申报缴纳企业所得税。

被告依据《中华人民共和国税收征收管理法》第六十三条第一款的规定，对原告作出济地税稽罚（2014）297号《税务行政处罚决定书》，要求A公司补缴未申报缴纳的2011—2012年营业税1162339.11元、城市维护建设税81363.74元，并处以未缴税款一倍的罚款1243702.85元。

A公司不服济南市地税局稽查局作出的税务行政处罚决定，向济南市市中区人民法院提起诉讼。

《中华人民共和国行政处罚法》第三十条规定，公民、法人或者其他组织违反行政管理秩序的行为，依法应当给予行政处罚的，行政机关必须查明事实；违法事实不清的，不得给予行政处罚。本法第三十二条规定，当事人有权进行陈述和申辩。行政机关必须充分听取当事人的意见，对当事人提出的事实、理由和证据，应当进行复核；当事人提出的事实、理由或者证据成立的，行政机关应当采纳。

一审法院查明，在被告对原告的行政处罚处理期间，原告向被告陈述其与济南金立信财务管理咨询有限公司曾签订代理记账协议书，因双方其他纠纷导致该公司故意未按约

---

① 根据《税务机关对纳税人提出的案件关键事实未复核致败诉案例》编写，原载 http://www.law888. net/n4407c74.aspx，2017 年 3 月 30 日。

定办理纳税申报等事务。原告向被告出示其公司于2011年6月17日与济南金立信财务管理咨询有限公司签订的代理记账协议书，该协议显示，双方曾约定与济南金立信财务管理咨询有限公司有关的代理记账、税务申报的合同义务。原告同时出示其与济南金立信财务管理咨询有限公司发生纠纷、终止上述协议、进行相关诉讼的证据。另外，一审法院还查明，原告在被告调查处理期间，于2014年6月3日自行申报缴纳营业税等各项税款共计1254251.33元。

济南市市中区人民法院依照《中华人民共和国行政诉讼法》第五十四条第（二）款第一项的规定，判决撤销济南市地税局稽查局2014年11月21日作出的济地税稽罚（2014）297号《税务行政处罚决定书》。案件受理费50元，由被告济南市地税局稽查局负担。

上诉人（被告）济南市地方税务局稽查局因行政处罚一案，不服济南市市中区人民法院（2015）市行初字第19号行政判决，向济南市中级人民法院提起上诉。

济南市中级人民法院认为，双方当事人的争议焦点是对被上诉人A公司的申辩意见，即委托第三人代为办理税务事宜，上诉人地税局稽查局是否进行了复核；未进行复核是否可能影响济地税稽罚（2014）297号税务行政处罚决定的正确性。综上，上诉人未对被上诉人申辩的委托税务事宜进行了复核，行政处罚程序违法，且可能影响到处罚结果的正确性。一审法院认定上诉人行政处罚程序合法，本院予以纠正。但一审法院认为上诉人未尽到审慎的职责，并判决撤销上述税务处罚决定，应予维持。上诉人地税局稽查局的上诉理由不能成立，其上诉请求本院不予支持。依照《中华人民共和国行政诉讼法》第八十九条第一款第（二）项之规定，判决如下：驳回上诉，维持原判。

🎤 案例讨论

论题：对被上诉人A公司的申辩意见，即委托第三人代为办理税务事宜，上诉人济南市地税局稽查局是否进行了复核？

甲方 一审法院认为，上诉人济南市地税局稽查局未就关键事实进行复核。

《中华人民共和国税收征收管理法》第八十九条规定，纳税人、扣缴义务人可以委托税务代理人代为办理税务事宜。《中华人民共和国税收征收管理法实施细则》第九十八条规定，税务代理人违反税收法律、行政法规，造成纳税人未缴或者少缴税款的，除由纳税人缴纳或者补缴应纳税款、滞纳金外，对税务代理人处纳税人未缴或者少缴税款百分之五十以上三倍以下的罚款。

在被告对原告的行政处罚处理期间，原告向被告陈述其与济南金立信财务管理咨询有限公司曾签订代理记账协议书，因双方其他纠纷导致该公司故意未按约定办理纳税申报等事务。

原告向被告工作人员出示其公司于2011年6月17日与济南金立信财务管理咨询有限公司签订的代理记账协议书，该协议显示，双方曾约定与济南金立信财务管理咨询有限公司有关的代理记账、税务申报的合同义务。原告同时出示其与济南金立信财务管理咨询有限公司发生纠纷、终止上述协议、进行相关诉讼的证据。

被告应当根据原告提供的证据、线索进行调查、核实，对纳税人未缴、少缴税款的原因进行甄别、确认。原告向被告提供的证据及向法院提供的证据，需要被告在行政程序中根据原告的主张及被告的职责权限调查并予以核实，本案中对其证据证明的内容和证明力，一审法院不予评价。

综上，本案对被告的处罚需要确认纳税人未缴、少缴税款的原因和责任主体，现无证据证明被告对此进行了调查，尤其是原告提供的证据及线索直接指向上述问题的确认，且考虑到涉案处罚案件的来源，被告当庭陈述对原告证据进行了书面审查，但其未尽到审慎的职责。被告仅凭现有证据，不足以对原告进行处罚，属于行政行为认定事实缺乏证据。

乙方 上诉人济南市地税局稽查局认为，上诉人针对被上诉人的税收违法行为依法进行处罚，事实认定清楚、证据确实充分。

上诉人济南市地税稽查局不服原审判决上诉称，一审法院事实认定错误，请求撤销原判。其理由如下：

（1）被上诉人A公司存在《中华人民共和国税收征收管理法》第六十三条第一款规定的偷税行为，证据确凿、充分。上诉人提交的证据能够充分证明被上诉人存在着在账簿上不列、少列收入、不缴或少缴税款的偷税行为。同时，依照《中华人民共和国税收征收管理法》第六十三条第一款的规定，不论不缴或少缴税款的原因是什么，只要在被上诉人作为纳税人存在不缴或少缴税款的偷税行为的情况下，上诉人有权依法对其进行处罚。

（2）从被上诉人在税务检查过程中补充提交的材料看，本案不属于《中华人民共和国税收征收管理法》第八十九条和《中华人民共和国税收征收管理法实施细则》第九十八条规定的情形。根据有关规定，从事税务代理业务的中介机构为税务师事务所，而从被上诉人提交的材料看，其所谓的进行代理记账的公司"济南金立信财务管理咨询有限公司"明显不是税务师事务所，其代理记账行为当然不属于税务代理行为。原审法院依据《中华人民共和国税收征收管理法》第八十九条和《中华人民共和国税收征收管理法实施细则》第九十八条的规定，要求上诉人去界定被上诉人不缴及少缴税款的原因和责任主体没有依据。

（3）一审法院认定"上诉人对被上诉人提供的证据进行书面审查未尽到审慎的职责"与客观事实不符，且没有法律依据。本案行政处罚过程中，上诉人履行了应尽的审查职责。从履行审查职责的程序看，首先是被上诉人主动放弃听证程序，针对被上诉人撤销听证申请后补充提交的材料所反映的问题，上诉人又对被上诉人进行了询问并制作了笔录。该笔录记载了有关单据交接问题的审查内容；从履行审查职责的内容看，针对被上诉人补充提交的材料，上诉人逐一进行了审查，认定被上诉人提供的材料中没有一份能够证明其所称的代理记账公司的原因导致其不缴或少缴税款；从履行审查职责的结果看，上诉人通过审查认为，本案不属于《中华人民共和国税收征收管理法》第八十九条和《中华人民共和国税收征收管理法实施细则》第九十八条规定的情形。

综上，对被上诉人申请撤销听证程序后补充提交的材料，上诉人已履行了应尽的审查职责。上诉人针对被上诉人的税收违法行为依法进行处罚，事实认定清楚、证据确实充分。上诉人请求二审法院撤销原审判决，维护上诉人合法权益及正常的行政执法程序。

案例导读

税务代理与代理记账的区别。

一是法律依据不同。税务代理是依据《中华人民共和国税收征收管理法》开展业务的；代理记账则是依据《中华人民共和国会计法》《代理记账管理办法》开展业务的。

二是业务范围不同。税务代理人在其权限内，以纳税人（含扣缴义务人）的名义代为办理纳税申报，申办、变更、注销税务登记证，申请减免税，设置、保管账簿、凭证，进行税务行政复议和诉讼等纳税事项的服务活动；而代理记账是指受托对企业进行的会计核算、记账、报税等一系列会计工作。

三是法律后果不同。税务代理行为是以纳税人（含扣缴义务人）的名义进行的，必须是具有法律意义的行为，税务代理的法律后果直接归属于纳税人（含扣缴义务人）；而代理记账则要承担约定范围内的法律责任。

四是资格要求及认定不同。税务代理资格由税务机关认定颁发；代理记账资格由财政部门认定颁发。